U0559365

上海
媒体融合
全记录

（2014）

上卷

主　编　朱咏雷

副主编　赵彦龙　苏蓉娟　杨　俊　董　强

上海市互联网信息办公室

中共上海市委宣传部新媒体阅评督查组　编

上海三联书店

上海媒体融合全记录编写组

朱咏雷　赵彦龙　苏蓉娟　杨　俊
董　强　袁夏良　何中晴　陈大维
王小兵　邱丹凤　薛石英　方颂先
徐海清　陈向阳　陈秀爱　袁家福
吉建富　夏　艺

序

笑迎互联网　拥抱新媒体

在人类急速走向互联网的时代，媒体融合、转型发展，已经成为一种趋势。近两年，上海主流媒体顺势而为，以积极主动的姿态，迎接这场历史性的变革。这本《上海媒体融合全记录（2014）》，意在完整、真实地记录上海媒体在这场变革中所展现的身姿。

2015年9月，上海市委副秘书长、市委宣传部副部长、市网信办主任朱咏雷接受《网络传播》杂志采访，从自身经历出发，畅谈如何直面媒体转型。

特摘发这篇访谈的主要内容，是为本书代前言。

网络传播：谈谈您是如何与互联网结缘的？

朱咏雷：第一次感受互联网的神奇是1995年在东方电视台工作时。那时台里正在准备一台重要的晚会，进口电脑灯突然坏了，需要更新程序，但国内又没有修理处。正在一筹莫展之时，海外厂商通过互联网，几分钟内就发来了一段电脑程序，电脑灯奇迹般复原了！那时电视台还没有互联网，这段程序是到上海电报局去接收的。两年后的 1997 年，我调到上海市广电局担任局长助理。当时国内网站还很少，浏览比较多的是新加坡联合早报网。我和同事们试着建立了上海市广电局的官网。为了体现广播电视的特点，我们在外滩黄浦江边的广电局大楼上设了一个小摄像机，高耸入云的东方明珠广播电视塔和奔流不息的黄浦江每天 24 小时不间断地在互联网上直播，这可能是中国最早的网上 Livecamera 之一。

2005 年至 2008 年我兼任东方网党委书记，直接参与了地方重点新闻网站的建设。2006 年至 2011 年，我担任上海世博会事务协调局副局长，负责上海世博会的宣传推介工作，主持开发建设了“网上世博会”，将上海世博会 231 个国家和 46 个国际组织的展馆以 3D 方式搬上了互联网，上亿网民通过互联网“参观”了世博盛会。“网上世博会”成为上海世博会两大创新亮点之一，2012 年获得了上海市科技进步一等奖。

网络传播：您是什么时候开始从事互联网管理工作的?

朱咏雷：2011 年 9 月，我开始担任市委宣传部副部长、市委外宣办（市政府新闻办）主任和上海互联网舆论宣传办公室主任。上海网宣办成立于 2004 年 10 月，在全国较早，由市委外宣办网络处、市互联网新闻研究中心、东方网评论部合成办公。

2011 年 9 月 27 日，上海发生了地铁 10 号线追尾事故。网友第一时间通过微博发出现场图片，市领导通过微博了解了事故现场的情况，大大快于市委机关报送的信息，新媒体的传播优势得到充分体现。经过这一事件，上海市领导更加重视网络的作用，直接影响有两个：一是两个月后的 11 月 28 日，上海市政府新闻办实名认证的政务微博“上海发布”上线。目前“上海发布”微博（新浪、腾讯两个平台）粉丝数超过 1160 万，微信粉丝数超过 130 万，在人民网发布的全国政务指数排行榜上一直名列第一。二是几个月后，上海正式建立市互联网信息办公室，取代之前的网宣办，人员编制和机构职能大大增加。

网络传播：请您谈谈对当前互联网管理的体会和思考。

朱咏雷：我现在同时分管新闻宣传、对外宣传和网络宣传，但在网络宣传管理上投入的精力最多，可以说，除了睡觉，其他时间都在关注网络舆情。

互联网的发展大大促进了信息的分享和传播，其作用是正面积极的。但是在一段时间内，互联网的管理没有跟上互联网的快速发展，主要存在两个问题：一是大量新媒体野蛮生长，很多没有资质、缺乏经验、缺少管理，导致舆论导向偏失，虚假低俗信息泛滥，新闻伦理问题突出；二是一些网站法律意识淡薄，一些网民的文明诚信素养欠缺，网络传播秩序混乱。

互联网内容管理要做到两个兼顾，一是兼顾传承和创新，既要借鉴传统媒体管理中一些行之有效的方式，也要遵循互联网传播规律，创新管理方式；二是兼顾管住和管好，依法治网，做到管理方向明确、管理方法得当、管理常抓不懈。

网络传播：请您谈谈上海新媒体发展的经验和体会。

朱咏雷：近年来，在市委书记韩正同志直接推动下，上海大手笔谋划媒体融合发展，投入专项扶持资金，并从政策、人才、体制机制等层面加强引导和扶持，取得初步成果，上海观察、澎湃新闻、界面、阿基米德等一批新媒体引起关注，其中澎湃新闻已成为用户关注度很高的新媒体。

发展新媒体的目的是为了提升主流媒体的影响力、说服力、感召力和竞争力，怎么重视都不为过。上海新媒体发展才刚刚起步，面临的任务还很艰巨。如果不大力发展新媒体，不加快推进融合发展，就会陷入韩正同志所比喻的“我们还在这间房间里津津有味地讲话，但听众早已跑到隔壁房间里”的窘境，我们的舆论阵地就可能“萎缩”甚至“沦陷”。

未来五年，是传统主流媒体实现转型的攻坚期。上海把媒体融合发展作为“十三五”期间的重要课题，将推动解放日报、文汇报、新民晚报、上海广播电视台等传统主流媒体向新媒体战略转移，把上海报业集团、上海文广集团初步建设成为新型主流媒体集团，在尽量保持传统方式受众规模的同时，大幅度增加新媒体平台的受众和影响力。这比发展一两个新媒体项目更有挑战，当然也更有意义。

搜索程序和文件

目录

搜索程序和文件

目 录

上海报业集团

上海报业集团

新媒体促新　机制促变　影响力促强

上海报业集团自2013年10月成立以来，大力贯彻落实中央领导、上海市委精神，在市委宣传部有力领导下，抓住“影响力”这个关键，加快媒体融合发展，占领网上舆论主战场。2014年以来，集团以各家主要报纸为基础形成四大新媒体集群，新建上海观察、澎湃新闻、界面等三大新媒体项目，至2014年底，集团各类微信公众号、客户端、网站、微博、手机报新媒体项目覆盖的活跃用户总数已达3000万。

集团2014年融合发展，发力平台战略，发育新媒体集群，力促机制体制变革，新媒体影响力逐步彰显，创新发展得到有力提速。

一、发力三大平台战略，主要媒体大力培育新媒体集群

集团发力三大平台战略——优化已有平台、借力成熟平台、自建新平台，抓好平台的集聚与培育，使新媒体建设呈现整体推进的良好势头。

解放日报、文汇报、新民晚报优化已有平台。“解放网”、“文汇网”、“新民网”适度摒弃大而全、门户型的发展思路，努力成为各报刊进行媒体融合的实验平台，其网站、微博、各类微信、客户端在一年努力中，初现新媒体集群态势。

集团各媒体借力成熟平台，力争“弯道超车”。集团在成立伊始，即与百度公司合作举办百度上海频道，打造“搜索上海的第一选择”。集团加强与电信运营商合作，合办“上海手机报”。新闻晨报与腾讯合办“大申网”，并大力打造服务本地的、垂直市场的微信号。上海法治报、外滩画报、I时代报、申江服务导报等都市类媒体也各扬优势发展新媒体。至2014年底，集团共有微信公众号139个、手机客户端12个、微博15个，新媒体影响人群数为3000万。

集团新建“上海观察”、澎湃新闻、界面三个新媒体项目，全力打造“为互联网生产内容”的模式。“上海观察”于2014年1月1日上线，由解放日报社倾力打造，它以上海本地党政干

部、公务员等城市利益相关者作为目标用户，旨在提升党报在主流读者中的影响力和公信力。在2013年底，试运营阶段，已有收费用户16万。“澎湃新闻”是东方早报集全报之力的媒体融合项目，于2014年7月上线，坚持原创，致力打造严肃的、具有建设性的新闻与思想平台，实现主流媒体在新媒体舆论场上的引领作用。“界面”于2014年9月上线，旨在成为全新的互联网金融信息服务平台，以国内金融机构、专业投资者、高净值人群等为目标，提供精简、专业、权威的财经资讯产品。集团三大新媒体项目初露头角，走在地方媒体融合发展前列。

二、率先探索报纸、新媒体一体化发展的体制机制

媒体融合深入发展，需要打破相对滞后的体制机制壁垒，随着各媒体新媒体集群的培育，体制机制的变革也应势而生。

1、报社内部加速培养媒体融合的“生态”体系。

解放日报社2014年底“三箭连发”，策划全媒体生产传播流程，解放网各频道与报社各采编部门紧密对接，打造24小时采编链，改善了党报在互联网上的生产和传播效率；同时，调整组织架构，改革薪酬考核，倒逼记者向全媒体型态转型。

文汇报社以“三改联动”为引擎，“改版面”促进人文立报，“改序列”激发采编人员积极性，“改机构”加速在组织、内容、发布等方面的融合；并建立各新闻中心与新媒体中心的融合合作机制。

新民晚报社于2014年10月启动全媒体编辑中心，内设两部三组——报纸编辑部、新媒体编辑部，项目组、技术组、视觉组，打造传统媒体、新媒体在编辑输出端的紧密融合。

新闻晨报放眼整体转型，对原有部门架构“拆、停、并、转”，组建新媒体中心，依托晨报品牌，打造包含新闻晨报、大申网、社区晨报、社区移动客户端、晨报微博、微信群等在内的媒体融合体系。

2、全团队探索“报网融合”，实现整体转型。

东方早报/澎湃新闻是国内目前最大规模整体建制转型的新闻团队。报社通过再造组织、再造流程，实现纸媒、新媒体并行管理——东早、澎湃共享一支记者队伍，分建两套编辑队伍，并在采编内容、文风文体、薪酬考核等环节，差异整合，一体考量，推动整体转型。

3、积极探索管用、有效的激励机制。

集团从创建澎湃新闻、界面起，即积极探索在媒体融合大势下符合意识形态领域特殊性的、管用有效的激励机制。集团努力尝试在明确的商业模式基础上，通过薪酬水平、绩效连接以及长期激励等方式集聚人才，确保互联网媒体队伍的优化和稳定。

三、集团新媒体影响力不断扩大，部分新建项目迅速跻身新媒体主战场中的主流媒体行列

上海观察自上线以来，一直致力开拓资讯类深度阅读，注重报道的权威性和风格化，至 2014 年底 APP 累计下载量 50 万。其中，“韩正一周”栏目，将严肃的公文和讲话中蕴含的政治信息，通过通俗的方式传递出来，取得良好阅读效果。文汇网拓展微视频，开掘独特的宣传形式。新民网、新民晚报官微、“侬好上海”微信等，传承晚报“独家、原创、首发”风格，不少微信阅读量数破十万。这些主流大报的新媒体逐渐亮相网络舆论场，引领思想理念，丰富生活资讯。

澎湃新闻自上线以来，充分利用新媒体技术，实现包括 H5、3D 动画等在内的多媒体宣传报道。它推出的“24 字核心价值观动画”，画面音效完美，宣传效果突出，被国信办要求全网转发；在首个国家公祭日推出主题 H5，几日内转发人数超 120 万，页面总访问数超 250 万；去年共有 15 篇原创稿件被国信办推荐全

网转载。澎湃新闻正逐渐成为移动互联时代具有卓越影响力的新媒体品牌。

界面自2014年10月份开通网站，12月上线APP，运营多个微信公号及官方微博，形成财经为特色的新媒体矩阵，界面的内容管理体系也初具规模。

第一章 解放日报社

截至2014年底，解放日报社已形成包括解放网、上海观察、解放日报微博和微信公众号等诸多产品的新媒体矩阵，具体包括——

1个官方网站：解放网 1个新闻APP客户端：上海观察；1个官方微博：解放日报；1个官方微信公众号：解放日报。另有9个部门（单位）共开办了17个微信公众号、1个微博账号。

概 况

2014年是解放日报社的媒体融合元年。这一年，解放日报积极拓展新媒体传播渠道，初步构建起“一网二微三屏”的传播架构（注：“一网”即解放网，“二微”即解放日报官方微博、公众微信号，“三屏”指通过电脑屏、手机屏、平板电脑屏呈现的上海观察），并从体制机制上，努力探索促进传统媒体和新媒体的融合发展。

2014年，解放日报官方网站解放网（原解放牛网）正式改版亮相。解放网系原解放日报报业集团主办的上海地方门户网站。1998年7月28日，解放日报电子网络版正式上线，是上海市最早建立的新闻网站之一。成立之初，主要栏目有电子报、即时播报以及部分转载内容。1999 年 11 月 25 日，网站浏览量已超过 50 万。

2009 年 6 月，解放网改版上线解放牛网，意在增强网友互动。“牛网”谐音英文“news”，定位围绕新闻而互动的社区网站，有网民发新闻、特邀专栏、话题股、明星记者等特色栏目。2009 年至 2013 年，解放牛网日均浏览量 30 万，网友注册数最高时达到 4 万余。

2013 年底，在解放日报报业集团和文新报业集团合并以及媒体环境变化大背景下，解放牛网对自身内容结构做了调整和梳理，重新定位为“解放日报社官方新闻网站”，并于 2014 年 1 月 15 日正式更名为解放网。在新闻理念上，解放网明确向网友传递做“有温度、有深度”的新闻。在网站外观设计上，追求更加简洁大方的视觉效果。通过优化搜索引擎和完善内部考核机制，改版后的解放网流量大幅上升，超过改版前的 10 倍，日均流量一度达到 100 万，峰值达到 130 万。经济利润从原来的 10 万元级别突破到 200 万元，并出现了一批在互联网上传播颇广的新闻产品。2014 年 5 月 28 日，解放网推出的《市委一号课题浮现“荣华现象”》系列视频、稿件的页面点击量达 21 万，单独访客数 9 万，独立访问量 8.5 万。在自身定位上，解放网不再单一追求各项访问量指标，而是“成为解放日报向新媒体转型的枢纽和服务平台”，为实现真正的“报网融合”打基础。

2014 年 1 月 1 日，解放日报社正式推出一款互联网收费阅读产品——

上海观察，这是上海报业集团成立后推出的第一款新媒体产品，也是解放日报在手机新闻客户端做出的尝试。截至2014年底，上海观察收费用户已达26.5万，下载用户数50万，是上海本地收费用户数最多的新闻类APP。

上海观察主推移动客户端，也拥有自己的网站、微博、微信公众号；内容主攻上海政治、经济的深度报道和分析评论，依托采编资源优势，原创和独家内容比例在90%以上；用户定位精准，以上海市党政干部、公务员群体为主，并以此延伸覆盖其他关注上海发展和政治、经济形势的目标人群。

上海观察秉持内容为王的宗旨，在原创深度文章上下足功夫。目前工作日每天更新近20篇，双休日更新10篇，既有全天候更新的新媒体特色，力求吻合新媒体的语言特色和阅读习惯，同时又有“聚焦上海、深度评析”的党报严谨和深度，坚持正确的舆论导向。2014年陆续推出的决咨委访谈系列、政情舆情系列、区县点评系列、公务员系列等文章，都广受关注。

在专职的编辑团队背后，解放日报所有100多位编辑记者都为上海观察供稿，社外作者分别来自上海、北京、香港等地的媒体、高校和研究机构，还有10多名海外作者。2014年10月，上海观察经过广泛调研筹备，全新改版上线，新版在时尚酷炫和互动性上做细文章，转发量及评论量均大幅上升。

上海观察采用付费阅读方式，探索了一条内容收费的新媒体发展新路。目前定价一年 100 元，一个月 10 元。通过信息费前向的计费方式来获取收入，2013 年末收获了 16 万的付费用户。2014 年底，上海观察与上海电信达成“订上观送流量”活动，以市场化营销解决新媒体可持续发展的难题。

2014 年 12 月 20 日，上海观察联合新媒体排行榜，举办了首期“新平台・心服务——2014 上海政务新媒体论坛”，邀请沪上政务新媒体运营者与融合媒体运营者，共论政府如何用好新媒体、新平台，为市民、为受众提供更好的服务，促进上海政务事业的发展。

截至 2014 年底，上海观察发布的许多文章被人民日报客户端、网易客户端、百度新闻网站、新华网、中新社网站等主流媒体广泛转载，更有文章引发了传统媒体持续探讨。2014 年 10 月 25 日，上海观察首发的文章《记者亲历：跟访习近平的一天》，全网推广，很快被各大主流媒体转载，全网通转达 1000 万次以上。

2014 年，解放日报记者采写的部分新闻稿件已实现通过网站、微博、微信等多渠道传播。

解放日报在新浪网推出的官方微博“解放日报”，截至 2014 年底，粉丝数已超过 125 万。2014 年 3 月 8 日马航 MH370 航班失联后，解放日报前方记者在越南不断发回搜救信息，解放网值班编辑在后方接应，微博《独家专访越南搜救副总指挥：我们坚持到了最后》获得各大媒体和大 V 转发，BBC、镜报等国际媒体也同步转载。转发数 10223，评论 2318，点赞 4424，阅读量 1400 多万，为解放日报官方微博关注度最高的微博之一。

解放日报官方微信公众号，以关注时政、解读热点、服务民生等为重点，截至 2014 年底，订阅数近 1.5 万。

2014 年，解放日报社下属各部门（单位）结合自身定位，陆续推出了内容各具特色的微信公众号，不仅扩大了报纸内容的覆盖人群，还促进了记者新闻理念与思维方式的转变。如报社下属报刊文摘编辑部推出的“报刊文摘”微信公众号，截至 2014 年 12 月底，订阅数已超过 22.8 万。2014 年初开通的“伴公汀”、“自贸直通车”、“朝花时文”微信公众号，推出不久即广受关注，并获得了上海市委宣传部“2014 年主流媒体扶持发展新媒体专项基金”奖励。微信公众号“微观上海”拥有 4 万余粉丝，是上海本地化生活资讯的代表公众号之一。2014 年 7 月 14 日“微观上海”发布了微信《会让 80 后 90 初落泪的 100 张图》，隔日即达到 266203 点击数，及 17604 次转发数；2014 年 5 月 25 日为配合解放日报报庆，刊登的本报资料图集的微信《40 张照片，见证上海 65 年城市变迁》，点击数 69532，分享转发数 7453 次。

2014 年，解放日报不仅积极探索媒体融合道路，更主动布局内部体制机制改革。2014 年 10 月，经过近一年时间的筹备，解放日报“全媒体采编平台”正式上线。新平台力图从技术上打通报纸和新媒体的内容生产流程，力求实现新闻信息一次采集、多种生成、多元传播。通过全媒体平台，记者编辑更方便地看到自己写的稿件有多少点击量、转发量、互动量，第一时间了解稿件的传播效果。

流程再造除了从技术上打通内容生产平台以外，还需要对部门架构设置、薪酬考核制度等进行调整。这方面工作正在研究进行中。

一、网站

全称　解放网

域名（链接）　www.jfdaily.com

创建日期　1998 年 7 月 28 日

公司（单位）性质　国有事业单位

法人代表　陈颂清

资质　2014 年 3 月获国家一类新闻网站资质

团队架构　解放网共12人，其中解放日报微博7人（全部为网站编辑兼职），微信7人（全部为网站编辑兼职）。

性别：男3人　女9人

年龄：30岁以下3人　31–40岁9人

学历：大学8人　硕士4人

职称：初级7人　中级5人

岗位：新闻采编11人　行政后勤1人

内容定位　以上海政经、民生新闻为重点，同时关注国内、国际、文娱、体育等各领域新闻。

内容板块　新闻栏目、专题、投票、专栏、评论、视频、即时播报、电子报等。

传播力　日均浏览量100万左右

技术升级　解放网新版上线采用的内容管理系统与传统的内容管理产品相比，具有更多突破和创新之处，包括支持在云计算架构上进行集群化部署，支持内容管理的云服务模式等。

经营情况　2014年广告收入200万元

二、移动客户端

名称　上海观察

创建时间　2014年1月1日正式运行(2013年12月10日开始试运行)

平台　iOS，Android，web

版本　Ver2.2

内容　以上海政经的深度分析、专栏文章为主，专注于上海城市发展的重要事件及前沿问题，提供背景、事实、观点、分析，对其他公众话题提供上海视角的观察分析，贡献上海智慧。

功能　转发、评论、收藏、点赞、分享等。

下载量　截至 2014 年底，收费用户：26.5 万；下载用户数：50 万。

团队架构

技术支持　上海海势信息科技有限公司

推广营销　随报刊征订发行

技术升级　上海观察二期采用了全新的前台界面和全新的后台系统。前台方面，采用翻页效果，和富有冲击力的大图，同时加强互动性，丰富评论和点赞功能。后台方面，完善编辑功能，并增强了统计和监管功能，使得编辑人员能更加方便地进行工作。

经营情况　2014 年广告收入 118 万元，发行收入 620 万元。

2014年01月02日
中国2014 | 2014年·中国热点前瞻
世界2014 | 迎接新年：各国期待各不同
上海观察 | 惊！临港房价如今卖两万
心中的答案 | 上海是什么？

三、微博

1、解放日报（新浪微博）——隶属解放日报

版本　5.1.3

推出时间　2012 年 11 月

定位　了解上海经济社会发展状况的“第一选择”，重点报道上海经济社会发展的状况。

粉丝量、转发量、跟帖量　粉丝量：1251985（截至 2014 年底），其中，2014 全年新增粉丝数为 31947；转发量：2014 全年微博转发量 123863；跟帖量：2014 全年微博跟帖量 28577。

2、报刊文摘（新浪微博）——隶属报刊文摘

版本　5.1.3

推出时间　2012 年 10 月 24 日

定位　扩大报纸影响力，为读者服务。

粉丝量、转发量、跟帖量　粉丝量：11833（截至 2014 年底），其中，2014 全年新增粉丝数为 2102；转发量：2014 全年微博转发量 171；跟帖量：2014 全年微博跟帖量 406。

四、微信公众号

1、解放日报
（解放日报主媒体公众号：jiefangdaily）

推出时间　2013 年 2 月

定位　关注时政，解读热点，以上海政经、民生新闻为重点。

订阅数　14904（截至 2014 年底）

2、伴公汀

（解放日报党群政法部公众号：jiefangshizheng）

推出时间　2014 年 2 月 24 日

定位　伴读公事、伴君行事；目标受众是：全市 12 万公务员及关心时政的群体；内容主打原创文章，包括时事政情、政策发布及公务员关心的各种话题等。

订阅数　2.7 万 +（截至 2014 年底）

<<<<< 案例

2014 年 4 月 3 日，解放日报刊登了党政部记者采写的基层好干部典型——普陀区桃浦镇莲花公寓居民区党总支书记梁慧丽的报道《“我就是居民勤务员”》和《小巷总理的“温情”与“泼辣”》，在区县、街镇、村居引起较大反响。

此番采访，也让记者感触良多，引发深入思考：梁慧丽固然是位值得尊敬的居民区好书记，可是为什么她会面对这么多复杂难解的社区矛盾？为何居民们除了念叨“梁书记真好”，最大的呼声竟是“梁书记不能退休”？社会方方面面应该怎样为“梁书记们”创造良好环境，为他们减负？记者意犹未尽，有感而发，撰写了一篇采访札记——《典型人物，那些没有见报的故事》，在“伴公汀”发布，引起了很大的社会关注。可见，这是一个很有现实意义和讨论价值的话题。而且与 2014 年上海市委一号课题“创新社会治理，加强基层建设”的内容相契合，值得进一步深入探讨。

解放日报根据“伴公汀”收到的反馈，对梁慧丽进行后续报道，采写了“梁书记不能退休引发的思考”系列报道：《如何让社区能人少些劳累》、《怎样摆脱能人依赖症》、《小巷总理如何后继有人》，从体制机制、政策制度的层面来讨论基层治理、社区干部队伍建设、自治与共治等问题，让典型人物在更深层次上引发关注思考。这组报道得到上海市委宣传部阅评表扬。

3、自贸直通车
（解放日报经济部公众号：FTZexpress）

推出时间 2014年1月13日

定位 瞄准上海自贸试验区建设这一国家战略，为关心自贸区的企业和个人提供了权威资讯平台和免费问答平台。紧跟自贸区当天第一手资讯，每日更新，既关注上海自贸区的制度改革进程、自贸区各领域新闻，又分析自贸区制度创新带来的新机遇、新变化、企业在自贸区的创新案例，并开设自贸365问、自贸商学院等子栏目。

订阅数 2.4万（截至2014年底）

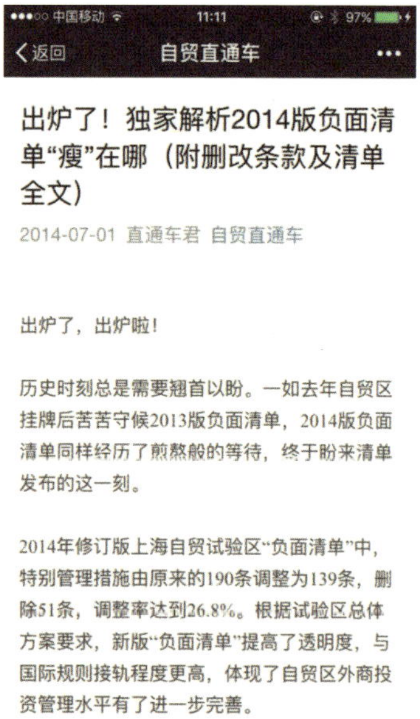
●●●○○ 中国移动 11:11 97%
返回 自贸直通车

出炉了！独家解析2014版负面清单“瘦”在哪（附删改条款及清单全文）

2014-07-01 直通车君 自贸直通车

出炉了，出炉啦！

历史时刻总是需要翘首以盼。一如去年自贸区挂牌后苦苦守候2013版负面清单，2014版负面清单同样经历了煎熬般的等待，终于盼来清单发布的这一刻。

2014年修订版上海自贸试验区“负面清单”中，特别管理措施由原来的190条调整为139条，删除51条，调整率达到26.8%。根据试验区总体方案要求，新版“负面清单”提高了透明度，与国际规则接轨程度更高，体现了自贸区外商投资管理水平有了进一步完善。

<<<<< 案例

1、党报试水微信公众号，新媒体领域开辟新阵地

2014年1月，经济部在新媒体上开设“自贸直通车”，这也是解放日报首个微信公众号。截至2014年底，累计阅读人数达到120.47万人次，企业和个人用户通过微信公众号询问自贸区事项数千次。在报纸读者之外开辟微信新阵地，有效传播了自贸区的改革创新举措。

2、案例解读，让枯燥文件化为生动案例

上海自贸区发布了一系列制度创新文件，“自贸直通车”通过案例采写，将枯燥的文件条文转化为平实易懂的真实故事。2014年以来，先后采写了自贸区案例：《中行怎样帮上汽搞定智利投资项目？》、《花旗为罗氏变魔术：2元钱办18元的事》等。“自贸直通车”还积极进行“直播”式发布，为企业第一时间送上实用信息。如《重磅金改出炉，自贸区境外融资全面放开（附央行张新解读）》、《独家 | 上海发“互联网金融20条”（附全文及解读）》、《“金融极客”在外滩享受啥政策？独家解析黄浦2.0版金十条》等。同时，瞄准企业最迫切需要了解的政策和操作信息，制作“一本全”式的实用信息，方便企业赢取自贸区和改革发展第一桶金，如《独家 | 自贸区“出海”最快，PE攻略大全集》、《手把手教你境外投资备案怎么办》、《安永上海自贸区全攻略（附所有改革意见解读）》等。

4、微观上海

（解放日报新媒体中心公众号：winshanghai）

推出时间　2013 年 5 月

定位　方寸间的海派资讯品牌，精选沪上主流媒体海派人文资讯，聚焦上海吃喝玩乐时尚地标，为申城白领服务。

订阅数　41230（截至 2014 年底）

5、群众路线

推出时间　2013年7月

定位　定时推送权威资讯、热点聚焦和学习参考内容。汇总有关群众路线教育实践活动的讲话文件、思想理论、优秀案例、心得体会等各项学习资料，为党员学习工作提供最专业的参考，着力打造“微时代”的党员必备。

订阅数　15117（截至2014年底）

6、市民体育动动强

（解放日报科教体育部公众号：smtyddq）

推出时间　2014年5月9日

定位　上海市民体育大联赛官方微信号，发布大联赛信息，提供健身指导，介绍运动人物。

订阅数　6000（截至2014年底）

7、家长圈
（解放日报科教体育部公众号：jiefangjiaoyu）

推出时间　2014年9月19日

定位　以了解和倾注教育的官员、校长、老师和家长朋友为受众，从教育政策、招生考试，到家庭教育、亲子问题等，凡是和教育有关的问题，及时提供权威资讯和专业解读。

订阅数　1085（截至2014年底）

8、朝花时文
（解放日报文艺部公众号：zhaohuashiwen）

推出时间 2014年3月1日

定位 1956年创刊的解放日报“朝花”副刊，刊名取于鲁迅名著《朝花夕拾》。“朝花时文”精选“朝花”的美文、随笔、杂文、评论、报告文学，通过生活秀、名家说、感动、夕拾、热评、感悟等多个栏目的转换，每天跟手机上的文学爱好者和读者交神交心，产生共鸣回响。

订阅数 14800（截至2014年底）

<<<<< 案例

2014 年 6 月和 8 月，“朝花时文”微信公众号配合上海电影节和上海书展，连续推出为期一周的特别策划，以向微信用户征集影评和读书心得方式，增强政府主办大型节庆活动的新媒体用户参与度。同时从解放日报朝花稿库中连续选发一周名人读书藏书的经典文章，引领社会读书风尚。

在文学名家专辑方面，2014 年 3 月，“朝花时文”刊载了与习近平总书记交往颇深又早逝的优秀作家贾大山的小说专辑，反响热烈。

9、解放周末

（解放日报专刊部公众号：jiefangzhoumo）

推出时间　2013 年 9 月 6 日

定位　追求文化含量、思想含量。试图探寻那些深刻的思想、动人的故事、厚朴的情怀。它以文化名人的深度专访、对话、演讲，普通人的感人故事等内容，开拓读者的视野，提升文化素养，传播正能量；以思想悦读为特色，紧跟当前文化热点，进行舆论引导，弘扬社会主义核心价值观。

订阅数　14000（截至 2014 年底）

10、哎哟不怕
（解放日报专刊部公众号：aiyobupa）

推出时间　2013 年 4 月 11 日

定位　谐音“癌友不怕”，依托解放日报品牌，密切联系上海各大医院、上海癌症康复俱乐部，为癌症患者及其亲友提供与肿瘤相关的科普知识，抗癌明星的生动故事和经验，权威、科学的健康资讯和服务，关心癌症患者的病痛，努力抚慰他们的心灵。

订阅数　7000（截至 2014 年底）

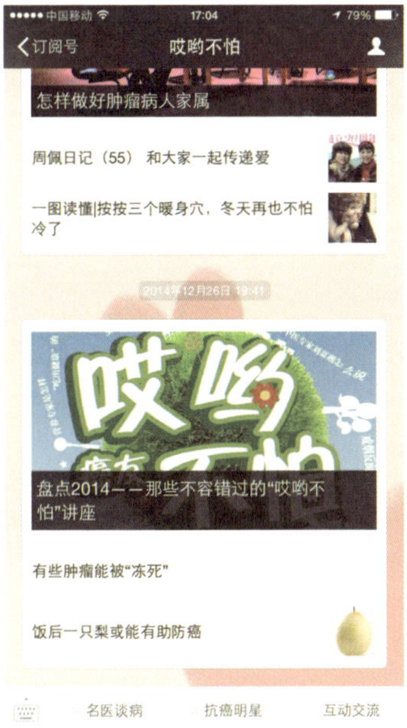

<<<<< 案例

截至2014年12月31日，“哎哟不怕”独家连载的“周佩日记”已连续推送60期。通过上海市癌症康复学校校长周佩自述抗癌经历，以其坚强和勇敢鼓舞了无数癌症患者。

“哎哟不怕”还和沪上各大医院联手举办系列公益讲座，努力搭建医患之间的沟通平台，为缓解医患矛盾出一份力。其中，讲座第三期主题是“怎样做好癌症患者家属”，邀请患者、患者家属、医生、心理学专家，汇聚一堂，收到了良好的效果。

11、解放书单

（解放日报专刊部公众号：jiefangshudan）

推出时间 2014年7月25日

定位 以“价值·高度·前沿”为定位，期冀风雅存焉，有用存焉，成为一种有影响力的书香。微信号与上海市新闻出版局合作，针对党政机关领导干部等目标受众，提供阅读推荐等服务。在当下浅阅读、快餐式阅读的氛围中，努力提

供有价值，值得回味，且有一定及时性的精神食粮，以开阔眼界，提高修养。《习近平用典135句：最亲睐苏东坡》、《两会书单|关于大国博弈智慧的16本书》等，阅读量均过万。

订阅数　4000（截至2014年底）

12、华东局
（解放日报国内机动部公众号：huadongjujiefang）

推出时间 2014年8月12日

定位 配合报社长三角拓展战略而开设。内容以专访长三角城市主要领导、权威专家为主，并以最快速度整理转发华东地区重大政经新闻，人事任免，辅以解放日报之前报道华东地区的特稿美文。目前，江浙沪皖城市的党委宣传部长成为忠实的“转发点赞型”读者。

订阅数 1648（截至2014年底）

13、醒醒
（解放日报国内机动部公众号：xingxingjiefang）

推出时间　2014年2月25日

定位　基于原创、力求到现场，努力做一个有特色、有严肃规范、有公信力和影响力的新闻账号。

订阅数　1295（截至2014年底）

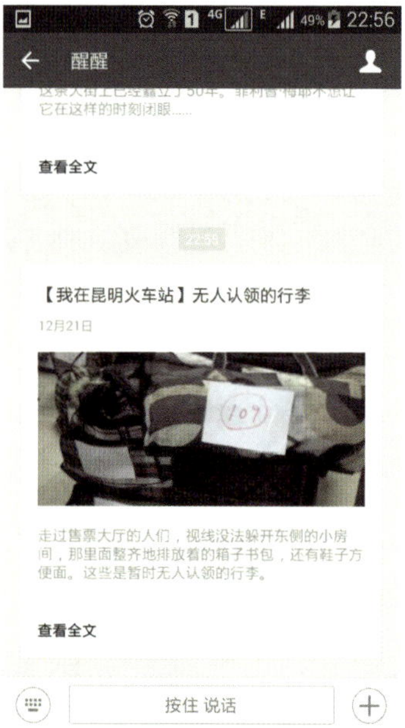

<<<<< 案例

至2014年底，“醒醒”参与了不少重大事件的报道，或独家，或视角独到：

如复旦投毒案嫌犯林森浩父亲的独家专访、马航失联后越南前方搜救副总指挥独家专访、昆明火车站暴力恐怖事件后独家聚焦“无人来认领”的行李房、南京护士被打事件后的“最全面”调查。

另外，虹口居民楼倒塌、闽侯飞车撞人、广州和乌鲁木齐火车站的凶案，“醒醒”都能在“适当时候”，“适度醒来”。

14、上海观察

（解放日报上海观察公众号：shobserver）

推出时间　2013 年 12 月 10 日

定位　深度分析上海时政经济，追踪关注城市热点事件。

订阅数　48500（截至 2014 年底）

15:27
Aa
截屏
上海观察
【舆情】时代杂志为何关注"上海观察"
2014-11-10 16:31 作者：修文
摘要
被视作全球新闻周刊翘楚的美国《时代》杂志，日前关注到了解放日报新媒体项目《上海观察》。
最新一期《时代》杂志亚洲版的封面文章为《习近平——领袖之力》。作者为《时代》杂志驻上海记者汉娜（Hannah Beech）。
文章以引述《上海观察》所刊发的《记者亲历：跟访习近平的一
15
13

15、报刊文摘

（解放日报报系所属报刊文摘公众号：baokanwenzhai）

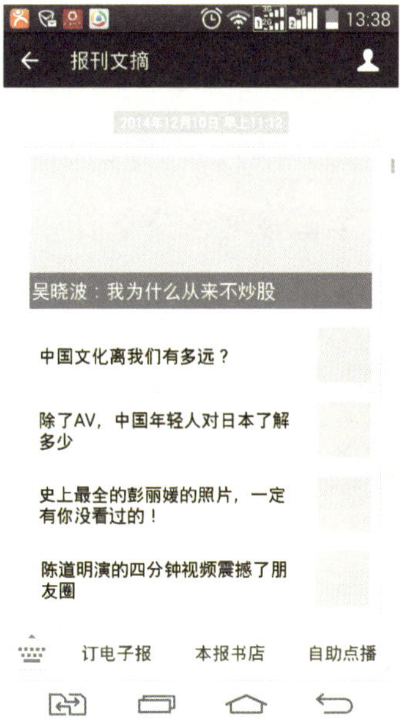

推出时间　2013 年 3 月

定位　“分享智慧和健康的人生”，力求文章贴近生活、深入浅出，真挚感人，弘扬积极向上的正能量；图片唯美清新，版式简洁明快，操作简便。

订阅数　228086（截至 2014 年底）

16、士读

（解放日报报系所属报刊文摘公众号：shi_read）

推出时间　2014 年 2 月

定位　打捞尘封历史，解读中国现实，分享真知灼见，用思想开阔眼界。

订阅数　20316（截至 2014 年底）

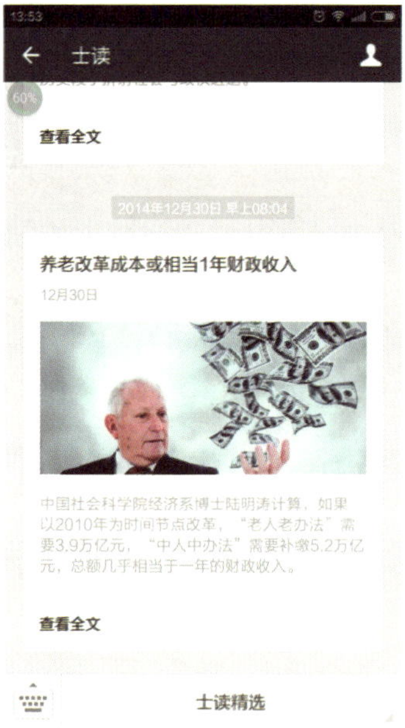

17、报刊文摘会员号
（解放日报报系所属报刊文摘公众号：mybkwz）

推出时间　2014 年 10 月

定位　付费手机电子报

订阅数　7101（截至 2014 年底）

<<<<< 案例

2014 年底，报刊文摘编辑部在开通“报刊文摘”、“士读”公众号基础上，又开通了“报刊文摘会员号”微信服务号，推进传统媒体与新媒体融合，由新媒体导入新读者。

在服务号平台上，订阅报刊文摘纸媒的读者可以免费开通电子报，新读者可以优惠订阅电子报，可以网络购买报刊文摘精选集。正式上线 2 个月，粉丝数已超过 7000，并产生线下收入。

此项目同时获得了上海新闻出版专项资金扶持。

18、鲜知先觉
(解放日报报系所属上海支部生活公众号：shzbsh)

推出时间　2014年2月12日

定位　以“凝聚关键力量”为己任，定位为时政要闻，每周一、三、五下午推送一期。主要内容包括前沿的时政要闻解读、深度的党建探索观察、主流的舆论观点速递、权威的党务知识解疑，全面的党建服务配送等。账号建立以来，许多重大时政事件解读在朋友圈内被广泛传阅，并得到杂志读者群体的好评。

订阅数　2615（截至2014年底）

<<<<< 案例

1、重大时政新闻第一时间解读

2014年，上海市委一号课题1+6文件出台以后，本账号推送了系列文章《市委一号课题，哪些话说到你心里》、《十组关键词读懂一号课题》、《上海街镇改革：经济大权或上收》、《瞧瞧静安版的“一号课题”》等，成为基层党组织学习市委“一号课题”精神的得力助手。

邹碧华等典型人物的原创报道《天空中也许没有痕迹，而你已经飞过》，阅读量达3350次，阅读率近200%。政策性的文件解读迎来读者热传，如《中央发话啦！这些福利不该因反腐停发》阅读量4422次，阅读率近200%。时政新闻盘点《岁末盘点：“新常态”下的2014》阅读量1000多次，转载200余次，被上海市委宣传部“火红的党旗”账号重点转载。

2、快速传递习近平总书记系列讲话等中央和市委的重要精神

《习大大治国的一二三四五》、《习大大的语言魅力》、《习近平：我的自述》、《外国政要对习近平的15个评价》、《习近平：从三个全面转变到四个全面》等一系列有关习近平系列讲话精神与治国精神的梳理，成为本账号的第一鲜明特色。

1、上海市委一号课题浮现“荣华现象”

2014年上海市委一号课题成果——《关于进一步创新社会治理加强基层建设的意见》(以下简称《意见》)以及6个配套文件已公布。根据《意见》,上海的目标是,“经过3—5年努力,进一步完善基层社会治理体系,进一步提高基层社会治理能力,使基层社会在深刻变革中既充满活力又和谐有序,为城市治理体系和治理能力现代化奠定坚实基础,为上海顺利实现‘四个中心’和社会主义现代化国际大都市建设目标提供坚实保障。”

那么,主流媒体可以梳理出哪些改革创新亮点?如何展望上海社会治理和基层建设的新图景?如何从基层工作者入手,为主流舆论引导做点实事?

解放日报有关采编部门与新媒体部门,认真学习上海市委一号课题精神,大家集思广益,力求从小处着眼,来报道好一号课题这样宏大的主题。报网融合小组很快找到一个好的切入点——荣华居委会。居委会是最基层的群众自治组织,居委会最贴近居民和社区。通过看似小小的居委会机构,挖掘出上海市委一号课题背后的深意,做实做强一号课题的内涵。明确方向后,报网小组迅速推出相关专题报道,通过文字、视频、图片,详细并丰富的分析了荣华现象。该网络新闻与解放日报的纸媒报道相呼应，体现出报网融合的新趋势。

该报道的视频和稿件一经推出，网友评论普遍较好，页面点击量21万；单独访客数9万；独立访问量8.5万。还有社区工作者打来电话，表示对报道的好评。他们觉得社区工作者的积极性和能动力被充分激发出来，将产生难以估量的“倍乘效应”。

2、记者亲历：跟访习近平的一天

2014年10月27日，上海观察的报道《记者亲历：跟访习近平的一天》被全网转发，转发数达到一千万次，并获得中宣部和上海市委宣传部阅评表扬。作为一个专注于深度政经报道的新媒体产品，上海观察从诞生伊始就注重结合新媒体环境，创新时政报道、特别是领导人报道的方式方法。《记者亲历：跟访习近平的一天》的出炉，可以看做是这种尝试和努力的成果之一。

上海观察的努力可以从几个方面进行概括：抓策划、重细节、树品牌。

（1）强化报道策划，看准节点及时推出

上海观察作为解放日报主办的新媒体产品，加强舆论导向、创新方式方法是应有的责任和担当。

为了达到这一目标，上海观察内部专门成立了政情小组，通过每周例会、每天讨论、微信群聊等形式沟通交流。同时，相关编辑也积极“打入”各类政经研究圈，在拓展作者的同时，及时捕捉网络关注的时政热点，研判舆论趋势，拟定报道策略和组稿方向。对于有关作者报上来的题目，编辑第一时间跟进，避免“流稿”。

《记者亲历：跟访习近平的一天》作者官锦台为某主流媒体驻京记者，负责国际新闻报道。10月24日晚10点，他给上海观察编辑发微信，谈到一整天跟访习近平主席外事活动的经历，并且感叹“习大大一天太忙了”。编辑部认为，这是一个值得一做的选题。作者有机会近距离观察习近平，能够写出不同于新华社通稿的内容，特别是其中的一些细节，能够打动人心。有关编辑随即与作者进一步沟通，敲定选题，并要求作者第二天一早交稿，以保证时效性与独家。

25日早晨，作者发来的稿件，果然现场感很强，描写了习近平接见外宾时的细节；文字接地气，全文平铺直叙没有空话套话；立意较高，表现出领导人“夙夜在公”的工作状态，是一篇好文章。经过三审三校，这篇文章刊于上海观察政情栏目中。

10月27日，《记者亲历：跟访习近平的一天》转发数达到一千万次。人民日报客户端、网易客户端、百度新闻客户端、腾讯新闻客户端、百度新闻网站、新华网、中新社网站、解放网等国内主流媒体也纷纷予以转载。

（2）强调细节接地气，贴近网络传播规律

上海观察曾对网络上传播比较广的领导人报道进行了梳理，分析、总结特点，发现其中很重要的一点是有细节、有故事。而且这些细节和故事都很接地气，既突破以前报道的局限，同时又把握正确的舆论导向。因此，上海观察组织的领导人报道特别强调细节。

如刊发《记者亲历：跟访习近平的一天》时，对首页大图做了重点处理，并在当晚作为头条进行微信推送，收到了良好效果。很快，该文被其他主流网络媒体转载，并同样做了首页头条的处理。

（3）准确传递时政信息，打造"上观时政品牌"有风格、成系列的文章，才会赢得受众的口碑

时政报道要准确传递相关信息，不能为了市场和点击量而作夸张和不负责任的解读，打造具有良好信誉度的媒体品牌。上海观察从一开始就从语言、格式、刊发周期、信息核准等各方面，突出稿件的权威性和风格化，积极打造"上观时政品牌"。

3、马航 MH370 报道

2014 年 3 月 8 日，马航 MH370 航班失联后，解放日报新媒体

中心编辑和国内部、摄美部记者联动，及时、准确发布最新、全球独家新闻，形成融合优势。

在近一个月时间里，解放日报前线记者和后方制作团队紧密合作，跟踪发布了20余篇高质量的原创内容，这些内容在微博、微信、网站多平台发布，引起网民的热烈响应和转发。

2014年3月15日，在越南的前方记者不断发回搜救信息，解放网值班编辑在后方接应，在解放网和解放日报官方微博上对记者发来的内容进行快速编辑，实时更新最新进展。由于及时的发布，诸多媒体纷纷开始聚焦解放微博的更新。在前方记者独家专访到越南搜救副总指挥并成稿后，值班编辑迅速响应，制作好长微博，编辑好适合网络传播特点的微博，配以网站链接，经审核后即刻第一时间发布。同时联系头条新闻、微天下等大V配合转发。《独家专访越南搜救副总指挥：我们坚持到了最后》获得各大媒体和大V大量转发，转发数10223，评论2318，点赞4424，阅读量1400多万，为解放日报官方微博关注度最高的微博之一。网友评论中，为越南搜救表现点赞之余，也为解放日报的独家报道和及时发布点赞。

2014年4月5日上午，接到前方记者在海巡01轮所得的搜寻线索消息后，解放网部署值班编辑配合前方记者草拟微博简讯。当日傍晚，值班编辑接到电话和修改指示后，第一时间在微博发出，立刻被头条新闻和微天下等广泛转载。解放网对微博图片和文字进行快速整理后再次于微博上滚动发布，当即被 BBC、镜报等境外媒体转载。截至 4 月 8 日上午，此条微博转发数 2494，评论 1139，点赞 1514。《海巡 01 轮通过黑匣子搜寻仪搜听到脉冲信号》一稿在解放网发布后，点击量迅速蹿升，截至 8 日上午：页面点击量 5148；单独访客数 4818。马航系列的新媒体融合报道和新媒体传播被 BBC、CNN、镜报、洛杉矶时报、悉尼先驱晨报等多家境外媒体转载，引发新一轮关注。

2014 年 4 月 6 日晚，解放日报独家专访了交通部和上海海测中心的专家学者，请他们介绍海测那些事。有关稿件在解放网发出后，迅速蹿升至当日解放网新闻排名前三，截至 8 日上午数据：页面点击量 15093；单独访客数 13946。

当日的解放日报微信，对马航报道过程做了整理和总结，对报社所掌握的信息作了梳理，同样引发了朋友圈的一轮转发，截至 4 月 8 日上午，阅读人数 5786，分享转发人数 197，转发次数 252 次。

突发事件发生后，传统媒体以往做法是报社记者采访后给报纸供稿，网络编辑根据报纸内容进行二度传播，不仅延误了时间，也受内容所限。媒体融合后形成一体化运作，打造跨平台的多媒体新闻中心，纸媒记者即是网络记者，一套人马、多平台多样化的生产方式。马航 MH370 事件报道就体现了一次采集、多次发布、整合传播、叠加效应的特征，是一次无缝对接的新媒体融合案例。

附：网友评论

网友留言评论热烈，几乎清一色都是肯定和鼓励的话语，摘抄如下：

@JackSun0210：看到这条新闻心里很是激动。感谢这么多天的不放弃，不抛弃。

@快把好吃的都交出来：加油，搜救的人员辛苦了！

@杨北偏：终于听到一个像样的新闻了！

@周翠丽律师：感谢！大概需时多久才能确认。我会守在您的微博前等候。

微博截图如下：

4、援藏工作全媒体报道

2014年是中央第三次援藏工作会议召开第20年，也是上海对口援藏的第20个年头。解放日报启动全媒体报道，在版面上以特稿方式作突出处理（该报道后得到全国政协主席俞正声同志的批示表扬）。作为解放日报特别报道系列的线上延伸，解放网制作了“20年，寻觅高原岁月那些人和事——纪念上海援藏工作20周年”专题网页，在上海市纪念援藏工作20周年座谈会启动上线，充分发挥互联网特色，通过多元形式载体，从时空的厚度创新展示了援藏工作，收到很好的社会反响。

该专题策划了地理篇、人物篇、影像篇三部分，整合了海量珍贵的资料图片，采取全媒体视角，包括视频等新媒体交互形式，再次生动地全景呈现了援藏工作的那些难忘瞬间。地理篇通过地图上5个上海援藏城市的交互性设计元素，网友可以点击某一地点看到记者采写的图文报道，生动直观。人物篇特意设计了可视化图表展示七批援藏干部的精神面貌，从每批干部中选出一位深入采写特稿，七篇特稿从点到面，图文并茂，互动性强。影像篇则整合了大量珍贵的历史照片资料，从领导关怀、援藏干部、合作往来、建功立业、两地情缘、难忘岁月等六个方面展示援藏工作，力图多角度还原历史，再次生动地全景呈现了援藏工作的那些难忘瞬间，让网友身临其境，起到很好的传播效果。

5、“韩正一周”专栏

“韩正一周”专栏围绕上海市委书记韩正就上海各项中心工作召开的会议、进行的各种调研、作出的有关论述，通过对公开资料进行全面独到的梳理、聚焦和解读，在新媒体平台上充分传递市委、市政府重要声音、精彩观点，充分展现高层工作思路、透视上海工作大局。

专栏每周在解放网、上海观察客户端和微信平台上线后，均获得较高点击率，多次在当日、当周甚至当月点击率中排名第一，并多次被其他时政类媒体转载（其中东方网每周均第一时间进行转载）；不少作品还受到海外媒体关注。专栏受到社会各界尤其是党政领导干部、公务员群体的密切关注和好评，外省主要媒体也纷纷参照此模式，开设当地主要领导的一周或双周活动报道。

<<<<< 解放日报新媒体获奖和论文情况

1、获奖情况

2014 年 5 月 解放网获上海市第六届优秀网站称号

2014 年 6 月 解放网获 2014 中国最具品牌价值地方门户称号

2014 年 11 月 解放网获上海市 A 级安全网站称号

2014 年 12 月 解放网制作的《第 52 次敲门》在 2014 年“微电影公益行”活动中荣获“优秀导演”奖，并申请到上海市文广局专项资金 26 万。

2014 年 6 月 上海观察获评 2014 中国最具创新精神移动 APP

2、论文

题目：上海观察：探路报网融合

关键词：上海观察 党报内容收费转型 新媒体

刊发平台：中国报业

刊发日期：2014 年 6 月第 11 期

作者：马笑虹（解放日报社副总编辑）

内容摘要：

上海观察是解放日报社出品，只在互联网上发行的收费、资讯类产品，目标用户是上海党政干部、城市利益相关者和一切关注上海的境内外人士。2013 年 12 月 10 日试运行，2014 年 1 月 1 日正式上线。

我们希望，上海观察的创新可以实现四个目标：1、在主流价值观主导下生产适合互联网环境的内容；2、在众声喧哗中体现党报的独特作用；3、承接纸媒迁移读者；4、实现党报采编团队内容生产观念和方式的转型。

摸索半年来，上海观察有三个亮点：

（1）初步达到预期的影响力目标，证明传统媒体是可以办好新媒体的。

作为上海报业集团成立后推出的第一个新媒体项目，上海观察上线 6 个多月来运营情况良好，可谓在新媒体时代为党报赢得了一席阵地。线上，上海观察的许多文章被人民日报微博、凤凰网、新浪网、腾讯网、百度新闻等多家网络媒体转载，更有文章吸引传统媒体评论探讨，引起广泛关注和好评。线下，不断有读者在推荐和打听上海观察，上海观察在各区县和委办局已经形成了一定影响。

（2）初步培养锻炼了一支新媒体运作队伍。

上海观察运营半年以来，不仅让纸媒迁移读者、吸附新的读者群体；还以新的内容平台为牵引，实现了党报部分采编团队内容生产观念与方式的转型。

（3）初步探索了一条内容收费的新媒体发展新路。

上海观察采用付费阅读方式，目前定价为一年100元，一个月10元。目前已初步形成以公务员为主的读者群，包括上海四套班子领导，各区县委办领导。

未来有三个难点需要突破：

（1）如何紧紧围绕事关上海发展的重大问题、焦点话题提供有价值的分析、评述、观点和讨论，进一步延续和加强党报在政经信息评论、最新政策解读、宏观问题分析等方面的优势，真正打造独特性与权威性兼具的优质内容？

（2）怎样深入完善新媒体产品的用户体验，优化软件界面和网站设计，提升读取速度和注册流程等？

（3）如何进一步拓展内容付费阅读的互联网发行，锁定目标用户，改善阅读体验，增加内容黏度，提升线下价值？

这些都是上海观察未来继续探索和努力的方向。

解放日报社新媒体主要数据一览表

网站：解放网					
	页面点击量（PV）	单独访客数 (UV)	独立访问量 (IP)	网粘度	备注
2014 年度总量	14600 万	14000 万	1400 万	一般	
2014 年度月平均（12 月份）	1350 万	1340 万	117 万	一般	
2014 年度月最高	2000 万	1900 万	190 万	一般	
2014 年度日最高	120 万	117 万	12 万	良好	
单篇最高（篇目，日期）	13 万	12 万	6 万	一般	
数据来源	CNZZ	CNZZ	CNZZ	CNZZ	

移动客户端名称	总下载量	2014 年度总发帖数	2014 年度原创帖文总数	2014 年度评论、跟帖总数	2014 年度总点赞数	2014 年度总转发、分享数	单篇最高阅读数（篇目，日期）	单篇最高评论、跟帖数（篇目，日期）	单篇最高点赞数（篇目，日期）	单篇最高转发、分享数（篇目，日期）	备注
上海观察	50 万 +	3003	2273	30030	33033	120 万 +	100 万 +（"政情"记者亲历：跟访习近平的一天，2014 – 10 – 25）	50	53	100 万 +（"政情"记者亲历：跟访习近平的一天，2014 – 10 – 25）	
数据来源	自有后台										

微信公众号	2014年度总阅读数	2014年度原创帖文总数	2014年度头条总阅读数	2014年度总篇数	2014年度总点赞数	2014年度总分享数	单篇最高阅读数（篇目，日期）	单篇最高点赞数（篇目，日期）	单篇最高转发、分享数（篇目，日期）	备注
解放日报	1509923	1032	593307	1340	3908	125313	72200（中国老百姓有个奇怪的观点：看病难又贵。贵吗？难吗？2014-03-05)	284（上海“第一高度”变迁史 2014-12-31)	7353（中国老百姓有个奇怪的观点：看病难又贵。贵吗？难吗？2014-03-05)	
自贸直通车	16.65万	456	118.68万	925	180	19.68万	109339	52（天津自贸区方案通过，2014-10-27）	2805（天津自贸区方案通过，2014-10-27）	
伴公汀	250万+	600	150万+	1000	15000	20万+	7万+（中央巡视组向上海反馈巡视情况，2014-10-30）	50+（中央巡视组向上海反馈巡视情况，2014-10-30）	2900+（中央巡视组进驻上海，2014-7-30）	
市民体育动动强	173510	130	87899	388	3230	13000	8264（Color run为何成了Black run，2014-8-14）	30（辣妈炼成记，2014-11-7）	3522（Color run为何成了Black run，2014-8-14）	

续表

家长圈	50750	105	37800	119	735	3675	4978（教育改革从家长教育开始，2014-10-28）	37（麻省理工创新实验室进驻上海高中，2014-11-8）	350（麻省理工创新实验室进驻上海高中，2014-11-8）	2014 年 9 月 19 日上线
朝花时文	157015	50	48236	90	290	11611	126763（98 岁的女人，真美，2014-08-30）	318（不要穿越那些隙缝，2014-11-16）	11013（98 岁的女人，真美，2014-08-30）	
解放周末	2651300	279	2518000	308	21560	185000	116319（是什么成就了董卿，2014-01-31）	840（李娜：婚姻就是指间沙，2014-01-25）	7302（是什么成就了董卿 2014-01-31）	
哎呦不怕	1934400	282	1404000	936	9512	202800	47050（当肺癌专家患上晚期肺癌，2014-11-29）	2630（上海肿瘤医院院长谈防癌，2014-04-11）	5620（当肺癌专家患上晚期肺癌，2014-11-29）	2014 年 4 月上线，运行 8 个月计
解放书单	218966	108	90000	228	900	14958	16951（韩正为“解放书单”撰文，2014-07-25）	23（韩正为“解放书单”撰文，2014-07-25）	1854（韩正为“解放书单”撰文，2014-07-25）	2014 年 6 月 27 日起开始发布，以运营时间 6 个月计

续表

华东局	7万	90	5万	120	200	3000	39285（季建业的仕途行迹，2014-12-18）	93（季建业的仕途行迹，2014-12-18）	1927（季建业的仕途行迹，2014-12-18）	
醒醒	9万	40	9万	40	300	3000	17384（“广州火车站凶案”砍人前，他呆坐了一小时，2014-05-06）	50（“广州火车站凶案”砍人前，他呆坐了一小时，2014-05-06）	875（“广州火车站凶案”砍人前，他呆坐了一小时，2014-05-06）	
上海观察	5502375	1460	1206528	1460	9228	397485	96786（“城事”从上海“白骨精”到美国全能主妇，2014-03-21）	551（“城事”从上海“白骨精”到美国全能主妇，2014-03-21）	9586（“城事”从上海“白骨精”到美国全能主妇，2014-03-21）	
微观上海	7102075	25	2085518	1329	9208	641176	198991（上海“第一高度”变迁史，2014-12-31）	417（上海“第一高度”变迁史，2014-12-31）	17604（上海小囡会让80后90初落泪100张图，2014-07-14）	

续表

群众路线	2643874	无	763518	1345	4890	241549	32072（党的群众路线教育实践活动应知应晓23问，2014-3-13）	300（第二批党的群众路线教育实践活动60问，2014-3-21）	4781（党的群众路线教育实践活动应知应晓23问，2014-3-13）	
报刊文摘	45230227	摘编	12534354	1615	7728	3368919	1079540（别再去宜家买杯子了！2014-07-01）		46921（别再去宜家买杯子了！2014-07-01）	
士读	1682340	摘编	1682340	324	1190	132888	77669（陆犯焉识：命运与爱情，2014-05-17）		8579（陆犯焉识：命运与爱情，2014-05-17）	
报刊文摘会员号	该号主要提供会员功能，基本不推送图文消息，因此没有数据提供。									
鲜知先觉	5250	126	10500	504	21	578	4422（中央发话啦！这些福利不该因反腐停发，2014-12-26）	5（1+6文件：解密上海市委“一号课题”，2014-11-26）	231（一图读懂四中全会决定中的干货，2014-10-29）	
数据来源	以上数据均来自腾讯云分析	数据均为人工统计			点赞数为人工统计					

微博名称（属性：官微/部门/个人；平台）	2014年度总发帖数	2014年度原创帖文总数	2014年度总跟帖、评论数	2014年度总点赞数	2014年度总转发、分享数	2014年度总被提及/被@数	2014年度总粉丝数	单篇最高跟帖、评论数（篇目，日期）	单篇最高转发、分享数（篇目，日期）	单篇最高点赞数（篇目，日期）	备注
解放日报（官微/部门；平台：新浪）	6239	2568	22413	19379	59422	11257	1254501	2318（独家专访越南搜救副总指挥："我们坚持到了最后"，2014-03-15）	10177（独家专访越南搜救副总指挥："我们坚持到了最后"，2014-03-15）	4411（独家专访越南搜救副总指挥："我们坚持到了最后"，2014-03-15）	
上海观察（官微/部门；新浪微博）	1460	1460	5680	9620	16060	3889	7583				
报刊文摘（官微/部门；新浪微博）	410	201	总跟帖325，评论430	总点赞20	总转发、分享209	被@189	12000	最高跟帖18、评论20（报刊文摘电子报上线了，2014-10-21）	最高转发18、评论20（报刊文摘电子报上线了，2014-10-21）	28（报刊文摘联手上海枫林街道老干部科邀请该区域的老干部举办读者恳谈会，2014-12-29）	
数据来源	新浪公司微博后台	平均值均为人工计算									

第二章 文汇报社

截至2014年底，文汇报社已形成包括文汇网、文汇报微博和微信公众号、客户端，以及微电影、微视频、新媒体活动等诸多产品的新媒体矩阵，具体包括——

1个官方网站：文汇网

1个新闻APP客户端（iPad版、iPhone版、Android版）

1个活动APP客户端：百日千里

1个官方微博（新浪、腾讯）

另有包括官方微信公众号“文汇报”在内的21个各类微信公众号。

概　况

2013年5月，文汇报头版推出以二维码为导入口的微视频平台，拉开了“立体报纸”融合传播平台项目的建设，不断加快向新媒体的转型发展。截至2014年底，文汇报在传统媒体和新媒体融合发展上，取得了阶段性成果，实现了“4+2”——4大基础引擎+2大特色项目的稳步推进，各新媒体平台初具规模，进一步提升了主流媒体在互联网生态圈的影响力。

四大基础引擎

文汇网、微信、微博、客户端等“四件套”基础引擎建设全面推进，与报纸形成内容互通、形式互动、优势互补，拓展了文汇的用户群，形成了传统纸媒向新媒体转型发展的基础平台。

1、文汇网

2013 年 12 月 31 日，全新改版的文汇网上线，依托纸媒优质新闻资源，凸显人文特色，同时打通微博、微信、APP 等多个平台。改版后，网站 KPI 统计量不断上升，例如，2014 年 9 月 26 日，为配合市委宣传部等主办、文汇新媒体中心等承办的“中国梦・申城美”市民微电影节，新媒体中心的深度原创报道《“民星”微电影浓缩城市正能量》，更是创下单篇稿件点击量突破 10 万的纪录。

2014 年 10 月 13 日，在文汇报启动改版前，文汇网再次进行了升级改版。为凸显“人文大报”定位、配合报纸的版面设置，网站首页增设了文化、学人、读书等频道，并在醒目位置为文化频道开设了新闻、聚焦、艺术、记忆、笔会、影视等栏目，分门别类地呈现文汇报的精彩人文报道，方便网络搜索阅读。首页导航栏里专门开辟了文汇新媒体中心的特色栏目——微电影，作为呈现和传播文汇微电影的前沿阵地。另外，导航栏里还整合了原有图片和视频频道，推出“汇视听”频道，增强可视化内容传播。

2014 年底，文汇网手机版上线试运行。此外，2014 年第四季度，文汇报新媒体中心正式启动筹备读书类新媒体项目“文汇读书”，利用文字、图片、音频、视频等多种形式，力求填补经典优质阅读与新媒体之间的沟壑，打造基于移动互联网的新型读书类产品。

2、微信

2013 年 7 月 1 日，“文汇笔会”官方微信正式上线，拉开了文汇报系微信群的序幕。目前，文汇报系微信群有 21 个公号，其中文汇报有 19 个活跃公众号，包括文汇报官方微信号、“汇生活”系列微信号、采编部门的微信号等，在社交媒体平台上粘住了大量用户，延伸了文汇特色。还有文汇报系的新读写、文学报微信公号。2014 年 4 月 10 日，文汇报官方微信号正式上线，每日推送当天热点新闻和人文特色内容，并整合文汇报微信群中的精品，创下多个 10 万 + 阅读量纪录。

3、微博

微博的媒体属性决定了目前微博依然是网上新闻发布的最快捷渠道。2013 年 4 月，文汇报在新浪平台上的官方微博正式由“文汇网”更名为“文汇报”，截至 2014 年底，粉丝数从 5 万增至 106 万，活跃度也大大提升，其中最高转发超过 2 万次，阅读超过 250 万次。文汇报微博坚持原创和特色，作为报社与读者、用户交流的重要平台，还发起了一系列与粉丝的互动活动。在重大新闻发生时，文汇报微博在第一时间进行了不间断直播，并通过与前方记者紧密配合，第一时间进行图文直播。

4、客户端

文汇报客户端包括苹果端和安卓端两大平台，以文汇报电子版为主。文汇报客户端不断升级迭代，目前已推出 6.0 版本，将“AR（增强现实）

技术”嵌入新一代客户端，读者通过客户端扫描版面上刊登的图片或图示，与文汇报纸媒进行三维立体的全方位互动。

两大特色项目

微视频、微电影，是文汇新媒体的重要特色，自首个报纸“二维码”发布后，逐渐步入成熟运作阶段。其中，微电影相关内容请见后续“融合案例”部分。微视频部分，2014 年 10 月，文汇报新媒体中心微视频团队在原有的基础上组成了新媒体中心视觉团队。自 2013 年 5 月以来，视频团队发布并制作了超过 500 部微视频作品。

多彩的新媒体活动提高主流媒体影响力

在打造“4+2”基础引擎和特色项目的同时，通过线下多彩的新媒体活动，提高新媒体的影响力，体现主流媒体的社会责任，为媒体融合发展助力。

2014 年 3 月起，在全市开展上海大学生“百日千里”青春酷跑挑战赛，号召大学生“走下网络、走出宿舍、走向操场”，连续 100 天完成 500 公里跑步里程，参加活动的高校学生已达 20 万。

结合文汇网全新上线，文汇报新媒体还推出了文汇公益栏目；春运期间推出“说出你的春运故事，免费机票送你回家”公益活动；2014 年 4 月间，通过新媒体平台支持“一个鸡蛋的暴走”大型公募活动，唤起更多社会爱心；2014 年 9 月 20 日，通过新媒体平台开展“国防教育日”公益宣传。

结合转型发展，新媒体中心每月主办公益性的“文汇新媒体沙龙”，自2014年1月9日以来，全年共举办12期讲座，主题涵盖技术、内容、渠道等与新媒体相关的各个层面，如大数据、AR增强现实技术、搜索引擎优化、微信公号运营与推广、OTO逻辑、品牌推广、产业与新媒体交互等。

2014年，文汇报新媒体中心还牵手团市委及上海市红领巾理事会等单位，以“新年·心梦”、“心有榜样”等为主题，展开了两届“中小学生新媒体大赛”。第二届“中小学生新媒体大赛”共征集到全市14个区县近1000篇参赛作品，通过文字、图片、视频的综合形态展现青少年眼中的社会正能量。

一、网站

全称　文汇网

域名（链接）　www.whb.cn

创建日期　2010年8月8日

公司（单位）性质　事业单位

法人代表　黄强

资质　国家三类新闻资质网站

团队架构

学历：大学13人　硕士5人

性别：男9人　女9人

年龄：30岁以下　10人　31—40岁6人　41岁以上　2人

职称：初级 11 人　中级 5 人　副高 2 人

专业岗位：采编 13 人　技术 2 人　运营 3 人

内容定位　以“汇思想、汇生活”为着力点，依托纸媒优质新闻资源，汇聚观点、看点、焦点，凸显人文特色；在办好笔会等精品内容的同时，开发汇吃、汇玩、汇演、汇财、汇拍等垂直栏目，同时打通微博、微信、APP 等多个平台。

内容板块　汇思想、汇生活、汇视听等。

传播力　2014 年浏览量：996 万

技术升级　系统软件：革新系统采用的云技术，所有访问进入，先统一指向域名服务器。再由 apache 连接池统一分配进行调整，手机访问指向手机虚拟主机，PC 访问指向 PC 虚拟主机；统一的资源池调用，所有服务器使用图片均从虚拟资料池里获取。硬件革新：物理服务器、交换机、火

墙、存储器共同组成了虚拟云平台。较之以往单台服务器大大提高了系统的安全性和稳定性。每台物理主机故障损坏所涵盖的虚拟主机将自动切换到另外的物理主机上，保证系统稳定。由主防火墙和三层交换机组成的前端检测能最大保护系统安全防护外来攻击。

经营情况　通过积极联系投放“硬广”，以及与相关合作单位联合举行第三届“我的中国梦·最美中国”全国大学生摄影及微电影创作大赛、2014年上海市大学生“百日千里”青春酷跑挑战赛等合作项目，网站年度总收入突破百万元。

二、移动客户端

名称　文汇报

推出时间　2014 年 7 月推出 2.0 版

平台　iPad、iPhone、Android

版本　5.5

内容　每日电子报

功能　高清版、极速版、AR 扫描

下载量　2 万 (2.0 版)

技术支持　上海极标信息技术有限公司

技术升级　整合高清 / 极速双版本，并加入 AR 增强现实功能，滚动大图可直链网站网页。

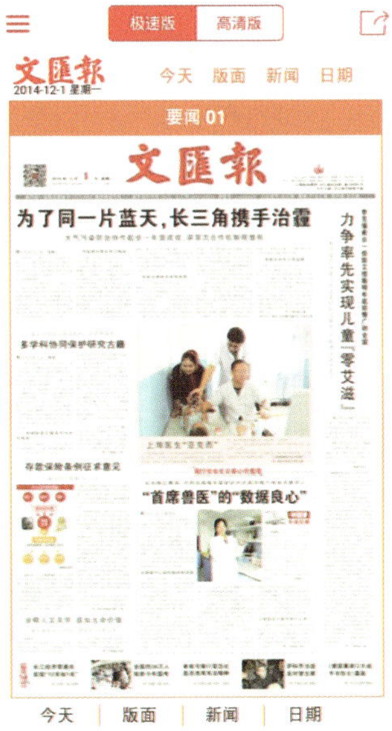

三、微博

名称　文汇报（新浪微博、腾讯微博）

推出时间　2012 年 11 月

定位　汇思想、汇生活。1938 年 1 月 25 日创刊的《文汇报》，正用全新的语言，为您送达新闻资讯，还有我们的观点和关怀。

粉丝量，转发量 + 跟帖量　截至 2014 年底：粉丝 106 万，年转发 3 万 +，年跟帖 11 万。

四、微信公众号

1、文汇报

（文汇报主媒体公众号：wenhui daily）

推出时间　2014 年 4 月

定位　文汇报是中共上海市委领导下的大型综合日报，以知识分子为主要读者对象，立足上海，面向全国。

订阅数　37582（截至 2014 年底）

2、文汇笔会
（文汇报笔会副刊公众号：ibihui）

推出时间　2013 年 7 月

定位　文汇报笔会副刊官方微信。一代代编辑，为您维系着与一代代文章大家的关系。这是一条深水静流的文字长河。

订阅数　20735（截至 2014 年底）

3、文汇教育
（公众号：wenhui education）

推出时间　2014年2月

定位　文汇报最具可读性的周刊之一，教育大家、专家发表专业意见的首选平台，全国教育专业周刊的领航者。目前开设考试、学前 / 家教、校园、作文、留学 / 就业、新知等诸多板块，聚焦教育界新事大事，为所有关心教育的人提供最新动向和权威解读。

订阅数　27000（截至2014年底）

4、汇吃（公众号：ihuichi）

推出时间　2013 年 1 月

定位　文汇报的订阅号，分享品尝美食的门道、最 in 的咨询；汇聚美食故事、饮食文化，还原最真实的记忆和味道。

订阅数　28823（截至 2014 年底）

2014年11月27日14:29

享泰式美食，赢完美假期

凡于12月5日前到明天广场JW万豪酒店享用晚餐的食客有机会参与幸运抽奖。

阅读原文

2014年11月26日15:15

原汁原味的江南

5、汇玩（公众号：yiqihuiwan）

推出时间　2014 年 1 月

定位　文汇报的订阅号，为您提供最 in “游玩”资讯，推荐最好玩的地方，与您分享“游玩”体验。

订阅数　3840（截至 2014 年底）

6、汇演（公众号：huiyan_sh）

推出时间　2014年1月

定位　汇演，借你一双洞察文艺的慧眼。

订阅数　4436（截至2014年底）

7、汇拍（公众号：ihuipai）

推出时间 2014 年 1 月

定位 汇聚好照片，传递影响力。

订阅数 370（截至 2014 年底）

8、汇车（公众号：whbche）

推出时间　2014 年 5 月

定位　汇生活，汇思想。以车会友，谈人生，谈理想，快乐就好。

订阅数　7000（截至 2014 年底）

9、文汇学人（公众号：wenhui_xr）

推出时间　2014 年 3 月

定位　追踪学术动态，策划学术文化专题报道，设有访谈录、论衡、讲演、学林、纪念和视界观等栏目。

订阅数　6558（截至 2014 年底）

10、百家（公众号：wenhuiwenyi）

推出时间 2014 年 11 月

定位 一本书，一台戏，一部电影……百家为您提供的信息和评论，有滋味，能回味。

订阅数 160（截至 2014 年底）

11、文汇艺文（公众号：wenhuiyiwen）

推出时间 2014 年 8 月

定位 汇集文化资讯、专业评论、名家名作。

订阅数 170（截至 2014 年底）

12、文汇讲堂（公众号：wenhuijiangtang）

推出时间　2013 年 6 月

定位　文汇报主办的大型公益讲座。

订阅数　3800（截至 2014 年底）

13、文汇小记者（文汇新媒体学生记者团官方公众号：iwhxjz）

推出时间 2014 年 4 月

定位 秉持“一切为了孩子，为了孩子的一切，为了一切孩子”的原则，传承文汇报 76 年的历史文化，围绕中小学生记者站开展一系列新闻发布、新闻学习和新闻实践活动。

订阅数 869（截至 2014 年底）

14、上海跑步者（公众号：shanghairunner）

推出时间　2013 年 7 月

定位　上海国际马拉松赛合作社交媒体。

订阅数　3.4 万（截至 2014 年底）

15、汇帮忙（公众号：whbhbm）

推出时间 2014年5月

定位 最新鲜的新闻资讯、最权威的政策解读、最好的政法资源、最新的公益活动、最顺畅的建议渠道。

订阅数 1.1万（截至2014年底）

16、国际范（公众号：wenhuiguoji）

推出时间　2014 年 3 月

定位　轻击屏幕，世界在你指尖！文汇报国际新闻给你带来最专业的世界热点解析，最绚丽的地球村生活百态。

订阅数　369（截至 2014 年底）

17、汇行者（公众号：whhuixingzhe）

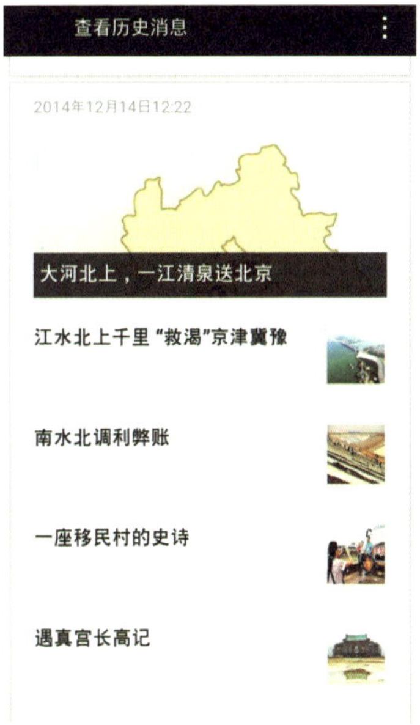

推出时间　2014年2月

定位　报道辽阔大国的小事，解读历史进程的细节。我们有最优秀的特稿团队，与你一起走入新闻发生的现场。

订阅数　245（截至2014年底）

18、走走写写（文汇报国内部公众号：wenhuiguonei）

推出时间　2014 年 4 月

定位　这里没有华丽的辞藻，但是我们力求发出真实的声音。

订阅数　300（截至 2014 年底）

19、文汇圈子（公众号：wenhuiquanzi）

推出时间　2014 年 2 月

定位　报社员工内部交流

订阅数　251（截至 2014 年底）

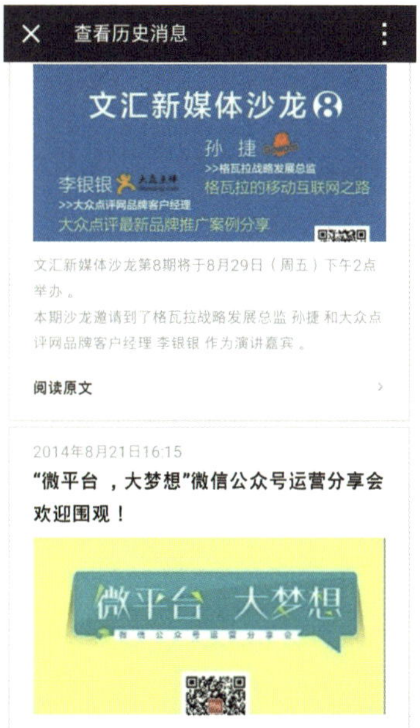

1、文汇报社新媒体中心关于外滩踩踏事件的报道

2014 年 12 月 31 日晚，外滩发生踩踏事件。在报社支持下，新媒体中心根据互联网传播规律，以最快速度发布事件进展，同时展现人文关怀。

当晚，在外滩拍摄跨年活动的中心记者目击踩踏事件后立即拍摄现场图片。经核实，中心决定发布现场图片，于次日凌晨 2:15 发布第一条微博，为上海媒体微博中最快发布；后又于 2:42 发布第二条微博，均使用原创图片。同时，中心决定立即制作微信，于 4:54 发布微信《祈福 2015！外滩踩踏事故已致 35 人死亡 42 人受伤》，为上海媒体中最快发布的有关这一事件的微信。该微信当天 11：08 即达到 10 万阅读量。

2015 年元旦白天，新媒体中心多人来到外滩陈毅广场，摄下了市民自发祭奠的镜头，并以中心名义献上鲜花向逝者致哀。这组原创的外滩祭奠组图，在文汇报微博发布后，转评点赞上万，传递了正能量。下午，新媒体中心制作并发布了一组手机动态页面，集纳了与此次事件相关的网上微博寻人信息并公布了官方接待电话，体现了文汇的人文关怀。

随后的几天，文汇报新媒体各平台继续跟踪事件进展，发布医护救

治等正面报道。中心采写了此次事件的网上祭奠综合稿件《指尖上的默哀，有眼泪有温暖》，引导大家通过正确方式悼念遇难者，摘录了网友的正能量评论，在报纸、微信上进行了全媒体发布，展现城市的温暖。

2、微电影大赛

（1）以“全国性人文大报”为定位，文汇报新媒体一直致力于以“中国梦”为主题的微电影创新活动。

2014年5月，在市委宣传部指导下，文汇报社积极参与“中国梦·申城美——追梦人的故事”微电影大赛的主办工作。新媒体中心作为承办单位之一，与全市各区县及相关单位合作，摄制了《小梁的休息日》等十余部微电影，同时组织了数十部优秀参赛作品。“追梦人的故事”微电影大赛有32部获奖影片，文汇报新媒体中心出品的8部作品榜上有名，分获金银奖等奖项。新媒体中心获得“优秀组织奖”。

（2）微电影大赛“齐头并进”，形成“多规模、全受众”微电影相关大赛集群；微电影协作体揭牌，产业规划初步确定。

文汇报作为主要发起单位，主办了“我的中国梦·最美中国”全国大学生摄影及微电影创作大赛，经过三届的发展，已经成为中国大学生最具权威性的微电影赛事之一。“‘我的中国梦·最美中国’全国大学生微电影系列活动”还获评全市2014年度100项“群众喜爱的培育和践行社会主义核心价值观项目”。

2014年6月19日上海国际电影节期间，在文化部指导下、在中华文化促进会框架内，微电影（中国）协作体正式揭牌，文汇报新媒体中心为该协作体的两个秘书处之一。

详细介绍请扫二维码：

<<<<< 文汇报社新媒体获奖情况

《“民星”微电影浓缩城市正能量》，获2014年度上海新闻奖新媒体作品一等奖；

“‘我的中国梦·最美中国’全国大学生微电影系列活动”，入选上海2014年度100项“群众喜爱的培育和践行社会主义核心价值观项目”；

上海首届“中国梦·申城美——追梦人的故事”微电影大赛中，文汇报新媒体中心摄制的8部参赛作品分获金银铜等奖项，新媒体中心获比赛“优秀组织奖”；

微电影形象片《Just in Shanghai》，获上海市第十二届“银鸽奖”三等奖；

微电影《上海6000年》，获2014年“我的中国梦——讲述中国故事”上海文艺作品征集二等奖；

文汇报新媒体中心获2014年上海市大学生“百日千里”青春酷跑挑战赛特别贡献奖。

文汇报社新媒体主要数据一览表

网站：文汇网					
	页面点击量（PV）	单独访客数 (UV)	独立访问量 (IP)	网粘度	备注
2014 年度总量	996 万 +	416 万 +			
2014 年度月最高	97 万 +				
2014 年度日最高			26276		
单篇最高（篇目，日期）	30 万 +（全国学生运动会“阳光少年”：刘雨轩（江苏），2014-06-19）				
数据来源	自有后台				

移动客户端名称	总下载量	2014 年度总发帖数	2014 年度原创帖文总数	2014 年度评论、跟帖总数	2014 年度总点赞数	2014 年度总转发、分享数	单篇最高阅读数（篇目，日期）	单篇最高评论、跟帖数（篇目，日期）	单篇最高点赞数（篇目，日期）	单篇最高转发、分享数（篇目，日期）	备注
文汇报	11 万 +	5000	4500			10 万 +	15 万 +（“民星”微电影传播正能量，2014-09-26）			5000（“民星”微电影传播正能量，2014-09-26）	
数据来源	自有后台										

微信公众号	2014年度总阅读数	2014年度原创帖文总数	2014年度头条总阅读数	2014年度总篇数	2014年度总点赞数	2014年度总分享数	单篇最高阅读数（篇目，日期）	单篇最高点赞数（篇目，日期）	单篇最高转发、分享数（篇目，日期）	备注
文汇报	250万	240	180万	1200	5万	147984	11万+（2014十大网络流行语（附表情），2014-12-19）	921（2014十大网络流行语（附表情），2014-12-19）	3854（2014十大网络流行语（附表情），2014-12-19）	
文汇笔会	140万	500		500		10万	4万+（毛尖《红高粱黄了》，2014-11-15）		1524（丁太太——沈峻，2014-12-25）	
文汇教育	1214万	700	300万	1320		1111121	10万+（学术民工：生存竟然也会成问题，2014-12-11）		5000+（上海最老的中学排排队，找找看，有你的母校吗？2014-8-20）	
汇吃	136万	125	1358000	183	1200	4500	45000（上海最火咖啡馆，再不去你就Out了，2014-02-14）	245+（上海最火咖啡馆，再不去你就Out了，2014-02-14）	4000（上海最火咖啡馆，再不去你就Out了，2014-02-14）	

续表

汇玩	699480	60	50万	240	5000	81660	2万+（赴加签证10年多次往返持证另有9国可免签！，2014-02-9）	70（赴加签证10年多次往返持证另有9国可免签！，2014-02-9）	1000（赴加签证10年多次往返持证另有9国可免签！，2014-02-9）	
汇演	214万			1080		146364	4万+（全世界98岁的女人你最美，2014-08-28）		3600（全世界98岁的女人你最美，2014-08-28）	
汇拍	45888		45888	180	36	3108	1944（伊朗游记，2014-08-20）			
汇车	12万	200		200		2000	2100（新能源车，玩一把无人驾驶，2014-11-04）		189（新能源车，玩一把无人驾驶，2014-11-04）	
文汇学人	362370	改版后（10月17日起）370884	64993	100		33480	88202（报销恶梦：关于科研经费的对话，2014-12-19）	336（报销恶梦：关于科研经费的对话，2014-12-19）	6576（报销恶梦：关于科研经费的对话，2014-12-19）	

续表

百家							2640（二次元审美对青年世界观的影响，2014-11-20）		240（二次元审美对青年世界观的影响，2014-11-20）	
文汇艺文	7500			110		750	2841（上海书展掌门人，2014-08-09）		304（上海书展掌门人，2014-8-9）	
文汇讲堂	132000	48	66000	792	2650	18840	1901（“讲堂特别悼念俞吾金老师”最后的见面和最后的约稿，2014-10-31）	16（“讲堂特别悼念俞吾金老师”最后的见面和最后的约稿，2014-10-31）	270（“讲堂特别悼念俞吾金老师”最后的见面和最后的约稿，2014-10-31）	
文汇小记者	18882	55	1700	108	120	711	321（第二届文汇中小学生新媒体大赛启动啦，2014-10-14）		26（第二届文汇中小学生新媒体大赛启动啦，2014-10-14）	
上海跑步者	190万	240	1871634	253		105891	430430（彩色跑即将登陆上海，2014-07-14）		16324（彩色跑即将登陆上海，2014-07-14）	

续表

文汇汇帮忙	240000			200		12000	15616（九院院长范先群为藏族女孩杜吉央宗完成3合1手术，2014-06-05)		4410（华山医院国庆假期中心机房升级 医保卡使用受限，2014-09-22)	
国际范	50000	180	150000	300		20000	2000+（郑若麟：首版20万册一天售罄 奥朗德前女友的自传揭露了什么，2014-09-18）			
汇行者	30152	75		75		2140	4713（地壳二号将打出世界最深钻井，2014-08-08）		334（地壳二号将打出世界最深钻井，2014-08-08）	
文汇圈子	34032	36	12000	120	500	1896	5000（韩书记来文汇啦~，2014-05-08）	180（韩书记来文汇啦~，2014-05-08）	260（韩书记来文汇啦~，2014-05-08）	

续表

走走写写	7853	7853	5265	97	195	327	1106（“带不走的医疗队”正在成形 上海医生3年传帮带让喀什医生逐渐唱“主角”，2014-04-26）	23（“带不走的医疗队”正在成形 上海医生3年传帮带让喀什医生逐渐唱“主角”，2014-04-26）	75（“带不走的医疗队”正在成形 上海医生3年传帮带让喀什医生逐渐唱“主角”，2014-04-26）	
数据来源	以上数据均来自腾讯云分析	数据均为人工统计			点赞数为人工统计					

微博名称（属性：官微/部门/个人；平台）	2014年度总发帖数	2014年度原创帖文总数	2014年度总跟帖、评论数	2014年度总点赞数	2014年度总转发、分享数	2014年度总被提及/被@数	2014年度总粉丝数	单篇最高跟帖、评论数（篇目，日期）	单篇最高转发、分享数（篇目，日期）	单篇最高点赞数（篇目，日期）
文汇报（官微）	7200	60	11万	12万	3万+	18万	106万	5149（微软宣布联手腾讯百度护航WinXP，2014-03-07）	20985（微软宣布联手腾讯百度护航WinXP，2014-03-07）	256（微软宣布联手腾讯百度护航WinXP，2014-03-07）
数据来源	新浪公司微博后台	平均值均为人工计算								

第三章 新民晚报社

截止 2014 年底，新民晚报社已经形成“新民生”新媒体大平台，以受众的需求为纽带，集合了内容与服务两大类。

产品由网站群（新民网、大购网、侬好学堂网）、社交媒体账号群（微博@新民晚报新民网、16 个微信号（不含东方体育日报））、移动应用群（新民晚报 APP、新民网 HD、新民网 APP）构成一个有机系统。

概　况

最近几年，新民晚报始终保持对新媒体的投入，并逐步推进报网融合的进程，从报网互动，到报网一体，再到报网融合。

新民晚报的新媒体平台新民网（www.xinmin.cn）于 2006 年 9 月 9 日正式上线，是经国务院新闻办公室批准的具有新闻信息服务一类资质的重点新闻网站。目前网站点击量、独立用户数和全球排名等核心指标均跃居国内地方新闻网站前列，影响力持续上升，新闻品质获业界认可。近年，新民网的新闻报道作品多次荣获中国新闻奖、上海新闻奖等重要奖项，如新民网网络评论《系列网论七：“倒钩”事件凸显多元监督重要性》获第二十届中国新闻奖二等奖、新民网“独家报道”新闻专栏获第十九届上海新闻奖二等奖等。网站也连续多年荣获上海市“优秀网站”称号。

传统媒体融合发展始于2009年，最早称作报网互动。当时采取在见报稿末尾刊登互动编号，在新民网可检索到相应稿件，吸引网友评论、投票。

2009年下半年，新民晚报焦点新闻部与新民网合作的“新民意平台”（简称“新民民调”）应运而生。此时的报网合作称为“报网一体”。

新民网“新民民调”2009年关于世博、房价、民生政策以及热点社会事件的调查，不少形成了详尽的追踪报道，在报纸相关版面上刊发，形成了“新闻事实—民意调查—民意分析—理性建议”的报网互动立体化操作模式。

2009年中国晚协第24届年会上，新民晚报时任总编辑在大会发言中向与会代表介绍交流了报社“三步走”的报网互动战略，引起许多总编辑的关注。2010年，新民晚报继续加大扶持力度，坚持并不断扩大报网互动的深度、宽度，积极鼓励新民网不断创新，力争率先走在媒介融合的前列。

作为新民报系推进媒介融合的新媒体平台，新民网担负着报业转型的探索创新任务。截至2010年4月，新民网率先挺进全球网站排名TOP500，成为唯一进入全球网站TOP1000的中国地方新闻门户网站。

新民网的网友，都可以在注册登录后，在网上提供新闻线索、参与讨论等，体现出新媒体信息开放型的优势，也凸现了新民网不同于传统媒体和其他商业网站的特殊价值。报网采编力量有效互动已形成习惯，记者采访后迅速将最新消息挂在网上，同时预告“详细内容请看今日新民晚报”。新民网的编辑也常常围绕一些晚报上刊登的热点话题，开展网上对话等。

微博官方账号@新民晚报新民网于2010年5月在新浪微博开通。2014年底粉丝超过251万，是国内知名度与影响力皆名列前茅的媒体官方微博。

2011年至2012年，新民晚报迈出了第三步——报网融合。新民晚报群工部记者和新民网采访团队互相到对方轮岗，感受纸媒和网媒的不同工作方式，进一步融入到报网融合的大团队中。

2012年，新民网新闻报道部在前期与报社群工部报网融合的基础上，进一步推进报网融合：完善采编流程，加强与晚报各部门的沟通。特别是在2012伦敦奥运报道等重大赛事中，与报社体育部建立了新的报网融合模式，其中刘翔到伦敦的视频，当天点击量突破28万，为全面推进报网融合进一步积累了经验。

2012年10月，全报社范围的报网融合顺利推进，制定了《报网融合采编规范》，设置报网融合邮箱、报网融合QQ群等，顺利跨出报网深度融合的第一步。

2014年11月，报社将以往的采编部门办公区域打通，并进行部门重组，打造全新的全媒体编辑中心，下设“2部3组”：报纸编辑部（原新闻编辑部）、新媒体编辑部，以及项目组、技术组、视觉组。发稿流程上，打造一体式的采编发稿平台，方便各新闻产品选稿。

这一深度融合模式下的报网联动发展，一是充分利用报社的资源、品牌、内容生产能力，加快推动、壮大新媒体发展；二是借助新媒体的创新思维、拓展能力，反哺母报，改进报纸质量，提升影响力、延续生命力。

目前日常运作方式：一是新媒体编辑部每天提供给报纸经过整合、聚合的新闻包供选用。二是新媒体编辑部的监控每天上午8时出舆情简报，其他时间实时推送舆情给报社领导及各采编部门。同时一旦接获突发重要信息及时通报报社领导及相关部门。三是新媒体编辑部发现与本地相关的新闻线索（包括重大新闻策划时），向相关采访部门主任或记者指派采访任务，提出订稿需求。四是报社所有采访部门，须及时向全媒体编辑中心提供线索和稿件，所有记者都是全媒体记者，既须主动及时向全媒体编辑中心供稿，又须接受全媒体编辑中心指派完成采访任务。报社主推的第一批全媒体记者在各新媒体产品上开设专栏或担任主持。

截至2014年底新民晚报共开设及运营了16个微信公众号（不包括东方体育日报）。新民晚报的微信策略是：先走分众精准传播之路，聚集到一定影响力后，再集纳形成合力。现在这些公众号的内容，基本涵盖了新闻资讯的方方面面。2014年4月开通的官方微信账号“新民晚报”，至年底用户超3.3万人。“侬好上海”（2013年6月推出），聚焦本地文化，以沪语为传播载体，2014年底已有12万粉丝。

2014年8月，新民晚报搭建的电商平台“新民大购”以独特的“内容连带产品”营销方式，让每个消费者可以在了解产品具体信息后再选择产品的购买。大购网坚持从货源开始精心挑选产品品牌与生产地，优选独家特色的商品，以“让每个消费者放心”的购物体验为目标。

新民生大平台的搭建，以服务立足，以实用性满足老百姓的需求并以此拓展传播力和影响力。

一、网站

1. 新民网

域名（链接） www.xinmin.cn

创建日期 2006 年 9 月 9 日

公司（单位）性质 国有事业单位

法人代表 陈启伟

资质 国家一类新闻资质网站，增值电信业务经营许可，信息网络传播视听节目许可，广电节目制作经营许可

团队架构 共 47 人

新媒体编辑部共 37 人

学历：大学 33 人 硕士研究生 4 人

性别：男：16 人 女：21 人

年龄：30 岁以下 20 人 31—40 岁 15 人 41-50 岁 2 人

专业：新闻语言类 24 人　IT 技术类 3 人　艺术设计类 4 人　其他专业 6 人

岗位：新闻采编 25 人　视频编辑 5 人　美术编辑 3 人　编务监控 4 人（采编人员共同运营网站、微博、微信、APP 客户端）。

技术组共 10 人

学历：大学 9 人　硕士研究生 1 人

性别：男 7 人　女 3 人

年龄：30 岁以下 3 人　31—40 岁 7 人

专业：IT 技术类 6 人　艺术设计类 2 人　其他专业 2 人

岗位：产品开发 6 人　运维支持 2 人　视觉设计 2 人

内容定位　上海本地新闻资讯、文化生活维权服务的综合平台，数字“航空母舰”。

内容板块　新闻栏目、专题、投票、专栏、评论、视频、数字报纸、资讯等。

传播力　日均浏览量 120 万左右。

经营情况　全年完成总收入 2140 万元，其中自营广告收入 920 万元（包含侬好上海），首次实现创建以来的盈亏平衡，并有约 200 万元的利润。

2. 新民大购

域名（链接）　www.xinmindagou.com

创建日期　2014 年 8 月

<u>内容定位</u> 购物网站。以全新的 B2C 网络营销模式，致力为消费者提供高品质、实惠、便捷的生活产品。

二、移动客户端

1、新民晚报数字报

<u>推出时间</u> 2009 年 10 月

<u>平台</u> iOS

<u>版本</u> 2.0

<u>内容</u> 新民晚报数字报纸 ipad 呈现

<u>功能</u> 新闻阅读

<u>下载量</u> 27 万（截至 2014 年底）

2、新民网 Android 客户端

<u>推出时间</u> 2012 年 6 月（已停止更新，2015 年将由新民晚报客户端代替）

<u>平台</u> Android

版本 4.0.1

内容 新民网官方 App

功能 新闻阅读

下载量 7.1 万（截至 2014 年底）

3、新民网 ios 客户端

推出时间 2012 年 10 月（已停止更新，2015 年将由新民晚报客户端代替）

平台 iOS

版本 4.0.1

内容 新民网官方 APP

功能 新闻阅读

下载量 7.5 万（截至 2014 年底）

4、新民网 HD 客户端

推出时间 2009 年 11 月（现已停止更新）

平台 iOS

版本 2.0

内容 新民网官方 APP

功能 新闻阅读

下载量 2.1 万（截至 2014 年底）

三、微博

1、新民晚报新民网（新浪微博）——新民晚报官方微博

版本　5.1.3

推出时间　2010 年 5 月 4 日

定位　关注民生、本地服务类信息，国际国内重大突发。

粉丝量　截至 2014 年底：粉丝量：2519153；转发量：366371/ 年

2、新民美国（新浪微博）——隶属新民晚报美国记者站

版本　5.1.3

推出时间　2013 年 12 月 20 日

定位　向国内和美国华人读者传播第一手的美国资讯，扩大新民晚报在美影响力。

粉丝量，转发量　截至 2014 年底：粉丝量：62766，其中，海外用户占到 29.3%；转发量：至今发布微博 610 余篇，点击量超 600 万次，平均

单条阅读量超过一万次。转发量累计超过一万多次。

<<<<< 案例

纽约华裔老人闯红灯过马路遭警察殴打，经微博平台发布后迅速被众多新闻网站和新媒体平台转发，仅网易新闻一家的阅读量就超过百万次，评论上万条，成为当天的焦点事件。

3、新民体育（新浪微博）——隶属新民晚报体育部

版本　5.1.3

推出时间　2012 年 11 月

定位　报道体育圈最新动态，在网上形成和体育粉丝互动平台。

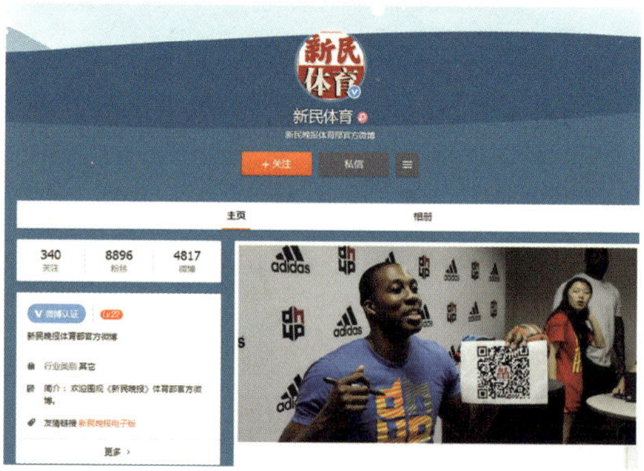

粉丝量　截至 2014 年底：8900

4、新民晚报社会新闻（新浪微博）——隶属新民晚报群工部

版本　5.1.3

推出时间　2011 年 2 月 12 日

定位　重点报道上海市社会新闻，突发事、新鲜事、感人事。

粉丝量　截至 2014 年底：13441

5、新民周刊（新浪微博）——隶属新民周刊

版本　5.1.3

推出时间　2010 年 5 月 31 日

定位　关注新闻热点，分享经验心得，增加读者的黏性。

粉丝量　截至 2014 年底：400 万 +；每日转发 + 评论：350+

经营情况　2014 年先后与势合能力、北京讯达、北京动力公关、北京迪思等公关代理公司建立合作关系，以文章转发为主要合作模式，当年实现营业额近 1.5 万元。

四、微信公众号

1、新民晚报（新民晚报全媒体中心新媒体编辑部公众号：xmwb1929）

推出时间　2014 年 4 月

定位　有益、有趣、有用，立足本地，放眼全球。

订阅数　33400（截至 2014 年底）

技术升级、进步概况　从图文为主，逐步引入视频、游戏等，技术手段逐步升级，朝着满足受众需求的方向不断努力。

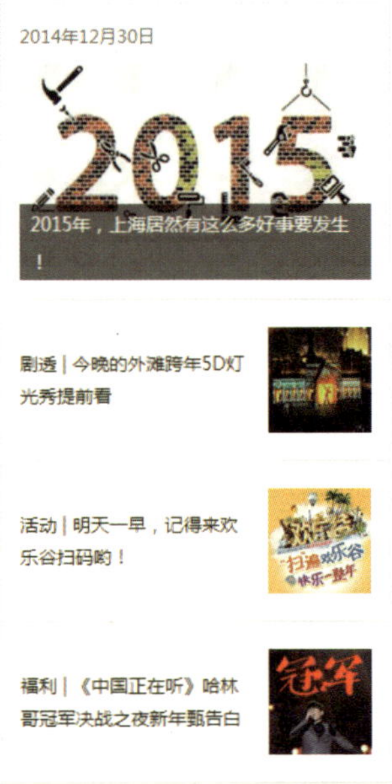
2014年12月30日
2015
2015年，上海居然有这么多好事要发生！
剧透｜今晚的外滩跨年5D灯光秀提前看
活动｜明天一早，记得来欢乐谷扫码哟！
福利｜《中国正在听》哈林哥冠军决战之夜新年甄告白
冠军

2、新民周刊

（新民周刊社公众号：xinminzhoukan）

推出时间　2012年7月

定位　关注社会热点，把握时尚脉搏，引领生活方式。作为周刊杂志之外的补充，致力于在原有读者的基础上，吸引更多的年轻读者。互动性、趣味性的内容与线下活动，最大限度增加读者的黏性。

订阅数　28555（截至2014年底）

经营情况　自2014年初开始进入盈利阶段，先后与势合能力、北京讯达、北京动力公关、北京迪思等公关代理公司建立合作关系，以文章转发为主要合作模式，当年实现营业额近8.5万元。

3、东方体育日报

（东方体育日报公众号：dfsports）

推出时间 2012年9月

定位 最及时的资讯，最幽默的选题，最独特的视角，最前卫的言论，最犀利的评述，最高效的服务。有新闻更有互动，我们一起打造属于你的自留地。

订阅数　138697（截至2014年底）

早期该微信号只在工作日进行推送，且内容更集中于推广报纸文章。随着时间的推移和经验的积累，目前已经逐步做到每天实现资讯的更新与发布。除了日常的新闻追踪外，微信号还会不定期开展送票送福利活动，拉近与粉丝们的距离。

4、侬好上海（新民晚报全媒体中心项目组公众号：helloshanghai2013）

推出时间 2013 年 6 月

定位 分享上海本地生活资讯、吃喝玩乐、传播经典海派文化，组织上海同城活动。

订阅数 120532（截至 2014 年底）

2014年07月10日

哪个细节，让上海的夏天最迷人？

<<<<< 案例

上海话水平测试，是“侬好上海”2014年推出的另一个特色产品。由百道轻松幽默的上海话考题，组成上海话水平测试题库。题库由沪语专家“王小毛之父”葛明铭老师及侬好上海资深上海话编辑团队共同原创。网友可通过电脑或手机微信，随时可进入在线答题页面，测试自己的上海话水平，根据用户答题情况给予0—100分的评估。产品累计页面浏览量129780。

利用技术创新、开发线上丰富多样的多媒体数据平台，建设了“侬好学堂”在线课堂专属频道，实现PC端和手机端全方位覆盖，产品于2014年12月上线。用户可以通过微信菜单栏直接点击进入，内容具有丰富的互动性与趣味性，网友可以随时参与，在线学习，寓教于乐。经过辞书出版社的授权，把钱乃荣教授教材中的10000多个沪语词汇，900句情景对话搬入了在线学堂。还建成了丰富的上海话有声数据库，这是目前上海数据最多、素材最全、内容最丰富的音视频数据库。最大程度原汁原味保留了上海文化，具有权威性、独家性、传承性的特点。

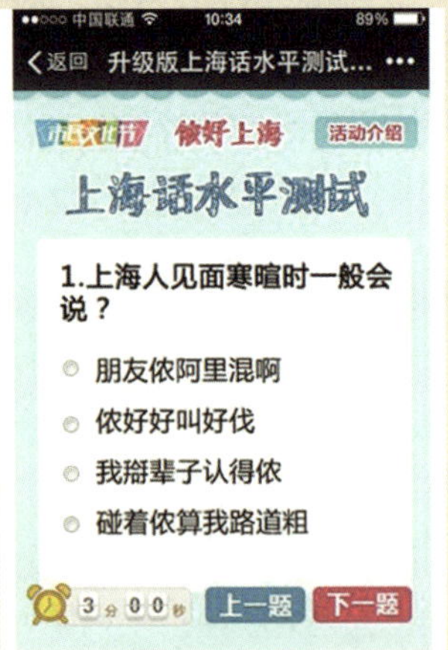

5、上海花城
（新民晚报经济部公众号：shflowercity）

推出时间 2013年11月1日

定位 服务于新民晚报四季花展品牌宣传。提供最新鲜的花展资讯，最专业的园艺知识，最好看的花卉美图，打造上海花城新形象。

订阅数 20608（截至2014年底）

<<<<< 案例

2014 年全年，与上海市公园管理事务中心微信“上海花讯”、上海市绿化管理指导站微信“绿博士”合作推出“最美林荫道路”评选、“我的醉美秋天”摄影体验活动，将绿化园林科普与线下体验完美结合，收到粉丝追捧与业内好评。

为更好地宣传新民晚报四季花展，配合海湾森林公园“优倍 2014 上海梅花节”、上海植物园“老凤祥 2014 上海（国际）花展”、古猗园“2014 上海荷花展及国际睡莲展”、共青森林公园“2014 上海菊花展”的宣传，策划了微信赠票、微摄影比赛等线上活动，还尝试了现场扫码加关注有礼的线下推广，增加粉丝效果显著。

此外，沪上多家园艺企业也被花城平台吸引，联合策划了阳台评选、多肉盆栽 DIY 体验等线下互动，同时园艺企业也为花城提供了专业的素材内容，进一步扩大了上海花城的影响力和号召力。

6、新民网事
（公众号：xinmin-wangshi）

推出时间　2014 年 3 月 20 日

定位　通过视频街访，聚焦热点话题、议题，倾听市民的意见建议，两微一端和网页报纸联动，突出报网融合，体现新民晚报的民生性和贴近性。

订阅数　14856（截至

2014年10月20日

上海要下雪啦~！！！国内首个冰雪梦幻乐园空降魔都

明年停发磁条卡 34亿张银行卡待换"芯"（快看看你是啥

福利又来咯！京剧家庭套票20份免费领！（含滨江门票

新民福利

2014 年底）

2014 年 3 月创立，以视频为主，关注本地突发和本地服务。单条服务资讯类微信《上海要下雪啦～！！！国内首个冰雪梦幻乐园空降魔都》（2014 年 10 月 21 日）图文阅读次数超过 58 万。公号入选由腾讯大申网、复旦数字与移动治理实验室等主办的“上海十大微信公众账号评选活动”100 强名单。

7、新民演艺

（新民晚报文化部公众号：xinminyanyi）

推出时间　2013 年 10 月

定位　提供最新最快的演艺资讯，为用户甄选最有质量值得一看的演出、展览、电影，并进行解读。定期提供门票、演出衍生产品抽奖。

订阅数　6801（截至 2014 年底）

2014年12月14日21:00

投票 | 听音乐会，先把手机交出来！你愿意吗?

波兰钢琴大师克里斯蒂安·齐默尔曼将亮相上交音乐厅，举行他在中国大陆的首次音乐会。应音乐家的要求，上交音乐厅特意定制了手机袋，引导观众寄存手机，藉此引起大众对文明观演的关注。当然纯属引导，绝无强制。

阅读原文

8、新民法谭

（新民晚报政法部公众号：xmft2013）

推出时间　2013 年 4 月

定位　新民晚报法治服务公众平台，为用户提供快速权威的法治资讯、全面精确的法治服务、新鲜独到的法治故事。

订阅数　8422（截至 2014 年底）

2014年12月12日12:36
“最后一公里神器”禁上路 交警整治电动平衡车
二中院公开开庭审理王宗南挪用公款、受贿案
先睹为快｜今日《新民法谭》专刊看点

9、新民体育

（新民晚报体育部公众号：xinminsport）

推出时间 2013 年 7 月

定位 解读体坛热点，组织线下活动，关注体育圈内大小事为重点。

订阅数 7667（截至 2014 年底）

“新民体育”微信开设不到两个月，粉丝数就突破 3000 人。利用网络的时效性，对最新发生的体育新闻事件进行特别报道。其中，数篇微信稿件在网络上引发热议，阅读量超过万次，转发评论量多达上千次，部分稿件点击量超过 15 万。

10、新民好吃
（新民晚报群工部公众号：xinminfood）

推出时间 2013年12月27日

定位 顶级大厨倾力加盟，舌尖上海尽在掌握。好味道：总厨为你点；美食团：总厨领你吃；家常菜：总厨教你烧；常来逛：总厨送你礼……从吃货到老饕：快加我，来升级，有惊喜，享荣耀。教你吃，教会你吃，教你会吃！

订阅数 20500（截至2014年底）

11、新民印象
（新民晚报摄影部公众号：xinminyinxiang）

推出时间　2014 年 3 月

定位　“飞入寻常百姓家”是新民晚报办报宗旨，也是晚报摄影的精髓。本订阅号是新民晚报摄影部与粉丝的互动天地，让摄影走进生活、关注民生，并欢迎广大读者踊跃参加新民晚报“街拍”栏目投稿。

订阅数　4288（截至 2014 年底）

<<<<< 案例

随着新媒体技术的运用，同样是抗震救灾的报道，较 2008 年汶川地震报道传播效果却有了明显的提升。例如，2014 年 8 月 3 日，云南省昭通市鲁甸县发生 6.5 级地震之后，新民晚报社摄影部又安排特派记者奔赴灾区采访报道，并格外注重报道的“报网互动”。例如，特派摄影记者张龙拍摄了《老乡们将遇难亲人的遗体运下山去 》的新闻图片后，通过互联网将这幅图片以及其它画面的灾区新闻图片，及时传送到新民晚报公众微信账号《新民印象》。身处上海的《新民印象》微信账号编辑在“第一时间”编发这幅新闻图片，明显早于新民晚报版面上刊发这幅新闻图片。特派记者张龙的这幅新闻图片在微信受众、晚报读者中均引起很大的共鸣。

（图为老乡们将遇难亲人的遗体运下山去 ）

注重时效、注重细节的新闻图片，可以有效增强新闻报道的可信度，因此愈益为更多受众所关注。有时对于某些文字报道中的新闻细节难以判断其真伪，如果配上一幅现场图片，便可以说明新闻事件的现场感、真实性，这就是现在人们常说的“有图有真相”。相对于长篇累牍的文字报道，新闻图片报道现场感更强，更容易引发受众的关注度。

实践证明，新闻摄影、图片报道具有其独特的传播价值，它既可以消除某些文字信息传播过程中的隔阂，也可以消除不同文化背景下所造成的理解差异。面对新媒体新技术的挑战，只有重视运用新技术手段，以“拿来主义”“为我所用”地改进新闻图片采编工作，注重视觉冲击、突破定位、栏目创新、互动传播，传统媒体的图片报道就会焕发新的生机、彰显新的活力。

12、新民科学咖啡馆

（新民晚报科教卫工作室公众号：xmscicafe）

推出时间　2014 年 3 月

定位　是新民晚报社与上海市科协联合主办的公益科普项目，打造新鲜、有趣的科技资讯台。

订阅数　2230（截至 2014 年底）

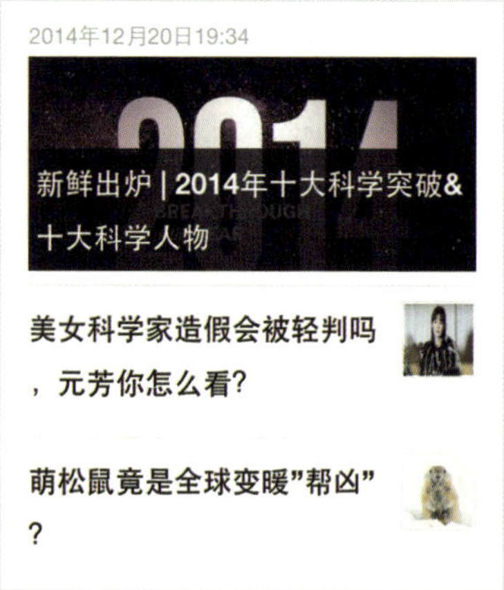

2014年12月20日19:34
新鲜出炉 | 2014年十大科学突破&十大科学人物
美女科学家造假会被轻判吗，元芳你怎么看?
萌松鼠竟是全球变暖"帮凶"?

13、冬姐指南“惠”游天下（新民晚报副刊部公众号：dongjiezn）

推出时间　2014年1月

定位　服务受众为目标，提供新鲜、惠利的出游信息与线路，包括最便利的交通、住宿、当地特色美食、省钱诀窍等。

订阅数　7857（截至2014年底）

2014年5至8月，和宝山区旅游局互动，进行了一系列活动宣传，如《浪漫赏樱季，宝山开游》、《踏着春光，宝山去看展》等，并将展览门票以抽奖方式赠送粉丝。

冬姐指南“惠”游天下
大妈大叔，冬季去那最美
2014-12-18 冬姐指南“惠”游天下
云南有个普者黑，如果你看过《爸爸去哪儿》就知道，蓝天白云下，是孤峰、清流、幽洞、奇石，还兼有杭州西湖波光潋滟的明丽，更有比荷花淀还要浩荡的万亩荷花，堪称人间仙境。而对于坝美村的人来说，陶渊明描写的世外桃源就是他们的家——进村子要经过一个巨大的溶洞水道，船缓行十余分钟，临近洞口，眼前便是河谷、流水、翠竹、水车、农田、茅舍……

14、新民金融城
（新民晚报经济部公众号：xmjinrongcheng）

推出时间　2013 年 7 月

定位　新民晚报主办，上海市金融服务办公室支持，与陆家嘴金融城管委会合作的金融城周刊互动平台。

订阅数　4408（截至 2014 年底）

2014年12月27日07:03
【盘点】2014年国际财经十大热点
【黄金】金价挥泪折戟千二
【基金】借道非银ETF联接基金 分享券商保险暴涨收益

15、新民锦读
（新民晚报焦点部公众号：xinminjd）

推出时间　2014 年 3 月 1 日

定位　力推以深度报道为主的阅读产品，定位“精心、精致、精彩”。

订阅数　2000（截至 2014 年底）

2014年9月17日20:33
深山里的读经少年
家长：我为什么让孩子提前回来
学生：离家读经典让我更孝顺父母

"新民锦读"立足于新民晚报"焦点"与"新视界"版面，而且在重大突发事件积极发声。例如2014年3月8日MH370航班失联当天推出"晚安，MH370"，图文转化率高达13445%。

"新民锦读"还利用新媒体的优势，为荣获上海市精神文明十佳好事的部门公益项目"大山童馨"服务，于2014年10月10日发起"捐一台旧相机，点亮一颗心灵"征集活动，为贵州纳雍的失依儿童募得数十台相机。

16、新尚
（新民晚报副刊部公众号：xinminfashion）

推出时间 2014年3月

定位 传递高品质的生活资讯，实时推送最具风范的时尚潮流、最精选的文化演出和值得品阅的人物专访。

订阅数 9208（截至2014年底）

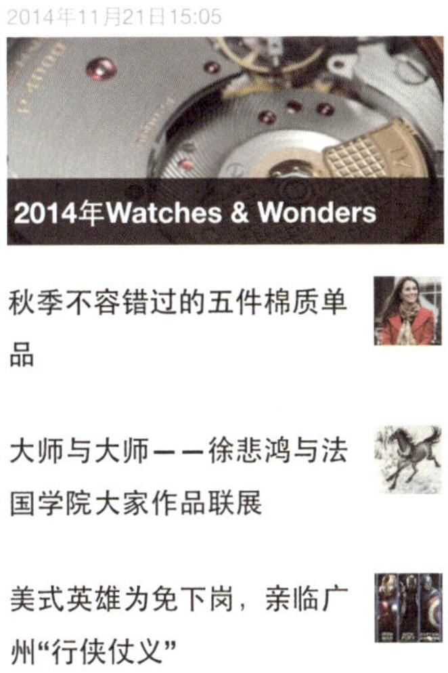
2014年11月21日15:05
2014年Watches & Wonders
秋季不容错过的五件棉质单品
大师与大师——徐悲鸿与法国学院大家作品联展
美式英雄为免下岗，亲临广州“行侠仗义”

17、新民健康（新民晚报新民传媒金融健康工作室公众号：xinminhealth）

推出时间　2014 年 3 月

定位　智慧医疗时代下，搜集各类最新医疗资讯，呈现大批知名医学专家专访，组织最优惠的医疗活动，为解决老百姓看病难、看病贵、日常养生等一系列医疗烦恼。

订阅数　2147（截至 2014 年底）

1、马航报道全网首创微信滚动直播

北京时间2014年7月17日深夜，马航MH17航班在乌克兰境内遭导弹击落。新民晚报官方微信运行团队在全网首创微信滚动直播的方式，在事发后24小时内持续为读者呈现全景式报道，为报社新媒体直播重大突发事件作出成功探索，积累了运作经验。

马航MH17被击落事件曝光是7月17日深夜11时，新民晚报官微已经结束当天推送。运行团队在第一时间获悉此事，当即决定进行一次整个微信平台上都没有过的尝试——微信滚动直播。

直播原理是团队立即编辑了一条包含基本新闻要素的单图文，利用单日仅有的一次推送机会，于7月18日零时12分发出，并在该推送末尾链接了一条图文素材。由于图文素材可以反复再加工，晚报官微便利用这一方式，做到实时更新事件动态。

报社立即安排多名年轻编辑记者加入，其中包括精通俄语、英语、法语的记者，以及晚报驻美记者资源。微信直播启动后，编辑记者打破定时发稿的习惯，紧盯包括CNN、BBC、RIA、NOS、AFP、AP等国际主流媒体，第一时间详尽更新事件进展。

直播页的更新推动形成新的编辑值班制度　图文编辑24小时轮番值守，实时上传稿件。据统计，在24小时的全景直播页中，

共收纳57条纯文字稿、27条包含组图的图文稿，以及2条视频稿。这样的更新频度，不仅在微信平台上绝无仅有，更超过绝大多数国内网站的更新速度。

同时，晚报官微还体现出主流媒体的报道权威性，在直播页中刊发多则由晚报记者采写的独家深度解读，其中包括独家首发遇难香港同胞生前事等。

新民晚报本次的直播创新，灵活规避了微信公众平台每天群发条数上的限制，让主流媒体在微信平台上建立了话语权和权威性。作为传统媒体的新民晚报，在新媒体领域的这次探索，得到各方认可，也为将来微信朋友圈报道突发事件谋求了全新的传播方式。

2、复旦投毒案二审报道报网融合

2014年12月8日，复旦大学投毒案开庭二审。新民晚报新媒体编辑部提前策划部署，在庭审前后几天中，部门5位内容主管轮流牵头策划并协调，庭审当天先后派出6名记者进行了长达14个小时的现场直击报道，后方滚动新闻持续报道达14小时。同时，新媒体编辑部和政法部、焦点部、摄影部的记者并肩作战、资源共享，共同出色完成了这次报道任务。

此次复旦投毒案二审报道，新媒体部共发图文稿件16条，视频新闻2条，微博38条，微信1条。截至9日上午10时，阅读率最高的单篇报道 PV 达到 17000 次，累积 PV 达到 10 万次。当日新浪、百度、腾讯等相关新闻的滚动报道，都主要引用新民网的图片和文字。南方周末网、南方都市报，以及每日头条、中国网－法治中国等微信也引用了新民网的报道图文。

在报道中采编团队坚持客观公正的立场，及时发布关键性信息。整个团队全程保持积极主动的工作状态，凸显了新民晚报新媒体编辑部的战斗力和媒体融合的最新成果。

3、“侬好上海”微信号创新案例

内容上，“侬好上海”以上海话和上海文化为切入点，运用图文、音频、视频等形式，不定期推出各类上海话特色栏目，如看图猜上海话（猜猜看）、老上海人说上海（老底子）、上海话轻松听（豪小编吐槽）、学习地道上海话（侬好剧场）等。坚持做“小而美”，每日推送 2–3 条高品质内容，通过有趣有爱有创意地传播上海文化和上海话。此外，“侬好上海”坚持高频次的深度互动的运营策略，仅 2014 年一年，就组织了 2 次大型线下粉丝见面会，其余大大小小的线上线下活动则高达上百场。

2014 年，“侬好上海”特别推出了侬好学堂沪语培训品牌，编辑了独家沪语教材，全年共举办的近 20 场沪语培训，共有近千人次参加，涵盖了从少儿、白领，到医疗、金融、保险、科技等的行业培训。12 月 26 日，“侬好学堂”沪语在线学习平台（nhxt.xinmin.cn，手机访问 nhxt.xinmin.cn/m ，或关注微信公众号“侬好上海”点击底部菜单进入）正式上线，为所有沪语爱好者提供一个全面开放的沪语学习和内容平台。

<<<<< 新民晚报社新媒体获奖情况

1、新民网

2014 年 6 月，新民网获上海市第六届“优秀网站”称号；

2014 年 11 月，《黄浦江水源保护区漂浮大量死猪“耳标”指向源自浙江嘉兴》获上海新闻奖二等奖；

《2015 年上海有这么多好事要发生》获上海新闻奖新媒体作品二等奖；

《豪小编吐槽》获上海新闻奖网络新闻三等奖。

2、“侬好上海”获奖情况

获 2014 上海十大微信公众号第一名；

2014 年 12 月，获腾讯微信官方颁布“优秀媒体案例奖”；

2014 年 9 月，入选新媒体排行榜评出的中国微信 500 强第 22 位。

新民晚报社新媒体主要数据一览表

网站：新民网					
	页面点击量（PV）	单独访客数 (UV)	独立访问量 (IP)	网粘度	备注
2014 年度总量	43200 万	20000 万	16000 万	一般	
2014 年度月最高	4200 万	2400 万	1500 万	一般	
2014 年度日最高	280 万	140 万	90 万	良好	
单篇最高（篇目，日期）	37 万	28 万	26 万	一般	
数据来源	百度				

移动客户端名称	2014 年度下载量	2014 年度发帖数	2014 年度原创帖文总数	2014 年度评论、跟帖总数	2014 年度总点赞数	2014 年度总转发、分享数	单篇最高阅读数（篇目，日期）	单篇最高评论、跟帖数（篇目，日期）	单篇最高点赞数（篇目，日期）	单篇最高转发、分享数（篇目，日期）	备注
新民晚报数字报客户端	12 万	67527	40520				3444（6 毛钱上海小药丸暗藏“发展密码”，2014-08-02）				
新民网 android	7.1 万	5970	3674	6888		1132					
新民网 ios	7.5 万	5970	3674								
新民网 HD	2.1 万	5970	3674								
数据来源		和新民网 CMS 系统相通，较难统计出精确数据									

微信公众号	2014年度总阅读数	2014年度原创帖文数	2014年度头条总阅读数	2014年度总篇数	2014年度总点赞数	2014年度总分享数	单篇最高阅读数（篇目，日期）	单篇最高点赞数（篇目，日期）	单篇最高转发、分享数（篇目，日期）
新民晚报	4235095	720	2598535	1118	10350	330818	1487225（2015年，上海居然有这么多好事要发生！2014-12-31）	2832（2015年，上海居然有这么多好事要发生！2014-12-31）	6657（2015年，上海居然有这么多好事要发生！2014-12-31）
新民网事（街谈巷议）	331932	360	176724	1095	201	2899			
新民周刊	4483771	1000		2000		225364	98489（简单有趣痴呆测试测完我已住院，2014-09-12）	750（上海最美花园！80%的上海人还不知道这地方！2014-10-23）	9444（简单有趣痴呆测试测完我已住院，2014-09-12）
侬好上海	2555.5万+	702	838万+	912	2.3万	293.63万+	112.5万（这才是阿拉上海人舌尖上的冷饮，2014-07-12）		7.9万（这才是阿拉上海人舌尖上的冷饮，2014-07-12）

续表

新民健康	100358	1177		1177		7351	2819（牙齿被撞落后，立即插入脱落部位，2014-09-17）		214（牙齿被撞落后，立即插入脱落部位，2014-09-17）
上海花城	3159168	1068	2282345	1116	16060	346416	104659（德国人的花与窗，美极了，2014-11-08）	3442（德国人的花与窗，美极了，2014-11-08）	7386（先睹为快！鲁迅公园大变样，2014-08-13）
冬姐指南“惠”游天下	878131	74	826442	402	3324（8月前没有点赞数可统计）	113305	127375（上海滩最好吃的五十样东西，没吃过别说你是上海人！2014-10-22）	627（上海滩最好吃的五十样东西，没吃过别说你是上海人！2014-10-22）	47756（上海全部地铁换乘和时间全表，很有用哦，2014-11-08）
新民锦读	35730	87	31496	87	88	2067	11025（晚安，MH370，2014-03-08）	16（99.9%人不知道：崇明岛上的江苏“飞地”，2014-11-26）	507（晚安，MH370，2014-03-08）
数据来源	以上数据均来自腾讯云分析								

微博名称（属性：官微/部门/个人；平台）	2014年度总发帖数	2014年度原创帖文数	2014年度总跟帖、评论数	2014年度总点赞数	2014年度总转发、分享数	2014年度总被提及/被@数	2014年度总粉丝数	单篇最高跟帖、评论数（篇目，日期）	单篇最高转发、分享数（篇目，日期）	单篇最高点赞数（篇目，日期）	备注
新民晚报新民网	10920	4380	111325	55480	366371	175000	245；7681		转发990 评论235 点赞96（产妇胎死腹中家属大闹上海浦东妇幼保健院，2014-08-15）	转发990 评论235 点赞96（产妇胎死腹中家属大闹上海浦东妇幼保健院，2014-08-15）	
新民美国	520	500	8200	12000	13000	11000	60056	722（全美音乐节张杰获奖，2014-11-24）	1422（全美音乐节张杰获奖，2014-11-24）	1488（全美音乐节张杰获奖，2014-11-24）	
数据来源	新浪公司微博后台										

截至2014年底，上海日报社已形成包括上海日报官网、“爱的上海”生活服务资讯平台、微博、微信公众号等诸多产品的新媒体矩阵，具体包括——

2个官方网站：shanghaidaily.com、idealshanghai.com；

2个新闻APP客户端：SHD News、SHD iPaper；

2个官方微博：上海日报、idealshanghai；

1个官方微信公众号：上海日报SHDaily。

第四章 上海日报社

概　况

上海日报是中国传统媒体中第一批尝试发展新媒体的一员，早在2001年就开始建立自己的网站，当时主要以提供数据下载和期刊查阅为主。2005年全新改版为官方新闻门户网站。

经过16年发展，如今的上海日报网站拥有新闻浏览、新闻分享、每日新闻订阅、期刊查阅、个性化电子报订阅等多种功能，占据上海英文新闻类网站的首把交椅。目前网站日均访问者超过 10 万人次，其中至少 6 成以上用户来自中国大陆以外。在数字出版方面，2008 年上海日报电子版是第一份登陆亚马逊电子书阅读器的亚洲报纸，主要用户为北美及欧洲、亚洲的主流人群，综合评分目前在该平台亚洲报纸中居前五位。

除了传统互联网，上海日报新媒体还积极探索移动终端的平台应用。目前上海日报在 iOS、Android 和黑莓系统均拥有新闻 APP 客户端“SHD News”，在 iPad 上拥有报刊杂志类 APP 应用“SHD iPaper”。

目前上海日报的新媒体数据库同时向道琼斯、美国 Newsbank 数据库、慧科数据库等新闻数据库提供新闻数据，这些合作不仅增加了报社的收入来源，同时也提升了报纸在海外的曝光率，更好地传播了有利于上海和中国发展的信息。

2012 年，上海日报推出了 iDEALShanghai.com 英文生活资讯新媒体平台，成为居住在上海的海外人士掌握上海生活服务资讯的重要平台。同时，这一平台也拓展了报社的营销渠道，创新了商业模式。截至 2014 年底，已拥有 7,000 余户商家信息，以及全上海主要的演出展览资讯，并且为用户提供在线支付的电商服务。目前月均 PV 超 12 万，累计注册用户超过 2 万。

社交媒体是媒体融合的重要组成部分。早在 2011 年，上海日报就在新浪微博和腾讯微博推出了官方微博号“上海日报”，截至 2014 年底，新浪微博和腾讯微博粉丝数分别为 10.6 万和 63 万。2013 年，上海日报推出了微信公众号“上海日报 SHDaily”，截至 2014 年底，粉丝数为 1.6 万。

上海日报还尝试在亚马逊 Kindle 平台推出电子书。书的内容是基于一系列上海日报已刊登的系列性专栏文章，经过采编团队精心选取读者最感兴趣的主题，通过版式和内容的重新设计编排制作而成。该尝试旨在让优质的内容有更长久的生命力，同时也开发了新的产品及收费模式，拓宽了平面媒体转型的渠道。上海日报的品牌专栏 BUZZWORD《热门中文词汇》已制作成移动平台应用，2013 年底正式上线。通过下载 App，用户可以轻松查到网络和日常生活中最热门词语的中英文说法及解释。目前该应用已收集词汇超过 4000 条。

一、网站

全称　上海日报

域名（链接）　www.shanghaidaily.com

创建日期　2011 年

公司（单位）性质　国有事业单位

法人代表　吴正

资质　国家三类新闻资质网站

团队架构

性别：男 3 人　女 5 人

年龄：30 岁以下 2 人　31–40 岁 6 人

学历：大学本科 7 人　硕士研究生 1 人

职称：初级 7 人　中级 1 人

岗位：新闻采编 6 人　技术保障 2 人

内容定位　上海市对外传播的英文门户新闻网站，及时、准确、有效地向海外传播上海的最新发展动态和国际城市形象。

内容板块　新闻栏目、专题、投票、高清相册、视频、PDF 订阅等。

传播力　日均浏览量 10 万左右

技术升级　2014 年，上海日报研发出报纸文章上网站环节的内容采编系统，实现了从人工单篇导出文本、单篇复制粘贴方式入库，到批量导出、批量导入、少量人工干预的转变，在减少人力的同时，也大大减少了人工出错的可能。

全称　“爱的上海”生活资讯服务平台

域名（链接）　www.idealshanghai.com

创建日期　2012 年

团队架构

性别：男 5 人　女 3 人

年龄：30 岁以下 5 人　31—40 岁 3 人

学历：大学本科 4 人　硕士研究生 4 人

职称：初级 8 人

岗位：新闻采编 5 人　技术保障 3 人

内容定位　以生活在上海和周边地区的外籍人士为主要对象，旨在打造为这批目标人群提供全方位生活服务娱乐信息的一站式数字平台。

内容板块　购物、餐饮、娱乐、演出资讯，电商平台。

传播力　日均浏览量 8 万左右

技术升级　2014 年，idealshanghai 从原先的纯资讯网站转型为资讯 + 活动 + 电商三位一体的综合性网站，为驻沪外籍人士提供一站式生活服务。

二、移动客户端

1、SHD News

推出时间　2013 年

平台　iPhone，Android

版本　Ver1.6

内容　上海市对外传播的移动端英文新闻集合，及时、准确、有效地向海内外传播上海的最新发展动态和国际城市形象。

功能　分享、收藏等。

下载量　3 万（截至 2014 年底）

技术支持　亿狮摩、风线数码。

推广营销　报纸、网站、微信、微博推广。

技术升级　2104 年推出分享功能，可分享至微博、微信、Facebook、Twitter 等国内外社交媒体。

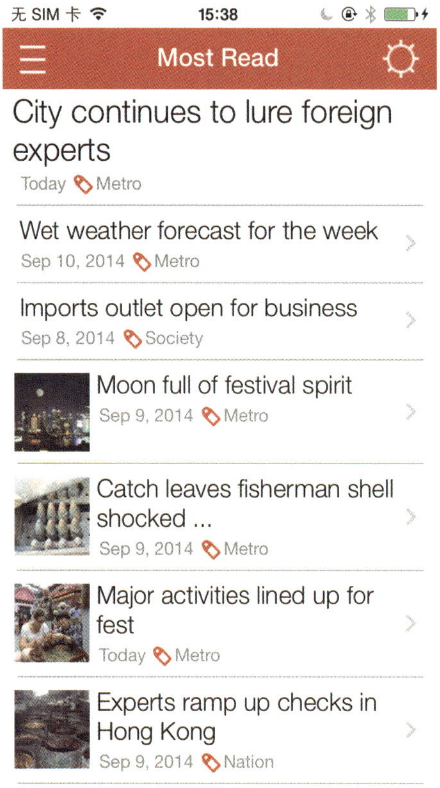

2、SHD iPaper

推出时间　2013 年

平台　iPad

版本　Ver2.2

内容　报纸 PDF 浏览器

功能　分享、收藏等。

下载量　3156（截至 2014 年底）

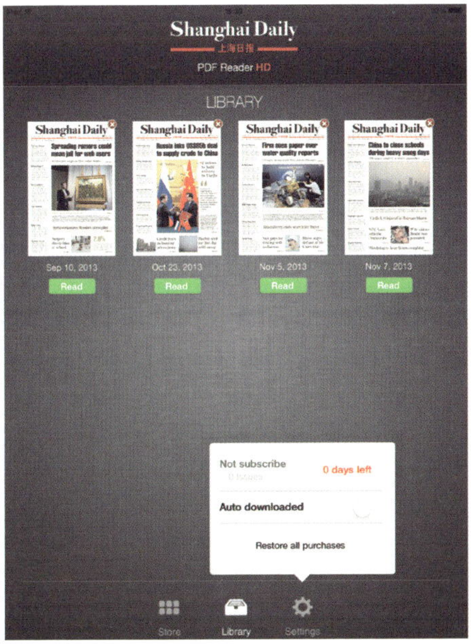

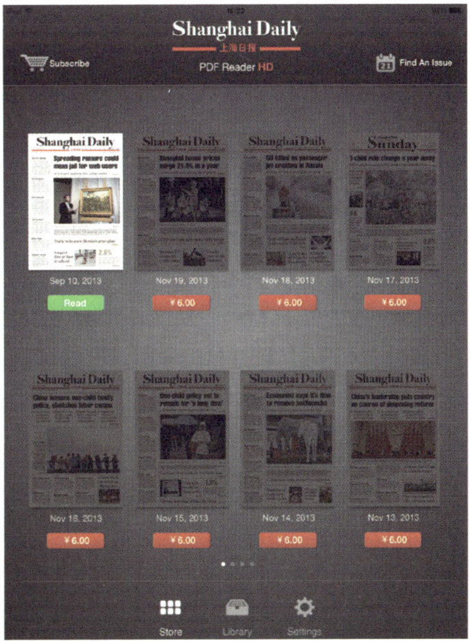

技术支持　亿狮摩、风线数码。

推广营销　报纸、网站、微信、微博推广。

技术升级　新增“编辑推荐”栏目、改善“分享”效果。

三、微博

1、上海日报（新浪微博、腾讯微博）

版本　5.1.3

推出时间　2011 年

定位　双语新闻发布，及时、准确、有效地向海内外传播上海的最新发展动态和国际城市形象。

粉丝量，转发量＋跟帖量　截至 2014 年底，粉丝量：新浪 10.6 万，腾讯 63 万；转发量：新浪 4236，腾讯 54263；跟帖量：新浪 521，腾讯 2465。

2、idealshanghai（新浪微博）

版本　5.1.3

推出时间　2012 年

定位　以生活在上海和周边地区的外籍人士为主要对象，全方位推送生活服务娱乐人文信息。

粉丝量，转发量＋跟帖量　截至 2014 年底，粉丝量：9528；转发量：102；跟帖量：20。

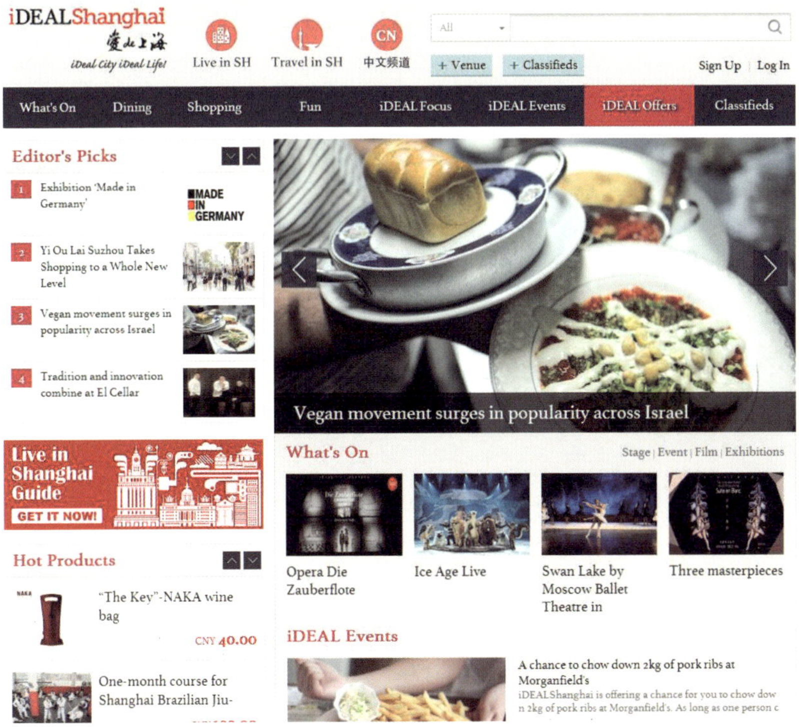

四、微信公众号

上海日报 SHDaily

推出时间 2013 年

定位 精彩而有趣的双语资讯

订阅数 1.5 万（截至 2014 年底）

<<<<< 上海日报社媒体创新与融合案例

1、外滩陈毅广场拥挤踩踏事件专题报道

2014 年 12 月 31 日晚上，上海外滩陈毅广场发生拥挤踩踏事件。闻讯后，上海日报网站编辑立刻根据官方发布的信息，编辑相关内容上网。之后迅速联系工程师开发相关专题页面，制作稿件链接、图册、时间轴等展现形式，同时适配电脑端和移动端，并根据事件发展的过程不断更新相关内容，实现了融合新媒体的专题报道。

专题页面上线后，由于其布局合理、细节精致、符合电脑端和移动端的阅读习惯，且在第一时间内全面追击新闻事件，获得了比较好的传播效果。专题页面点击量超过 4000 次，专题页内全部新闻点击量为 19863 次，其中海外点击 2123 次。包括美联社、纽约时报、金融时报、南华早报、悉尼晨报、新西兰先驱报、雅虎、CNN、每日邮报等海外主流媒体，在报道外滩拥挤踩踏事件时均引用了上海日报的信源。

页面截图：

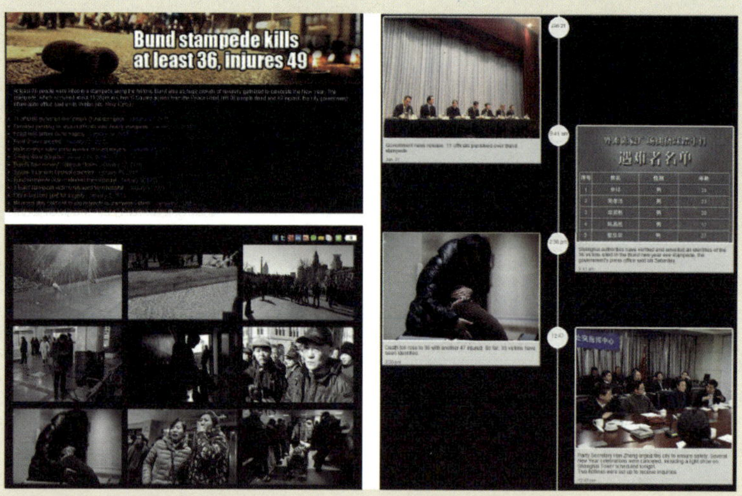

2、邬达克建筑系列

2014 年，国际饭店设计师邬达克被百万网友评选为“上海符号”。上海为什么怀念邬达克？邬达克建筑的命运如何？国际饭店建成 80 周年之际，上海日报策划了“邬达克上海复活记”系列专栏，精选 11 座邬氏设计的建筑进行深入报道。在介绍上海城市历史的同时，讲述“邬达克热”这一文化现象背后的历史建筑保护工作，中西女塾（现市三女中）一文为代表作。

该专栏的新媒体传播非常成功。根据新媒体传播规律精心制作的微信版图文并茂，语言风趣简洁，中英文对照，得到网友大量转发点赞，短短数天浏览量超过了 43000 次。

此外，向明中学、爱司公寓、“绿房子”等邬达克系列报道均在微信上取得了很好的传播效果。

3、用流行、经济的方式做中华文化海外推广——上海日报新一批电子书登陆亚马逊 Kindle 平台

2013 年 6 月起，上海日报制作的电子书成功登陆亚马逊 Kindle 电子书平台。书的内容是基于上海日报已刊登的周期性专栏文章，经过采编团队精心选取，通过版式和内容的重新设计编排，让一系列具有中国特色的栏目以 Kindle 电子书的形式制作成为合订本，在全球 Amazon 电子书局以每本 0.99 美元的价格进行销售。

目前在线的 4 本书内容涵盖 TCM – Second Edition（《中国传统中草药，第二册》）；The Chinese Dream（《中国梦》）；Little-known Chinese Festivals（《鲜为人知的中国节日》）和 New Life for Old Tradition（《非物质文化遗产》）。

电子书的尝试不仅可以使纸媒的优质内容有更长久的生命力，同时也开发了新的产品及收费模式，拓宽了平面媒体转型的渠道，更是通过这种国际流行且低成本的方式，对中华经济社会文化进行了有价值的海外推广。

上海日报 Kindle 电子书简介：

TCM Treasures（《中国传统中草药》）

http://www.amazon.com/dp/B00D9A2HE0

TCM – Second Edition（《中国传统中草药，第二册》）

http://www.amazon.com/dp/B00GVHZIHG

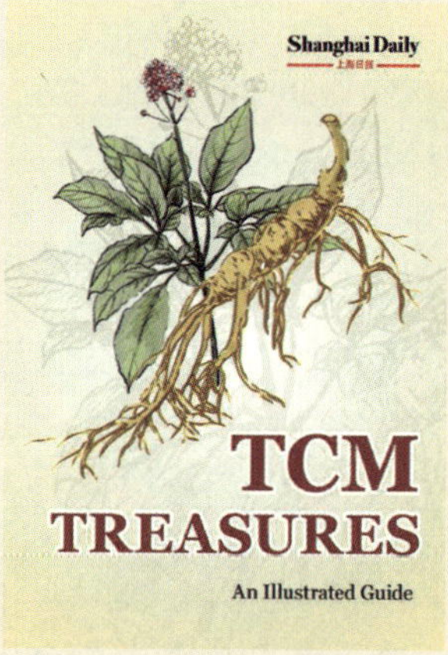

中医中药系列是基于 2011 年起上海日报已经刊登的 66 种中草药的详细解说（此栏目每周一次，还在更新中），内容包含中草药

的来历、历史传说、功效和日常配方等。计划分三册推出。第一、第二册分别挑选出人参、当归等最有普遍认知度的20种中草药，配以手绘插图，使读者更直观地了解中药的构成，并为他们实践中药的使用提供方便。

The Chinese Dream（《中国梦》

http://www.amazon.com/dp/B00GVHZj6G

中国梦系列采集自2013年上海日报人物中国梦特稿，按照受访人出生年代区分，包括总序，共八篇。选择的受访对象从解放前到50后、60后直到零零后，每个年龄层选择2–3位。受访对象有中国人也有常驻中国的外籍友人，分享对“中国梦”的理解及对未来生活的憧憬。

Little-known Chinese Festivals（《鲜为人知的中国节日》）

http://www.amazon.com/dp/B00GZV7K24

除了外国友人已经熟知的中国春节、端午节之外，其实还有许多其他鲜为人知的中国传统节日（纪念日）。书中简介了 21 个中国节日，包括半年节、财神诞辰、观莲节、寒食节、雨节、中元节、晒衣节等。全书配以节日由来的典故及插图。

New Life for Old Tradition

（《非物质文化遗产》）

http://www.amazon.com/dp/B00GZUB141

几百年来，杭州的各种工艺品和传统文化已经代代相传，成为非物质文化遗产。上海日报带着各位读者浏览这些各具特色的传统文化项目。

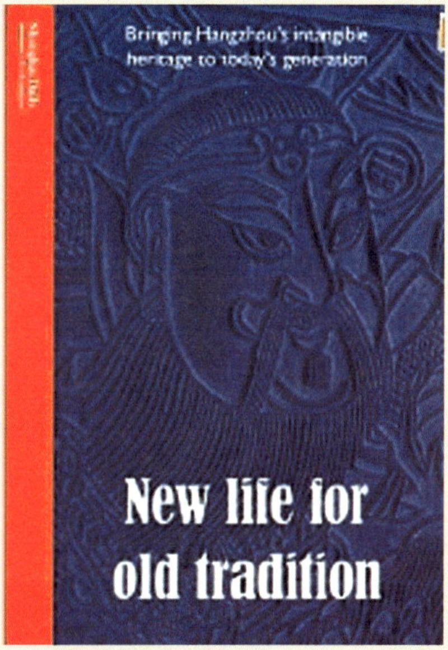

<<<<< 上海日报社新媒体获奖情况

2014 年 2 月，上海日报“KINDLE 电子书”获上海市十二届银鸽奖二等奖。

2014 年 5 月，上海日报网获上海市第六届优秀网站称号。

上海日报社新媒体主要数据一览表

网站：www.shanghaidaily.com					
	页面点击量（PV）	单独访客数 (UV)	独立访问量 (IP)	网粘度	备注
2014 年度总量	9864371	8219952	2564423	一般	
2014 年度月最高	987297	807104	283276	一般	
2014 年度日最高	51713	46128	12202	良好	
单篇最高（篇目，日期）	24533	23109	22486	一般	Doctors remove skipping rope from man’s urethra，2014-04-02
数据来源	GA（谷歌统计）	GA（谷歌统计）	GA（谷歌统计）	GA（谷歌统计）	

网站：www.idealshanghai.com					
	页面点击量（PV）	单独访客数 (UV)	独立访问量 (IP)	网粘度	备注
2014 年度总量	1098937	689609	306236	一般	
2014 年度月最高	212729	81622	44596	一般	
2014 年度日最高	39944	8142	5890	良好	
单篇最高（篇目，日期）	31141	2293	5890	一般	http://special.idealshanghai.com/foreign/
数据来源	GA（谷歌统计）	GA（谷歌统计）	GA（谷歌统计）	GA（谷歌统计）	

移动客户端名称	总下载量	2014年度总发帖数	2014年度原创帖文总数	2014年度评论、跟帖总数	2014年度总点赞数	2014年度总转发、分享数	单篇最高阅读数（篇目，日期）	单篇最高评论、跟帖数（篇目，日期）	单篇最高点赞数（篇目，日期）	单篇最高转发、分享数（篇目，日期）	备注
SHD News	30000	36500									
数据来源	自有后台										

微信公众号	2014年度总阅读数	2014年度原创帖文总数	2014年度头条总阅读数	2014年度总篇数	2014年度总点赞数	2014年度总分享数	单篇最高阅读数（篇目，日期）	单篇最高点赞数（篇目，日期）	单篇最高转发、分享数（篇目，日期）	备注
上海日报SHDaily	639580	953	511664	953	1165	33905	25088（60岁上海后勤阿姨为英驻沪总领馆服务28年获女王亲自签署“员佐勋章”，2014-12-08）	34(60岁上海后勤阿姨为英驻沪总领馆服务28年获女王亲自签署“员佐勋章”，2014-12-08）	592（60岁上海后勤阿姨为英驻沪总领馆服务28年获女王亲自签署“员佐勋章”，2014-12-08）	

微博名称（属性：官微/部门/个人；平台）	2014年度总发帖数	2014年度原创帖文总数	2014年度总跟帖、评论数	2014年度总点赞数	2014年度总转发、分享数	2014年度总被提及/被@数	2014年度总粉丝数	单篇最高跟帖、评论数（篇目，日期）	单篇最高转发、分享数（篇目，日期）	单篇最高点赞数（篇目，日期）	备注
上海日报/官微/新浪	6521	2214	521	2545	4236	11257	10.6万				
Idealshanghai/官微/新浪	523	410	100	344	102	210	9528				
数据来源	估算值	估算值									

第五章 新闻晨报

截至2014年底，新闻报社已形成包括新闻晨报微博和微信公众号、新闻晨报视频频道矩阵（包括秒拍、微视、美拍等频道）、新闻晨报APP等诸多品种的新媒体矩阵，（同时新闻晨报网站和全新的新闻晨报APP已经在筹备中，其中官方网站2015年上线），具体包括——

1个官方微博：新闻晨报；

1个官方微信公众号：新闻晨报；

1个秒拍官方频道：新闻晨报；

1个微视官方频道：新闻晨报；

1个美拍官方频道：新闻晨报；

1个新闻APP客户端：新闻晨报；

另有17个部门（单位）共开办了29个微信公众号、5个官方微博账号。

概　况

2014年是新闻晨报传统媒体和新媒体继续融合、不断拓展的一年。这一年中，新闻晨报通过新闻晨报官方微博这一全国领先的新媒体平台，带动新闻晨报官方微信、新闻晨报视频矩阵、以及各个部门开办的新媒体账号，构建了整个新闻晨报的新媒体矩阵体系。同时在机制体制上进行改革，探索传统报纸与新媒体的融合发展。

早在2009年11月，新闻晨报就在新浪网推出了“新闻晨报”官方微博；2014年5月8日，粉丝数超过1000万，截至2014年底，粉丝数超过1300万。新闻晨报官方微博的粉丝数，在全国媒体微博号中排名第三，上海媒体公号中排名第一。平均每天发布40–50条微博，每天累计评论达上万条，转发约3万条。

2013年6月，新闻晨报推出了官方微信公众号，每天推送3次，分别侧重在新闻时事、专题报道和娱乐生活。2014年是新闻晨报官方微信订阅人数爆炸式增长的一年，2013年底订阅人数约十几万，到2014年底已达到38万。在全国综合性日报的公号中经常位列前十，在上海媒体公号中排名前两位。

2014年8月28日，新闻晨报官方微信号推送的一条“婆婆将儿媳饿成40斤僵尸状”的微信，累计阅读人数达到600万。

新媒体产品已逐步从文字图片向包含更多信息、更强视觉听觉冲击力的视频发展。新闻晨报新媒体中心紧跟形势，成立了视频制作小组，开始制作视频产品。新闻晨报于2014年分别开设了视频平台的新闻晨报频道，分别为秒拍、美拍和微视的新闻晨报账号，其中“秒拍”客户端的粉丝数在短短3个月内已经拓展到35万，位列全国前三。

所制作的视频产品正逐步完善，已有了统一的晨报视频台标和较为专业的剪辑。同时，还不断加强原创视频的制作，2014年里，像持证街头艺人新闻的系列视频、上海首届失恋物品展、居民自发购买的小区大黄鸭等相关视频短片，在新闻晨报各个新媒体平台上展示后，均得到了良好的反响。

截至2014年底，这三个频道的粉丝分别为秒拍800万，美拍20万，微视6000。

2013年开始，新闻晨报下属各部门（单位）结合自身定位，陆续推出了内容各具特色的微信公众号，例如：由新媒体中心推出的“晨最上海”微信公众号，2014年1月30日正式推出，到2014年底，订阅人数已经达到27900人，获得了市委宣传部“2014年主流媒体扶持发展新媒体专项基金”奖励。

2014年10月，新闻晨报开始筹备新闻晨报官方网站。

一、网站

全称　新闻晨报（官网）

2014年10月开始筹备，于2015年3月正式上线。

域名（链接）　www.shxwcb.com

公司（单位）性质　国有事业单位

法人代表　黄琼

团队架构

新闻晨报新媒体中心共有人员24人

学历：大学本科22人　硕士学历2人

性别：男13人　女11人

年龄：30岁以下2人　31–40岁15人　41–50岁5人　50岁以上2人

职称：初级 4 人　中级 18 人　副高级 2 人

专业岗位

新闻编辑 15 人

其中微博编辑 5 人（其中 3 人兼微信编辑）

微信编辑 5 人（其中 3 人兼微博编辑）

网站编辑 2 人

视频编辑 3 人（均兼微博微信编辑）

其他微信公众号运作和托管微信微博号运作编辑 7 人

技术支持（保障）1 人

运营推广 6 人

新闻监控 2 人

二、微博

1、新闻晨报（新浪微博）——隶属新闻晨报

版本　5.1.3

推出时间　2009 年 11 月

定位　追求最鲜活最实用的新闻。你与这张报纸的距离，就是你与这座城市的距离。

粉丝量，转发量 + 跟帖量　截至 2014 年底，粉丝量 1300 万，其中，2014 全年新增粉丝数为 500 万；转发量 2000 万；跟帖量 1000 万左右。

<<<<< 案例

1、骆驼被传“砍掉四肢”晨报最早到达真相

2014 年 10 月 18 日 –19 日，连续有多家媒体转发有关有人牵“砍掉四肢”的骆驼行乞消息。晨报微博值班编辑在整合相关内容时，去伪存真，剥离了一味简单谴责及指责，综合人民网、新浪网、中国网、重庆晨报、兰州晨报等多家媒体的消息，并结合对西北的见闻及所询问事实，最终在微信和及微博上率先发布了骆驼跪行并未被砍腿的充分依据，内容准确、详细、充分。

2、台湾餐厅所谓大陆儿童当众撒尿事 晨报新媒体掌握最准确信息

2014 年 10 月 19 日。在鼎泰丰台北 101 店，“一山西儿童当众小便”一事被传播后，有不良媒体受苹果日报等境外媒体误导，将一名台湾儿童当众撒尿说成是大陆儿童当众小便，还指责内地媒体虚假报道。而晨报新媒体发稿前对相关内容谨慎细致研究，并多方求证核实，最终确认内容真实，同时还针对儿童小便忍不住引发的社会现象进行认真剖析，全部内容真实可信而且信息量丰富。

2、欣欣向荣演艺家族（新浪微博）——隶属欣欣向荣

版本　5.1.3

推出时间　2012 年 7 月

定位　发布沪上热门演出信息，为观众发放演出福利

粉丝量，转发量 + 跟帖量　截至 2014 年底，粉丝量 10320；转发量 920；跟帖量 300。

3、简单生活节上海（新浪微博）——隶属欣欣向荣

版本　5.1.3

推出时间　2014 年 7 月 16 日

定位　扩大简单生活节影响力、提供简单生活节最新资讯

粉丝量，转发量 + 跟帖量　截至 2014 年底，粉丝量 5700；转发量 13308；跟帖量 5200。

三、微信公众号

1、新闻晨报（新闻晨报主媒体公众号：shxwcb）

推出时间　2013 年 6 月

定位　零距离，晨报君就在你身边。每天三次新闻推送，时事热点资讯娱乐，一网打尽当日重要新闻。

订阅数　35 万（截至 2014 年底）

<<<<< 案例

鲁迅公园重开 晨报主动出击寻求真相

2014年8月28日，修整后的鲁迅公园重新开放。之前，媒体连续报出各个晨练队伍谦让训练，大家时间排布更为合理、没有冲突等和谐景象。而晨报新媒体中心选择当天主动出击，记者在凌晨开门前到达大门口，一直见证了进门各个晨练队抢占地盘并险些肢体冲突等状况。同时，也了解到噪音扰民及锻炼地点时间划分并不科学等详情。这些内容在晨报微博和微信率先首发，并被人民日报等中央媒体转载，为公园管理部门解决现场实际问题，提供了依据和参考。

2、新闻晨报晨最上海

（新闻晨报新媒体中心公众号：chenzuiSH）

推出时间　2014 年 1 月 30 日

定位　这里有上海最好吃最好玩最好看的东东，还有发生在上海最有趣最温馨最新鲜的生活故事。让阿拉一起吃在上海、玩在上海、乐在上海、爱在上海！

订阅数　29000（截至 2014 年底的粉丝数）

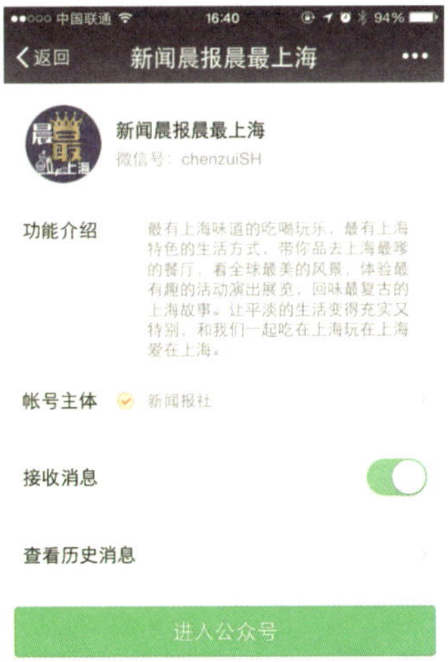

3、图闻馆（新闻晨报新媒体中心公众号：tuwenguan2013）

推出时间　2013 年 12 月 1 日

定位　热辣新闻一图解读

订阅数　10000+（截至 2014 年底的粉丝数）

4、上海升学
（微信号：shanghai-shengxue）

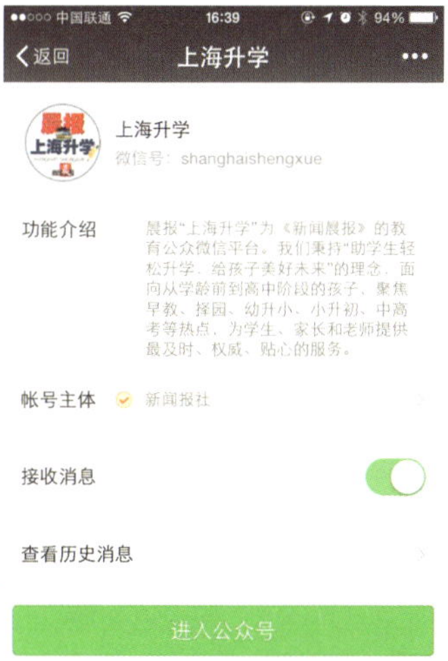

推出时间　2014年2月正式运营

定位　"上海升学"为新闻晨报的教育官方微信。秉持"助学生轻松升学，给孩子美好未来"的理念，面向从学龄前到高中阶段的孩子，聚焦早教、择园、幼升小、小升初、中高考、留学等热点，为学生、家长和老师提供最及时、权威、贴心的服务。

订阅数　4万+（截至2014年底）

5、新闻晨报体育

（新闻晨报体育事业部微信号：xwcbty）

推出时间　2013 年 2 月

定位　新闻晨报体育部官方认证微信订阅号；关注国内外新鲜体育赛事，解读体育人物、事件，发布体育活动信息等。

订阅数　22792（截至 2014 年底）

6、娱眼·VIEW（新闻晨报文艺部公众号：chenbaowenyi）

推出时间　2014 年 7 月

定位　文娱现象评论，文艺人物采访。

订阅数　1100+（截至 2014 年底的粉丝数）

7、爱问倾诉
（新闻晨报倾诉版公众号：aiwenqs）

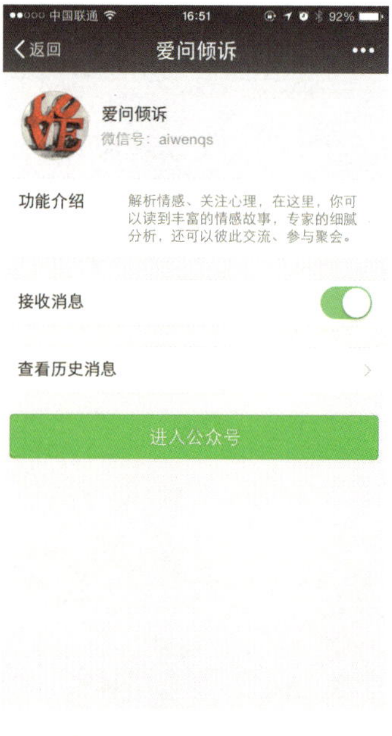

推出时间　2014年5月27日

定位　由晨报倾诉版制作的公众微信号，主要刊登在倾诉版的倾诉故事，同时配以心理咨询师的细腻分析。同时，还会通过微信招募读者，举办线下心理沙龙等活动。

订阅数　1300+（截至2014年底的粉丝数）

8、晨报互动

（新闻晨报城市人文部互动公众号：xwcbhd）

推出时间　2014 年 8 月 3 日

定位　互动板块采编精彩内容的推送，读者活动的召集，及与网友的线上交流。

订阅数　750（截至 2014 年底的粉丝数）

9、我要投诉
（新闻晨报社会部公众号：woyaotousu123）

推出时间　2014年7月25日

定位　新闻晨报官方旗下唯一维权类新闻互动平台。利益受到损害、权利遭到侵犯，请拿起手机：我要投诉。我们不能解决所有问题，但要让沉默的意见被人关注，公正的呼吁变得响亮。

订阅数　1103（截至2015年7月的粉丝数）

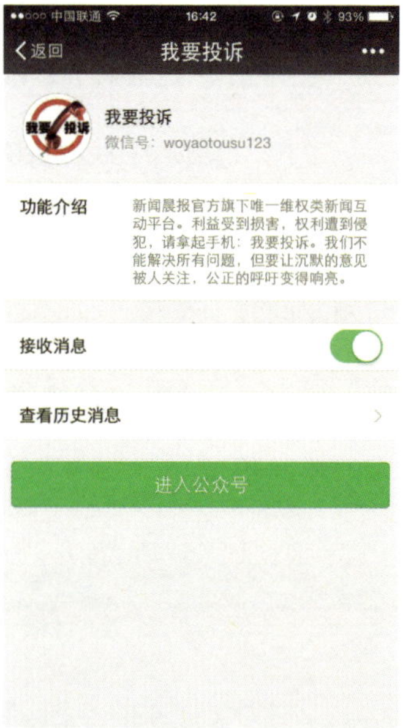

10、新闻晨报留学港湾

（新闻晨报教育新闻部公众号：liuxuegangwan）

推出时间　2014 年 11 月

定位　聚焦留学最新动态，把握国际教育脉络，为用户提供最实用最权威的留学教育资讯。

订阅数　500（截至 2014 年底）

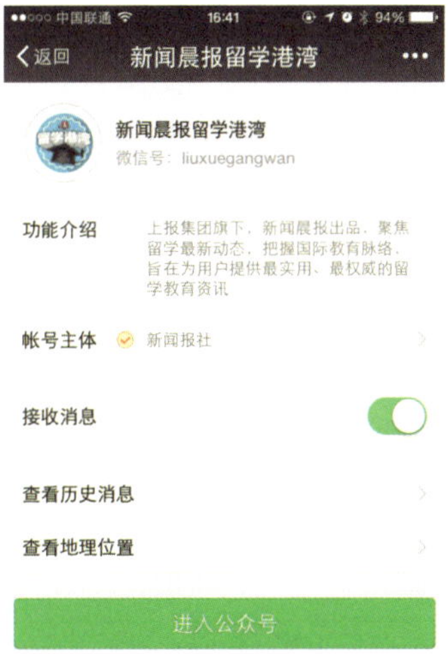

11、社区晨报

（社区晨报公众号：sqcb0601）

推出时间　2014 年 8 月

定位　关注社区，解读热点，以社区民生新闻为重点。

订阅数　4201（截至 2014 年底）

12、欣欣向荣演艺家族

（欣欣向荣主媒体公众号：xxxr1804）

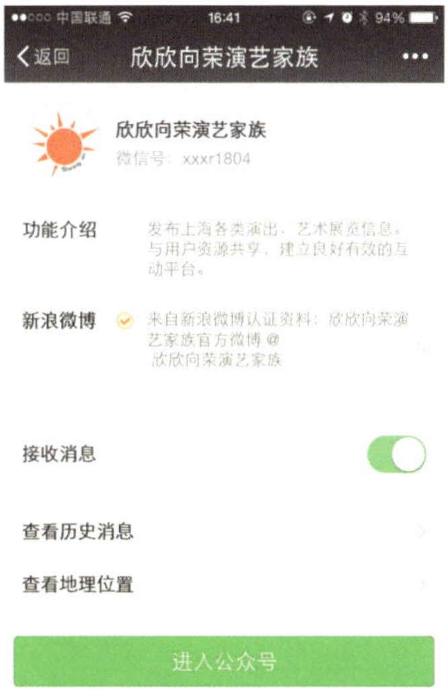

推出时间　2013 年 8 月

定位　发布上海各类演出、艺术展览信息，为粉丝提供演出福利。

订阅数　2624（截至 2014 年底）

13、简单生活节
（欣欣向荣简单生活节公众号：simplelifesh）

推出时间　2014 年 7 月

定位　发布简单生活节资讯、分享简单生活理念。

订阅数　3247（截至 2014 年底的粉丝数）

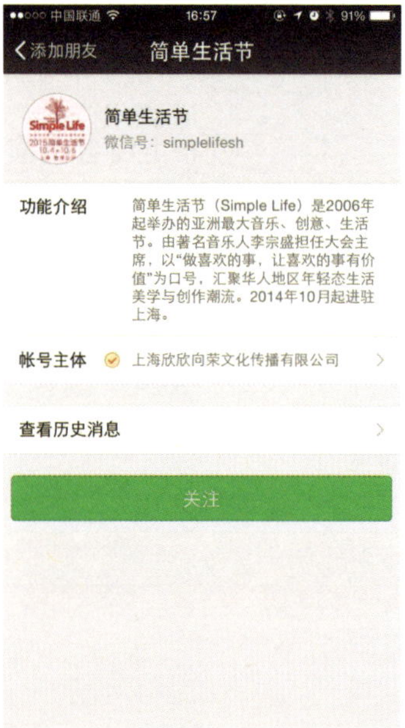

<<<<< 案例

1、"创意手法介绍简单生活节最后一组嘉宾"

2014年9月16日发布的《压轴登场，"康明soon"!》微信文章，用创意形式揭晓最后一组分享书房嘉宾蔡康永与姚明。之前节目单上除了已公布的明星艺人，还有许多未公布的嘉宾用"coming soon"表示。而蔡康永、姚明作为最后一组公布的嘉宾，两位姓名的谐音刚好与coming颇为相似，我们在揭晓嘉宾的文章标题上使用"康明soon"，这一形式暗含揭晓"coming soon"伏笔的意义。标题上创意的形式吸引了众多阅读和回复，获得大量关注。

2、结合热门话题，用图说话

2014年9月23日发布的《去简单生活节，妈妈再也不用担心我的逼格低了》微信文章，结合当时的社会热点，即刚推出iPhone6、网络热门词，以及正流行的网络趣味漫画元素，以非常网络化、接地气的形式表现出上海简单生活节多位一体、高端配置、配置免费wifi三大特点。文章发布后，因其丰富的网络元素，得到了网友们的众多好评与关注，在网络上得到了一定程度的传播。

14、海敏思教育
（新闻晨报海敏思公众号：HMSEDU）

推出时间　2014 年 6 月

定位　发布本司游学产品、为粉丝提供福利、海外学校留学资讯、国内教育资讯。

订阅数　1575（截至 2014 年底）

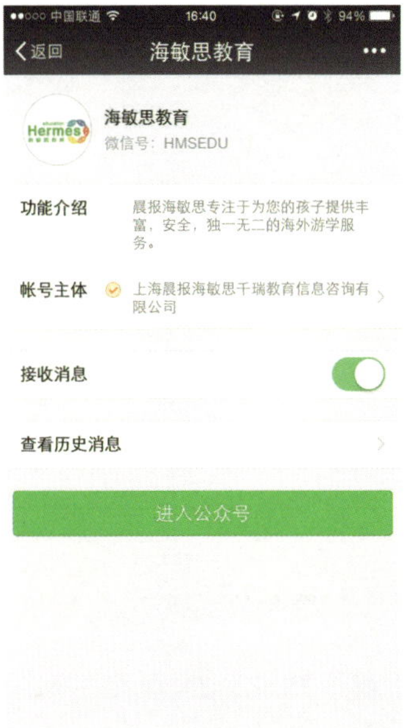

15、新闻晨报红酒俱乐部
（达闻公司微信公众号：cb9club ）

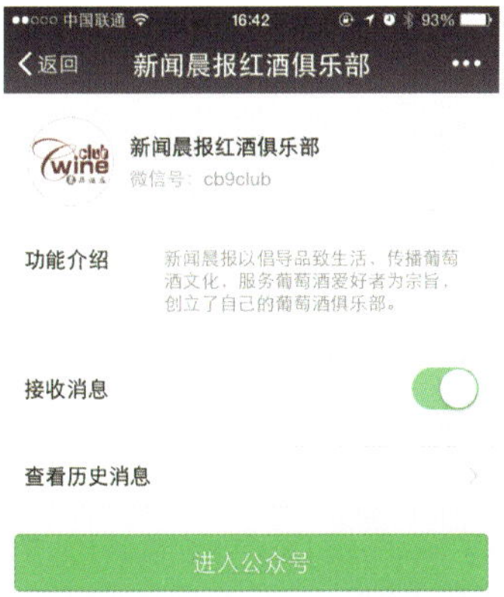

推出时间　2012 年 2 月

定位　配合新闻晨报专题版面——红酒俱乐部积累葡萄酒爱好者，扩大行业内的影响力，为公司的各类线下活动造势。

订阅数　1046（截至 2014 年底）

16、吃货派

（新闻晨报达闻公司微信公众号：cbchihuo ）

推出时间 2013 年 11 月

定位 以市民喜闻乐见的“吃喝用”等实用信息，积累有类似价值观的用户关注，在 360 宅商城有新品或促销活动推出时，进行推广。目前已通过微店及微小店等 APP 软件辅助，成为产品销售的一个崭新渠道。

订阅数 5675（截至 2014 年底）

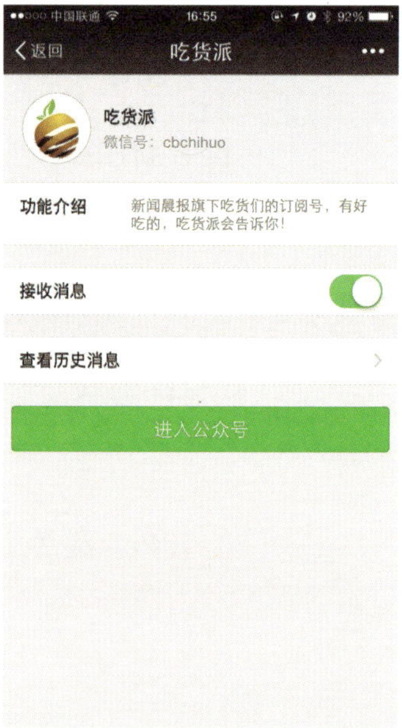

17、新闻晨报－健康周刊（新闻晨报－健康周刊公众号：cbhealthweekly）

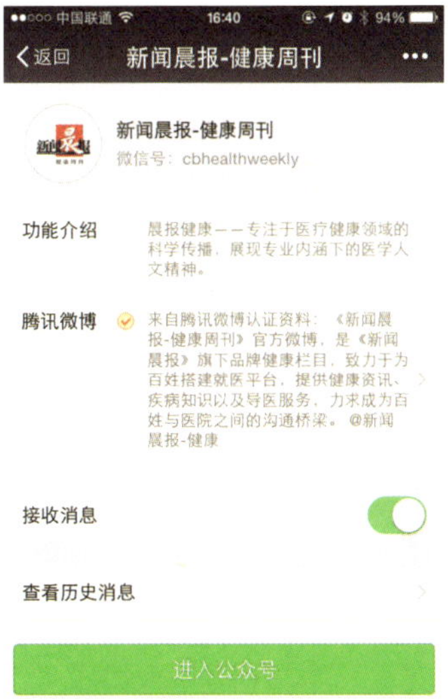

推出时间　2013年3月

定位　专注于医疗健康领域的科学传播，展现专业内涵下的医学人文精神。

订阅数　8619（截至2014年底）

1、昆山中荣材料厂金属车间发生严重爆炸报道

2014 年 8 月 20 日 江苏昆山中荣材料厂金属车间发生严重爆炸，多人伤亡。突发重大事件是新媒体报道的优势，但如何利用新媒体平台，将传统媒体现场采访、深入采访的特点进行强化和发挥，这一爆炸事件的报道提供了一个成功融合的案例。

事件发生后，新闻晨报编辑部迅速派出了多名摄影和文字记者，兵分三路赶往现场，同时与后方编辑随时保持线上线下即时联系。

记者将前方情况即时回传，编辑及时监控各方说法和网络真实信息，再由记者在现场证实。通过前方记者与后方编辑即时联动、相互印证，将现场最真实，最感人的场面告诉读者。

在爆炸发生后约 4 个小时，新闻晨报的微信公众号就推送了“【昆山爆炸最新】最凄惨的七夕 丈夫火堆中寻妻”的报道，及时真实地反映了事故发生的现场动态。在时效上，新闻晨报官方微信是第一个推出此报道的重要媒体，真正做到了最及时地更新报道。新闻一经推出，被各大媒体迅速转载，在 2 个小时内阅量超过 5 万次，最终点击量超过 16.6 万。

之所以成为融合报道的经典案例，在于这一组报道，不是简单

地根据网络素材进行整合而没有任何核实与深入采访。晨报记者在第一时间到达现场后，就展开采访，同时后方编辑平台不断发送信息，请前方记者立即核实。而前方记者在现场不需要立即写稿，通过电话和微信平台，告知后方编辑采访的主要内容和梗概，由后方编辑团队进行编写整合，大大缩短了报道时间，同时保证了报道的准确性和独家性。

2、马航 MH17 航班坠机事件报道

2014 年 7 月连续发生航班事件，新闻晨报新媒体中心内容组根据不同平台的特点，用微博即时滚动播报，用微信及时进行专题报道。

7 月 17 日晚，马航 MH17 航班发生坠机事件，新闻晨报新媒体中立快速反应，通过新媒体不同平台及时跟进，并为报纸提供即时信息。

当天晚上，新闻晨报新媒体中心监控到国际文传通讯社报道的马航飞机坠毁事件，立即进行分析，当时因无更确切信息，没有草率发布信息。在进一步确认坠机机型后，新闻晨报微博立即发布相关微博，在媒体微博中属于前三位发布坠机事件消息的，同时第一时间通过微信监控平台告知报社编辑部。

晨报微博之后滚动追踪该事件，在 3 小时内连续发布微博 13 条，涉及事件本身、疑似导弹知识、相关飞机航线等各个方面，一直追踪到凌晨 1 点半。其中多条微博转发量均上 5 千，有的转发 13000 次。

次日晨报微博继续以马航坠机报道为主，并及时获取众多独家图片和信息，例如乌克兰民众在基辅荷兰使馆前悼念的图片等。

新闻晨报官方微信在7月18日上午9时，及时推出MH17航班专题报道，除了使用晨报报纸部分稿件外，及时寻找大量图片和视频资料，为晨报微信读者提供较全面的信息。相关专题包括了事件回顾、失事飞机机组和乘客名单、坠毁视频、事件分析以及相关链接。中午12点，晨报微信再次发布最新信息汇总，其中多张图片均为独家获取。

这一系列的报道，充分发挥了新媒体平台快速及时、容量大的特点，同时为报纸的内容提供了方向，使得报纸编辑能从容选择，充分挖掘独家内容。

微信截图

微博截图

<<<<< 新闻晨报新媒体获奖情况

2014年，晨最上海获2014年度网宣基金支持的微信公众号

2014年，上海升学获2014年度网宣基金支持的微信公众号

2015年2月，新闻晨报获“2014上海十大微信公众号评选”网友票选榜大众媒体类十强

2015年2月，新闻晨报获2014年度“上海十大微信公众号评选”专家评选榜大众媒体类十强

2015年2月，上海升学获2014年度“上海十大微信公众号评选”专家评选榜大众媒体类十强

新闻报社新媒体主要数据一览表

微信公众号	2014年度总阅读数	2014年度原创帖文总数	2014年度头条总阅读数	2014年度总篇数	2014年度总点赞数	2014年度总分享数	单篇最高阅读数（篇目，日期）	单篇最高点赞数（篇目，日期）	单篇最高转发、分享数（篇目，日期）	备注
新闻晨报	81836556	1000+	35662413	5218	116700	1762021	5987883（婆婆将儿媳饿成40斤僵尸状，2014-08-28）	6711（婆婆将儿媳饿成40斤僵尸状，2014-08-28）	75365（婆婆将儿媳饿成40斤僵尸状，2014-08-28）	
新闻晨报晨最上海	1568766	300+	1103570	335	2513	118832	48189（最时髦I没一个会拍照的男票，你去The Color Run扎什么闹猛，2014-08-13）	415（最时髦I没一个会拍照的男票，你去The Color Run扎什么闹猛，2014-08-13）	3225（最时髦I没一个会拍照的男票，你去The Color Run扎什么闹猛，2014-08-13）	

续表

上海升学	6919332	1200+	2767732	1800	9600	564024	68069（2014上海市未成年人暑期40个特色项目精选，2014-06-22）	230（松江二中：上海最美的校景，就在这里，2014-08-06）	8588（2014上海市未成年人暑期40个特色项目精选，2014-06-22）	
新闻晨报体育	878418	936	523017	1092	16380	39254	32999（李娜发退役告别信，2014-09-19）	1614（李娜发退役告别信，2014-09-19）	2241（李娜发退役告别信，2014-09-19）	
娱眼VIEW	70000	420	36000	420	9000	4000	1500（姜文专访：女人是用来欣赏，不是用来理解的，2014-12-09）	210（“好声音”是《好声音》最大的前提，2014-08-25）	520（抢看《最强大脑》，赢取iPadmini，2014-12-25）	2014年6月起
爱问倾诉	502373	175	456307	175	1057	875	2474（我们的爱，共患难同享福，2014-09-21）	10（我们的爱，共患难同享福，2014-09-21）	30（我们的爱，共患难同享福，2014-09-21）	2014年5月27日上线
晨报互动	2088	16	2088	16	60	125	442（加“晨报互动”，抢同城福利，2014-08-03）	10（加“晨报互动”，抢同城福利，2014-08-03）	28（加“晨报互动”，抢同城福利，2014-08-03）	2014年8月3日上线

续表

我要投诉	2625	60	2105	100	75	152	514（诈骗团伙卧底饭店歌厅：收银时复制银行卡偷窥密码，2014-08-15)	5（诈骗团伙卧底饭店歌厅：收银时复制银行卡偷窥密码，2014-08-15)	52（诈骗团伙卧底饭店歌厅：收银时复制银行卡偷窥密码，2014-08-15)	
社区晨报	155952	367	43174	320	3200	16023	6165（魔都第一高楼揭秘！2014-12-25）	355（魔都第一高楼揭秘！2014-12-25）	791（魔都第一高楼揭秘！2014-12-25）	2014年8月上线
欣欣向荣演艺家族	402799	263	45488	263	145	31551	5724（“阿崎婆”赵慎之，一路走好，2014-12-26）	20（“阿崎婆”赵慎之，一路走好，2014-12-26）	791（“阿崎婆”赵慎之，一路走好，2014-12-26）	2014年7月20日前微信不统计阅读数
简单生活节	180756	90	79522	90	234	10261	28078（一大波一人正在袭来，2014-07-28）	27（一大波一人正在袭来，2014-07-28）	1518（一大波一人正在袭来，2014-07-28）	2014年7月21日开始运营

续表

海敏思	64566	72	19300	216	68	2528	2560（不做直升机家长，帮助孩子顺利度过小升初，2014-08-19）	8（不做直升机家长，帮助孩子顺利度过小升初，2014-08-19）	239（不做直升机家长，帮助孩子顺利度过小升初，2014-08-19）	2014年6月上线
吃货派	6850	300	3876	152	936	1548	331（卢湾区七碗面你都吃过了吗？2014-09-29）	157（吃货派推荐老村长带你去品尝崇明最好吃的梨，2014-07-22）	220（我爱吃菜，也爱拍菜，2014-08-27）	
新闻晨报红酒俱乐部	4207	164	2970	180	1660	5370	1267（晨报企鹅请你吃白食·清晨企鹅集市，2014-10-18）	571（清晨企鹅参展商前瞻 生鲜篇，2014-10-21）	311（清晨企鹅参展商前瞻 啤酒烈酒 篇，2014-10-22）	
新闻晨报－健康周刊	609079	650	211920	704	1408	45994	25827（市第一妇婴保健院段涛教授提醒：孕前就应补充叶酸等多种维生素，2014-05-13）	4（市第一妇婴保健院段涛教授提醒：孕前就应补充叶酸等多种维生素，2014-05-13）	3804（市第一妇婴保健院段涛教授提醒：孕前就应补充叶酸等多种维生素，2014-05-13）	
数据来源	以上数据均来自腾讯云分析	数据均为人工统计			点赞数为人工统计					

微博名称（属性：官微／部门／个人；平台）	2014年度总发帖数	2014年度原创帖文总数	2014年度总跟帖、评论数	2014年度总点赞数	2014年度总转发、分享数	2014年度总被提及／被@数	2014年度总粉丝数	单篇最高跟帖、评论数（篇目，日期）	单篇最高转发、分享数（篇目，日期）	单篇最高点赞数（篇目，日期）	备注
新闻晨报（官微／部门；新浪微博）	16325	1538	408621	7251130	10565681	5985326	1300万	6279（我被“国歌”虐哭了，2014-07-21）	19414（我被“国歌”虐哭了，2014-07-21）	5557（我被“国歌”虐哭了，2014-07-21）	
欣欣向荣演艺家族（官微／部门；新浪微博）	419	225	300	60	920	65	10320	89（普普演唱会，2014-10-27）	351（普普演唱会，2014-10-27）	32（普普演唱会，2014-10-27）	
简单生活节（官微／部门；新浪微博）	513	356	5200	7100	13308	3089	5700	905（Hebe压轴星空舞台第一天，2014-10-04）	5181（Hebe压轴星空舞台第一天，2014-10-04）	2399（Hebe压轴星空舞台第一天，2014-10-04）	2014年7月16日起
数据来源	新浪公司微博后台	平均值均为人工计算									

第六章 东方早报、澎湃新闻

由东方早报采编团队操作的上海报业集团重大新媒体项目澎湃新闻，于2014年7月22日上线。短短数周，即取得突破性进展，拥有相当规模用户群，并迅速拥有知名度。

东方早报和澎湃新闻大胆探索独特的媒体融合发展方式，传统媒体团队整体建制向新媒体转型，初步实现了报网在内容、渠道、平台、经营、管理等方面的深度融合。在业内而言，澎湃新闻实现的转型也成为传统媒体与新媒体融合发展的一个标志。

上线以来，澎湃新闻瞄准正在蓬勃发展的移动互联网，以先进技术为支撑、以内容建设为根本，网络新闻议题设置能力逐步增强，在重大主题宣传上，打通不同舆论场，取得可观的效果，成为一家颇具影响力的互联网媒体。

上线伊始，澎湃新闻已全面覆盖（网页版 www.thepa-per.cn）、客户端（苹果 App Store，安卓市场）、wap 网页版（m.thepaper.cn），并推出了澎湃新闻官方微博和官方微信。

此前，东方早报已推出了东方早报网、东方早报官方微博和官方微信。

2014年，东方早报和澎湃新闻建立了几十个微信公众号，如“一号专案”、“自贸区邮报”、“饭局阅读”、“绿政公署”、“有戏”、“金改实验室”、“10%公司”、“私·奔”等，其中很多运作成功、获得网友认可的公众号，后来都直接成为澎湃新闻的栏目。

概 况

2013年10月底，上海市委和市委宣传部整合资源，成立上海报业集团，一方面做强主流报纸，一方面大力发展新技术，开拓新媒体领域。由上海报业集团打造、东方早报采编团队运行的澎湃新闻，在这样的大背景下应运而生。

上海市委宣传部在新媒体的战略定位、资金扶持等方面，给予了澎湃新闻极大的支持。上海报业集团将澎湃新闻作为报网融合的重要改革试点，从发展定位、资金、制度构架、内容建设等多方位给予具体支持和指导。

根据平面媒体与新媒体融合发展的指导思路，在保证正常运作基础上，2014年初，东方早报重组日常部门架构，组建若干栏目小组，以小组制开始微信公众号的采编试运作。这些小组正是澎湃新闻后来组织构架的基层雏形。

其时，试运作了几十个微信公共号，不少在社会上都颇具影响力，如“饭局阅读”、“一号专案”、“中国政库”、“自贸区邮报”、“有戏”、“上海书评”、“私・奔”、“绿政公署”、“金改实验室”、“10%公司”等，这些运作成功、初获网友认可的公众号，很多后来都直接成为澎湃新闻的栏目，并为澎湃新闻的筹建积累了一定的经验。而“自贸区邮报”、“上海书评”、“有戏”等还获得了上海市委宣传部新媒体发展专项基金的扶持。

2014年7月22日凌晨，随着苹果版移动客户端上线，澎湃新闻（ThePaper）正式宣告全面上线。至此，澎湃新闻已全面覆盖网页版（http://www.thepaper.cn）、客户端（苹果 App Store，安卓市场）、wap 网页版(m.thepaper.cn)。上线当天，澎湃新闻在苹果 App Store 的下载量排行新闻类免费应用第二位，在互联网平台上成为热门话题。

澎湃新闻历经半年筹备，致力于打造成国内聚合新闻与思想内容的最大平台之一，致力于以最活跃的原创新闻与最冷静的思想分析为两翼，实现互联网技术创新与新闻价值传承的结合。澎湃新闻日均发稿约 150 篇，其中 80% 以上为原创新闻。

东方早报 / 澎湃新闻通过两大再造，实现整体转型。澎湃新闻团队是国内目前最大规模整体建制向互联网转型的新闻团队。团队整合传统媒体和互联网媒体采编理念，实施组织再造和流程再造，开启纸媒与新媒体两套流程并行管理的模式。这在报网融合改革方面，是一个全新的探索。

在采编流程再造上，东方早报和澎湃新闻建立了各自独立的流程体系。澎湃新闻以 24 小时三班制工作模式为基础，以适应新媒体快捷的传播特性，并根据用户和稿件的不同特点，确定了多个推送稿件时间；澎湃与东方早报共享一套记者队伍，分别两套编辑队伍，有融合有独立，应对不同载体的呈现需求，保证新闻品质。

在组织架构再造上，纸媒体系中，东方早报原有各部门继续保留，并确保重要岗位如夜班要闻的采编力量。新媒体体系中，各部门变身为多个栏目小组，以栏目负责制，对应用户看到的“澎湃”各个栏目。

从操作层面看，两套流程并行的模式，包括了工作流程、采编内容、文风文体、薪酬考核等等各个方面的差异整合。

在新闻运作和编辑规范上，澎湃新闻继承了传统媒体的严谨与严肃作风，开互联网工作流程先河，首设三审制，以保证网络新闻的品质，提高新媒体的新闻公信力。2014 年 8 月 19 日，中央电视台一套晚间新闻中，以《传统媒体和新兴媒体融合发展》为题，将澎湃新闻报网融合模式作为典型案例进行了报道，其中重点报道了澎湃新闻区别于传统网络的三审制度。

澎湃新闻以有质量、有吸引力的议题设置能力，以日益增强的品牌影响力，逐步形成的高质量用户群规模，打造了线上与线下、新媒体与传统媒体相互融合的舆论影响力。澎湃新闻很多重大主题宣传，取得了可观的宣传成效。

与此同时，澎湃新闻充分利用新媒体技术，追求新媒体与传统媒体新闻专业优势的完美结合，经常尝试多媒体融合的新闻报道手段，包括视频、3D 动画、H5、360 全景等进行新闻报道。实践证明这些报道广受网民喜欢，可以在社交平台赢得很高的转发。2014 年 12 月，由澎湃新闻制作的首个国家公祭日新媒体产品，短短几日，HTML5 页面单产品转发人数超过 120 万，总访问页面数超过 250 万。国家网信办网络阅评曾以《"澎湃新闻"表达方式令人耳目一新》为题，对澎湃新闻的创新追求进行了肯定。

2014 年 11 月 16 日，澎湃新闻 2.0 新版安卓市场上线；11 月 19 日澎湃新闻 IOS2.0 新版本上线。2.0 新版本针对用户体验，做了进一步的改进，界面更加清新精致，新增 5 大频道，导航更清晰等。新版本上线之后一个月内，客户端下载量和网页浏览量都较之前增长了一倍。

一、网站

1、东方早报网

域名（链接） www.dfdaily.com

创建日期 2007 年 12 月 25 日

公司（单位）性质 企业

法人代表 裘新

团队构架

东方早报网编辑共 13 人，其中东方早报微博 2 人，东方早报微信 4 人

学历：大学本科 9 人 硕士研究生 1 人 大专 3 人

性别：男 4 人 女 9 人

年龄：30 岁以下 10 人 31–40 岁 2 人 41–50 岁 1 人

职称：初级 7 人 中级 1 人

岗位：新闻采编 13 人

内容定位 东方早报报纸数字版

2、澎湃新闻网

域名（链接） www.thepaper.cn

创建日期 2014 年 7 月 22 日

公司（单位）性质　企业

资质　国家一类新闻资质网站

团队架构

澎湃新闻采编共 293 人

学历：大学本科 186 人　硕士研究生 80 人　大专 27 人

性别：男 152 人　女 141 人

年龄：30 岁以下 167 人　31–40 岁 113 人　41–50 岁 13 人

职称：初级 63 人　中级 62 人　高级 1 人

岗位：新闻采编 283 人　技术开发 8 人　运营推广 2 人

内容定位　澎湃新闻在内容上坚持原创新闻和冷静的思想分析，风格上是严肃的、秉承海派、务实的精神，希望在互联网舆论场中实现主流舆论引领作用，并且努力探索一条传统媒体和新媒体在内容、渠道、平台、经营、管理等方面的深度融合一体化发展的道路。

技术升级、进步概况　澎湃新闻尝试在互联网技术方面的创新，让新技术与新闻价值传承相接轨。最初的版本即设计了新闻“问答”功能与“新闻跟踪”功能，进行新的用户互动的尝试。这些功能可能不算是完全原创，但是按照新闻规律来操作，就变成了很有价值的尝试。例如“问答”功能，用户可以针对每一条新闻提出自己的疑问，并获得其他用户以及记者和专业人士的解答，以获得有价值的信息与见解。为此，“澎湃新闻”专门配置了问答运营团队。

上线一年，新版本推进方面，澎湃新闻从 1.0、2.0 到 3.0，从网页设计、栏目设置、字体选择方面，不断探索求新，寻找最为用户接纳喜欢的呈现方式。

经营情况　澎湃新闻的经营策略是基于内容的定位，实行差异化经营策略，重点开发汽车、奢侈品、房地产、3C、金融、高端旅游市场。可以实现目标客户精准营销，较快提升广告的阅读率，为客户寻找到直接有效的目标消费群体，然后依靠广告收入盈利。

二、移动客户端

名称　澎湃新闻

推出时间　2014 年 7 月 22 日正式运行

平台　iOS，Android，wap

版本　2.0

内容　在内容上坚持原创新闻和冷静的思想分析，风格上是严肃的，秉承上海海派、务实的精神，希望在互联网舆论中实现主流舆论引领作用，并且努力探索一条传统媒体和新媒体在内容、渠道、平台、经营、管理等方面的深度融合一体化发展的道路。

下载量　910 万（截至 2014 年底）

技术支持　上海网达信息技术有限公司

技术升级和经营情况　同澎湃新闻网一体化运作

三、微博

1、澎湃新闻（新浪微博）——隶属澎湃新闻

版本　5.1.3

推出时间　2014年7月22日

定位　专注时政与思想的媒体开放平台

粉丝量，转发量+跟帖量　截至2014年底，粉丝量：324530；转发量：1587135；跟帖量：1236543。

2、东方早报（新浪微博）

版本　5.1.3

推出时间　2010年2月24日

定位　立足上海、面向长三角的综合性政经大报。

粉丝量，转发量+跟帖量　截至2014年底，粉丝量：3025489，其中，2014全年新增粉丝数为953872；转发量：1538795；跟帖量：1263544。

四、微信公众号

1、澎湃新闻

（澎湃新闻官方微信：thepapernews）

推出时间 2014年7月

定位 专注时政与思想的媒体开放平台

订阅数 21万（截至2014年底）

2、东方早报

（东方早报官方微信：dongfangdaily）

推出时间　2012 年

定位　立足上海、面向长三角的综合性政经大报。

订阅数　213.8 万（截至 2014 年底）

3、一号专案

（公众号：yihao-zhuanan）

推出时间　2014 年 2 月

定位　重案报道，司改见闻。

订阅数　5.4 万（截至 2014 年底）

4、饭局阅读（公众号：fanjuyuedu）

推出时间　2013 年 1 月

定位　专业独到的政治解读，口口相传的新闻故事。

订阅数　11 万（截至 2014 年底）

5、自贸区邮报（公众号：ftzpost）

推出时间　2013 年 11 月

定位　作为一个信息集合终端，自贸区邮报融合智库、金融、中介服务业态，为中国的自由贸易区以及关注自贸区的企业和个人服务。

订阅数　5 万（截至 2014 年底）

6、上海书评
（公众号：shang-hai-shuping）

推出时间 2011 年 11 月

定位 东方早报周日书评副刊《上海书评》，全球百位华文写作、名家撰稿。

订阅数 7.3 万（截至 2014 年底）

7、有戏（公众号：wenyipinglun）

推出时间 2013 年 11 月

定位 介绍好演出、好影视剧，陪读者过一种文艺的生活。

订阅数 3 万（截至 2014 年底）

8、私家奔跑（公众号：sijiabenpao）

推出时间　2012 年 12 月 9 日

定位　这是一个专门面向时下中国快速兴起的跑步和健身人群而打造的产品

订阅数　3.2 万（截至 2014 年底）

<<<<< 东方早报、澎湃新闻媒体创新与融合案例

1、《甲午祭》专题：内容与新媒体技术的融合

2014 年，正值甲午战争爆发 120 周年纪念，澎湃新闻刊发了多组专题，既有运用新媒体技术的视觉呈现，又有内容的深度，取得了较好的宣传效果。

习近平总书记在 2014 年初会见国民党荣誉主席连战时，曾用“剜心之痛”来形容甲午战败。因此澎湃新闻在组织编排这一大型历史组合纪念报道的时候，除了客观呈现历史之外，也着重强调了报道的当下感和现实感。

2014 年 7 月 20 日起推出的“甲午祭”专题，包括“视野”、“探研”、“访谈”、“讲座”、“资讯”等各个角度和面相，较为成功地完成了对甲午战争这一重大历史事件的纪念与反思。其中利用多媒体全景重现甲午海战的产品《甲午轮回》，利用最新技术手段，直接给人以强烈的视觉震撼，是网络新媒体作品的一次超前实验，收到极佳的传播效果。

这是一个数据驱动型的多媒体新闻产品，于 2014 年 8 月 1 日建军节当天推出。澎湃新闻在制作过程中，采编团队通过历史图片和博物馆船舰模型提取细节，从史籍中提取数据，3D 工程师逐一还原了中日参战的 24 艘船舰，制作了 360 度对比观看的展示，还

融合三维动画和影视后期的方法制作了战况还原视频。“甲午海战”的场景栩栩如生，相较文字表达更清晰、更直观，实现了多媒体技术呈现方式的一次大的突破。

《甲午祭》这组报道已发表的文章总数逾五十多篇，无论和互联网媒体相比，还是与传统媒体相比，在广度上和深度上都堪称优质。这其中，《将军看甲午》的报道引起了公众的很大反响。此外，还有一个特点是重视国际视野，从日本、韩国、西方等多个点解读各自视角中的甲午战争。甲午战争不仅是决定近代中国国运的战争，也是重塑近代东亚国际秩序的战争，这样的视角对理解当下的中国的国际关系也不无裨益。

2、“德国模式”专题：报网融合经典案例

澎湃新闻脱胎于报纸，大量优质的报纸资源被运用到新媒体项目中。

2008年经济危机爆发后，德国经济强劲闯关，并在欧洲事务中显示领导者风范，中国学者试图重新解释“德国模式”。东方早报很早觉察到这样的现象。2012年、2013年间，刊发了多篇著名学者剖析德国经济为何能保持强劲势头的文章。东方早报还积极参与各种研讨会，如清华大学教授李稻葵主持召开“德国社会市场经济模式的中国之鉴”研讨会，随后专题编发纪要。

东方早报采编团队开始运作澎湃新闻后，组织刊发了“德国社会市场经济模式新解”专题，继续这个话题，更新的研究成果得以呈现。这个专题包括“理论探源”、“德国经验”、“治国方略”、“中国意蕴”、“上海思考”五个方面。澎湃新闻还与同济大学德国研究中心合作，组织更深入的研讨。这种传统媒体与新媒体的融合，线上报道与线下研究的融合，拓展了新闻报道传播的深度与广度。

3、十八届四中全会专题：运用活泼生动的网络语言和表达方式展现重大主题宣传

2014 年 10 月，澎湃新闻十八届四中全会专题“全会观潮”系列报道获得了良好的传播效果。其中《班长习近平》等稿件，被中央网信办要求全网转发。

澎湃新闻“全会观潮”系列报道中的独家评论文章《班长习近平》，用生动的语言、活泼的形式，从不同侧面介绍中央领导工作，为读者观察全会提供了全新的视角，也较好地烘托了全会召开前热烈的政治氛围。稿件的内容设计、语言方式符合现代互联网信息传播特点。有网友评论称，“班长这个中国政治语境中独有的用词，老外是理解不了的。但它形象地表达了中国政治领袖要经历的几十年历练，以及要承担的责任”。文章刊发后被众多网站转载，获得

网民认可，并迅速引起热议。

澎湃新闻还刊发了《习近平执政700天：12个“习式热词”正改变中国》，通过梳理“新常态、习大大、民主生活会、深改小组、京津冀一体化、媒体融合”等12个“习式热词”，来展现十八大以来中国政坛的新变化，展现新一届中央领导集体的努力、坚守与自信，展现中国梦。这篇文章也同样引起网友广泛关注。

10月23日，十八届四中全会闭幕之际，澎湃新闻推出别具一格的手绘动画，诠释“富强、民主、文明、和谐，自由、平等、公正、法治，爱国、敬业、诚信、友善”24字社会主义核心价值观。这一动画是澎湃新闻历时三个多月、手绘近千幅画面制作完成的。这一动画作品被中央网信办要求全网转发。

<<<<<< 澎湃新闻获奖情况

2014 年 10 月 11 日，澎湃新闻客户端获第十届中国金鹰电视艺术节“跨界融合创新奖”。

2014 年 10 月 30 日，澎湃新闻客户端获得“腾讯全球合作伙伴大会”十大创新应用奖。

2014 年 11 月中旬，澎湃新闻获得第二届梅花营销创新奖（Mawards）“营销创新年度媒体大奖”。

2014 年 11 月中旬，澎湃新闻获得上海市 AAA 级安全网站，东方早报网获得上海市 A 级安全网站。

2014 年 11 月 26 日，澎湃新闻获 2014 上海智慧城市建设十大优秀应用评选组委会提名奖。

2014 年 11 月，澎湃新闻获 2014 腾讯网媒体高峰论坛“年度社会化运营奖”。

2014 年 12 月，澎湃新闻还获得“新周刊新锐榜年度新媒体奖”、“新浪华语互联网新媒体大奖”等。

东方早报社、澎湃新闻网新媒体主要数据一览表

网站：东方早报					
	页面点击量（PV）	单独访客数 (UV)	独立访问量 (IP)	网粘度	备注
2014 年度总量	740 万	700 万	670 万	一般	
2014 年度月最高	78 万	70 万	68 万	一般	
2014 年度日最高	5.5 万	5.1 万	4.5 万	一般	
单篇最高（篇目，日期）	1.2 万	1 万	0.8 万	一般	
数据来源	百度统计	百度统计	百度统计	百度统计	

微信公众号	2014 年度总阅读数	2014 年度原创帖文总数	2014 年度头条总阅读数	2014 年度总篇数	2014 年度总点赞数	2014 年度总分享数	单篇最高阅读数（篇目，日期）	单篇最高点赞数（篇目，日期）	单篇最高转发、分享数（篇目，日期）	备注
东方早报	300 万	1460	146 万	1460	7300	18.2 万	12.3 万（永不抵达的 MH370 最后留影，2014–03–25）	1204（永不抵达的 MH370 最后留影，2014–03–25）	8605（永不抵达的 MH370 最后留影，2014–03–25）	
数据来源	以上数据均来自腾讯云分析	数据均为人工统计								

微博名称（属性：官微/部门/个人；平台）	2014年度总发帖数	2014年度原创帖文总数	2014年度总跟帖、评论数	2014年度总点赞数	2014年度总转发、分享数	2014年度总被提及/被@数	2014年度总粉丝数	单篇最高跟帖、评论数（篇目，日期）	单篇最高转发、分享数（篇目，日期）	单篇最高点赞数（篇目，日期）	备注
东方早报（官微/部门；平台：新浪）	5475	4766	164万	8.1万	21.9万	21.9万	300万	615（致我们终将逝去的解题能力）	4727（致我们终将逝去的解题能力）	265（致我们终将逝去的解题能力）	
数据来源	新浪公司微博后台										

网站：澎湃新闻					
	页面点击量（PV）	单独访客数 (UV)	独立访问量 (IP)	网粘度	备注
2014年度总量	10287万	5230万	4966万	良好	
2014年度月最高	2123万	1029万	949万	良好	
2014年度日最高	186万	91.4万	86.3万	良好	
单篇最高（篇目，日期）	97.4万	41万	37万	良好	
数据来源	百度统计	百度统计	百度统计	百度统计	

移动客户端名称	总下载量	2014年度总发帖数	2014年度原创帖文总数	2014年度评论、跟帖总数	2014年度总点赞数	2014年度总转发、分享数	单篇最高阅读数(篇目，日期)	单篇最高评论、跟帖数（篇目，日期）	单篇最高点赞数（篇目，日期）	单篇最高转发、分享数（篇目，日期）	备注
澎湃新闻	910万	17818	14211	22.7万	135.6万		297.4万（46岁贾晓晔人生拼图：父亲贾丙文曾和令完成妻子李平共事，2014-08-16）	21956（广东初中女生被人扒光衣服殴打，录像者称“放心，不会上网”，2014-12-22）	9434（川大青年教师酒后吐真言：高校职称重论文轻上课，老子不玩了，2014-12-24)		统计时间为2014年7月22日至12月31日
数据来源	自有后台										

微信公众号	2014年度总阅读数	2014年度原创帖文总数	2014年度头条总阅读数	2014年度总篇数	2014年度总点赞数	2014年度总分享数	单篇最高阅读数（篇目，日期）	单篇最高点赞数（篇目，日期）	单篇最高转发、分享数（篇目，日期）	备注
澎湃新闻	3080万	804	1306万	779	24.6万	4.8万	319万（财厚财薄又怎样？人间万物难永康）	7850赞（财厚财薄又怎样？人间万物难永康）	10733（财厚财薄又怎样？人间万物难永康）	统计时间为2014年7月22日至12月31日
数据来源	以上数据均来自微信公众平台									

微博名称（属性：官微/部门/个人；平台）	2014年度总发帖数	2014年度原创帖文总数	2014年度总跟帖、评论数	2014年度总点赞数	2014年度总转发、分享数	2014年度总被提及/被@数	2014年度总粉丝数	单篇最高跟帖、评论数（篇目，日期）	单篇最高转发、分享数（篇目，日期）	单篇最高点赞数（篇目，日期）	备注
澎湃新闻（官微/部门；平台：新浪）	2366	2285	41.7万	18.9万	47.3万	47.3万	40万	8680（一个大学老师的自白，2014-12-24）	36607（一个大学老师的自白，2014-12-24）	29108（一个大学老师的自白，2014-12-24）	统计时间为2014年7月22日至12月31日
数据来源	新浪公司微博后台										

微信公众号	2014年度总阅读数	2014年度原创帖文总数	2014年度头条总阅读数	2014年度总篇数	2014年度总点赞数	2014年度总分享数	单篇最高阅读数（篇目，日期）	单篇最高点赞数（篇目，日期）	单篇最高转发、分享数（篇目，日期）	备注
一号专案	669万	648	296.2万	648	15444	22.65万	100589（“首长”最后的秘书和他不为人知的妻子，2014-07-15）	80（福建男子念斌蒙冤8年被宣判无罪：曾4次遭判死刑，2014-08-22）	9032（周滨之父周元根往事，2014-03-01）	统计时间为2014年2月底至12月31日
饭局阅读	2980.27万	1152	687.13万	1167	8061	35142	252512（落马老虎白恩培家乡揭秘：神奇山村出了四名省委书记，2014-08-29）	87（毛邓江胡习漫画像亮相，2014-04-30）	38671（落马老虎白恩培家乡揭秘：神奇山村出了四名省委书记，2014-08-29）	
中国政库	1761.63万	1225	946.04万	1236	6983	27693	48016（山东烟台市原副市长王国群接受调查，2014-04-15）	68（令政策幼弟令完成被调查：他们背后的平陆令狐家族，2014-10-23）	21437（山东烟台市原副市长王国群接受调查，2014-04-15）	

续表

绿政公署	32.85 万	1511	20.18 万	1511	3.6 万	31.68 万	6757（绿与黑：青海高原牧场采矿噩梦，2014-08-07）	214（盘点十大奇葩月饼：十仁、菊花、鹅肝、方便面，还有更狠的？2014-09-06）	587（绿与黑：青海高原牧场采矿噩梦，2014-08-07）	
浦江评论	33.13 万	552	19.67 万	552	3.3 万	1.2 万	5134（王思聪宾利车携弓箭被查，微博傲娇发声，2014-09-27）	362（王思聪宾利车携弓箭被查，微博傲娇发声，2014-09-27）	323（广场舞大妈现身游戏展，呼吁年轻人勿沉迷游戏，2014-07-31）	统计时间为 2014 年 6 月 30 至 12 月 31 日
及第行	176 万	242	136 万	242	242	26.78 万	12.6 万（宋卫平回来了：孙宏斌放手 寿柏年离开，2014-11-05）	182（宋卫平回来了：孙宏斌放手 寿柏年离开，2014-11-05）	1314（宋卫平回来了：孙宏斌放手 寿柏年离开，2014-11-05）	
市政厅	40 万	233		233	2100	3.77 万	15437（上海城市总体规划实施评估及思考，2014-08-05）			

续表

请讲	1.5 万	30	6598	45	2867	1450	2122（打完老虎之后怎么办？ 2014-07-29)	185（李工真：为什么德国没有被高福利拖垮，2014-12-09)	278（俞敏洪：我对中国教育的现状感到 90% 的绝望，2014-05-26）	
私家奔跑	347.1 万	381	240.33 万	726	1.82 万	24.95 万	45371（万科总裁郁亮从“800 米喘”到马拉松达人：和跑步比工作不重要，2014-12-04）	54（万科总裁郁亮从“800 米喘”到马拉松达人：和跑步比工作不重要，2014-12-04）	3475（万科总裁郁亮从“800 米喘”到马拉松达人：和跑步比工作不重要，2014-12-04）	2013 年 12 月 9 日上线
有戏	383 万	360	约 276 万	900	9800	21 万	142982（秋季档美剧回归时间表，2014-08-08	248（堺雅人在中国：饭菜实在太好吃了，2014-08-26）	12370（秋季档美剧回归时间表，2014-08-08）	

续表

观看方式	27.86 万	63	27.74 万	63		16007	142670（荷兰人 Cor Pan：“如果这架飞机消失了，这就是这架飞机的样子。”2014-07-18）		7162（荷兰人 Cor Pan：“如果这架飞机消失了，这就是这架飞机的样子。”2014-07-18）	
人生不容易	21.8 万	1092	72656	1092	2989	26984	18160（H7N9 死亡医生张晓东，2014-01-27）	653（至要保暖，防心脑血管病，2014-12-21）	847（H7N9 死亡医生张晓东，2014-01-27）	
数据来源	以上数据均来自腾讯云分析									

第七章 界面

2014 年 10 月网站上线至年底，界面逐步开通并运营多个微信公号及官方微博号，初步形成新媒体矩阵，具体包括：

1 个官方网站：界面

1 个新闻 APP 客户端：界面

2 个官方微博：界面、摩尔金融

7 个官方微信公众号：界面、摩尔金融、意思（现改名为“歪楼”）、界面之选、地产派（现改名为“地产一条”）、界面联盟 JMedia、番茄社。

概　况

2014 年作为界面的开创年，已顺利完成了公司注册、商标注册及相关新闻资质申请的事宜，整个公司运营正逐步踏上正轨。在上海市互联网信息管理办公室的支持下，界面已经取得了上海市互联网新闻信息服务备案证（三类资质）。公司按着预定计划开展各项工作，逐步实现既定目标。

在组建来自于国内外知名财经媒体的精英团队基础上，网站已于

2014 年 10 月正式上线，并以商业报道为切口，初步树立起自己独特的品牌风格和较好的口碑。网站已上线产品涵盖商业、乐趣（现改名为“歪楼”）、JMedia、全球（现改名为“天下”）、长篇（现改名为“正午”）、尤物、急聘（现改名为“社交”）、视频等八大版块。为有投资需求的公司人服务的摩尔金融亦于 12 月底启动测试。公司各项业务已步入良性发展轨道。

界面在业务开展中进一步明晰定位，即聚集公司人群的以商业报道为切入口的精品新闻网站，并以此为基点拓展、推进各项独立业务。作为独立业务之一的摩尔金融完成开发并上线封闭测试中，其生态系统正逐步建立。摩尔金融目前已有 2 万多微信粉丝，160 名撰稿人已完成注册，并有更多撰稿人在注册中。高质量的稿件促使注册用户数以每日 5% 的速度增长，且用户粘性高，平均在网站浏览 14 个页面。

尤物频道上线之后作为媒体电商的创新受到广泛关注。经过半年运营已经积累了大量的产品内容，形成了自己的风格和特色，多家电商与品牌主动关注并洽谈合作。尤物的内容生产以每天或隔天更新首页、每周 2–3 个专题，每天增加 5–8 件产品的频率进行。基于接口技术合作和 CPS 合作的后台二期开发将在 2016 年一月底完成。同时商务合作也取得较大突破，已与京东、亚马逊、蜜芽宝贝、本来生活等国内知名电商平台达成分成合作。

界面内容生产正由编辑部自我生产向多渠道转变，逐步实现用户参与，其对社会的影响力亦逐渐显现。2014 年 11 月富士康等数篇稿件由用户提供线索，增强了界面的原创报道文章内容。在重点的商业报道之外，增加文化、体育、全球精选等内容版块。内容报道范围不断扩大，开始切入重要的时政和社会报道。

编辑部在界面网站、微博、微信内容运营过程中不断调整完善工作节奏和流程，目前已经形成良好的工作模式。通过 200 名员工的努力，网站每日重点报道稿件数量从最初 10 篇已经增长到 50 篇左右，网站日文章更新量增至约 150 篇，已超过一家 400 人日报的生产规模。

针对新媒体传播的特点，对网站内容的呈现形式进行了探索。在板块的选择上，突出便于传播的乐趣版块。成立了多媒体部，开拓 HTML5 等多媒体报道形式，第一个 H5 报道《2014 有些再见有些不再见》在三日之内获得超过百万阅读和朋友圈转发，之后的几个 H5 报道也获得大量转发，并有多个客户初步达成合作意向。

推出“与界面共进晚餐”这一高端栏目，通过对各行业有影响力的人物的轻松访问，迸发更多思想的火花，展现出对更广泛议题的思考。推出与高层对话的视频 LEAD 栏目，逐步影响企业家阶层。

为争夺移动端市场，界面不仅推出 APP，而且成立了界面 JMedia 自媒体联盟。联盟将为界面汇集更多的原创资源，同时也将界面生产的优质内容通过微信公号渠道传播出去，让界面内容在社交渠道获得最大强度的传播。同时也满足广告客户的需求，目前已有 2000 个微信公众号加入，在业界引起广泛关注。

在技术开发的初期阶段，界面把目标设定为：这必须是一个高效而灵活的内容制作、分发和传播系统，并有强大的统计和反馈机制。

界面的内容管理体系已经初具规模。与传统媒体的电子化转型相比，甚至和门户网站相比，界面的内容管理系统都是效率更高，成本更低的。记者、编辑在后台一次提交文字、图片和视频，即可同时向PC网站、手机网站、APP输送内容。与此同时，通过与各大合作平台对接，所有内容在发布的同时，即可自动传输到今日头条、360新闻、新浪、鲜果、Zaker等合作内容渠道的后台，再投递到他们各自的用户。另外，借助一些自动化工具，这些新闻也自动在界面员工的微博输出和呈现。

在内容制作方面，开放平台，接纳更多自媒体人的内容创造；而在分享和传播方面，以微信开放平台为依托，进行更加个人化的分发。

界面的推广在未花费任何费用的情况下，与今日头条、360新闻、鲜果、抽屉新热榜等开展流量合作。同时与新浪、财经天下、人物、投资时报等尝试进行内容版权合作。与新浪合作为创新模式，可以为界面间接导入流量，有效提升网站SEO排名，同时提高内容传播效果。界面用户数量也在不断增长中，PC端的平均用户阅读文章稳定在10篇左右。在内容质量及数量持续增强及外部流量合作双方面驱动下，网站流量逐步提升。

网站数据一览：

· 网站跳出率为38%；(50%为平均水平，对标赫芬顿邮报64%的数据，属中上游)；

· 平均停留时间 13 分钟；（对标赫芬顿 4 分钟）；

· Alexa 全球排名进入前 1000 位；

· 成立拥有 2000 个微信公众号的自媒体联盟，辐射近 2 亿人群；

· 已形成 7 个微信公号的界面微信矩阵。

界面经营也开创良好的局面，客户涵盖包括汽车、综合制造、消费品、地产、金融、综合服务业、3C 等行业。结合互联网传播特性，制定界面营销概念——优致营销：界面，到达优质的人群；界面，优致新闻网站。围绕此概念，策划一系列活动，满足客户不同层次的需求。

界面前期通过微信、微博等方式大量招募来自于国内成功的新媒体网站及知名财经媒体机构的精英人员，目前到岗人员 169 人，其中采编人员 101 人，占比 60%。最近新加盟的有来自纽约时报中国团队的优秀人才等。

为未来发展储备适合的人才，界面启动 2015 大学生就业直通车计划。目前已完成与 33 所学校的沟通工作，确定 18 所学校进行讲座落地，其他学校进行覆盖宣传。目前已完成上海外国语大学、香港大学和复旦大学等 10 所学校的落地活动。预计可为采编团队增加 30 人至 50 人，重点扩展商业、中国时政报道力量，加强自媒体内容审核团队。

一、网站

全称 界面

域名（链接） www.jiemian.com

创建日期 2014 年 9 月 22 日

公司（单位）性质 国有控股

法人代表 高韵斐

资质 2014 年 10 月获评国家三类新闻资质

团队架构 界面团队共 169 人

学历：大学本科 127 人 硕士研究生 42 人

性别：男 82 人 女 87 人

年龄：30 岁以下 92 人 30 岁以上 77 人

岗位：内容 109 人 技术 12 人

二、移动客户端

名称 界面

平台 iOS，Android

版本 2.0.2

内容 中国用户综合素质最高的新闻及商业社交客户端，只服务于独立思考的人群——超过 500 名 CEO 都是界面忠实用户。

功能　转发，评论、收藏、点赞、分享等。

三、微博

1、界面（新浪微博）

版本　5.1.3

定位　界面微博主账号，承担界面全品牌的内容和品牌传播。

粉丝量　537237

二、摩尔金融（新浪微博）

版本　5.1.3

定位　摩尔金融微博账号，承担摩尔金融的内容传播。

粉丝量　23776

四、微信公众号

1、界面（公众号：wowjiemian）

定位　界面微信主账号，立足界面主站，涵盖界面全品牌的内容输出和品牌传播。

粉丝数　12 万

2、摩尔金融（公众号：moerjinrong）

定位　界面第一个独立业务，立足投资与互联网金融领域的摩尔金融的微信主账号，立足摩尔金融主站，涵盖摩尔金融全品牌的内容输出和品牌传播。

粉丝数　6.3 万

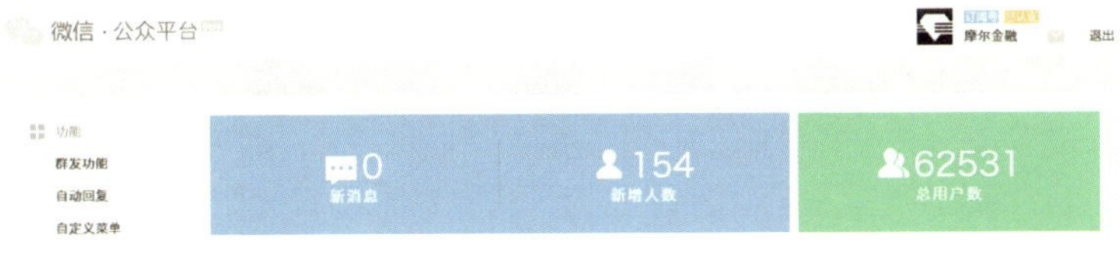

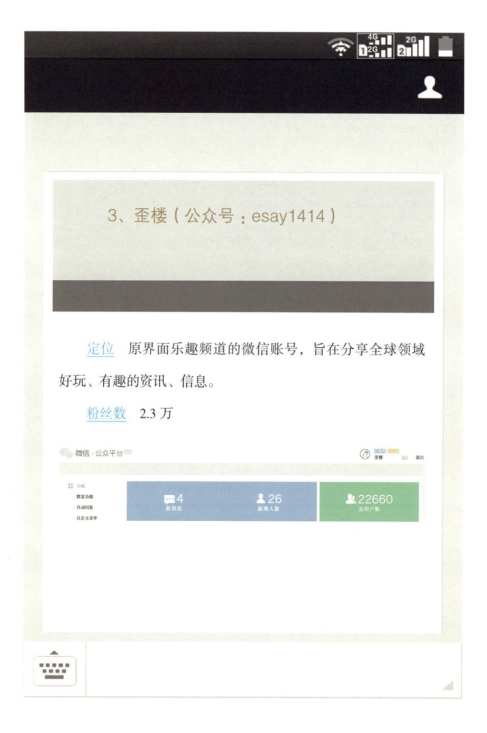

3、歪楼（公众号：esay1414）

定位　原界面乐趣频道的微信账号，旨在分享全球领域好玩、有趣的资讯、信息。

粉丝数　2.3 万

4、界面之选（公众号：allformen）

定位　界面独立业务，电商平台“尤物”的微信公号，负责尤物的内容运营及品牌传播。拯救男人于信息暴力和选择困境，成就男人于优雅品味和精明消费。

粉丝数　0.8 万

5、地产一条（公众号：paidichan）

定位　界面地产频道的微信账号，致力于做中国最佳的地产原创新媒体，每天一条，值得信赖。

粉丝数　1.4 万

6、界面联盟 JMedia（公众号：Jmedia2015）

定位 界面自媒体联盟微信公号，专司界面自媒体平台及用户投稿的内容运营与品牌传播。

粉丝数 0.3 万

7、番茄社（公众号：tomato-info）

定位 界面科技频道微信公号，承担科技频道的内容运营。

粉丝数 0.16 万

第八章 集团新媒体发展研究中心

上海报业集团新媒体发展研究中心下属新媒体项目，包括由上海解放新兴传媒有限公司运营的《上海手机报》系列产品，以及上海报业集团与百度合作的“百度新闻上海频道”。

概　况

“百度新闻上海频道”是上海报业集团成立之初与百度合作的新闻搜索项目。2014 年 1 月 1 日上线，由新媒体发展研究中心负责内容制作审核。该项目采取自动抓取和主动推送相结合的方式，改变了以往通过“搜索爬虫”自动排列新闻次序的做法，实现了对所有内容的人工干预，保证了正面新闻的及时推送，改变了百度新闻机器抓取的工作逻辑，放大正面舆论导向的影响力，并可为报业集团自有网站导流。

《上海手机报》2014 年获得中共上海市委宣传部、市网信办、市通管局的联合发文，明确其“一省一报”地位，由市委宣传部、市网信办主管，上海报业集团主办，上海解放新兴传媒有限公司承办并负责运营。

产　品

名称：上海手机报

上海手机报系列产品共有 8 项产品，其中收费产品 6 项，免费产品 2 项。目前收费用户约 50 万，免费用户约 250 万。其中 150 万为与中移动卓望公司合作的“社区手机报”，可根据用户的居住位置发送周边社区的精准新闻，实现比传统手机报更精准、更贴近需求的用户体验。

创建进程

2006 年 1 月创刊，曾获 2008-2009 年度中国手机媒体经营管理十强。

2009 年成立了上海解放新兴传媒有限公司，这是在全国手机媒体领域最早、上海市场唯一一家公司化运作手机报产品的专业团队。从 2010 年起，上海手机报突破了单一资费收入模式，尝试广告收费、通道经营和第三方服务收费，取得一定进展。

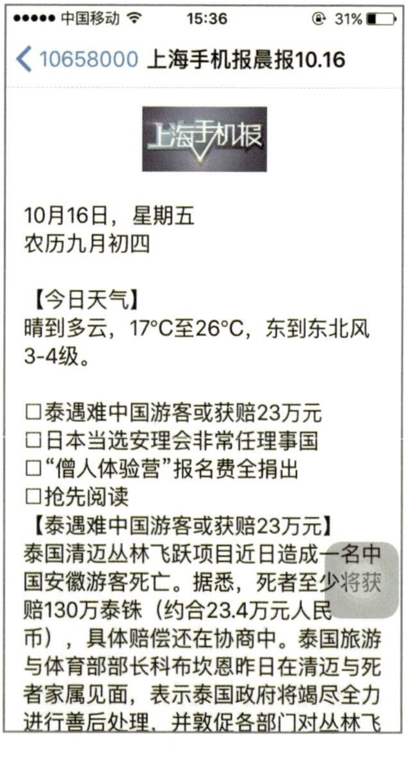

目前上海手机报每天到达300万读者，积极参与和推动三大运营商用户画像和数据流量监控，与运营商共同完成精准用户特性以及阅读习惯的即时数据分析，通过大数据，给读者的标签细分100多项，每周更新。

创建日期　2006年1月17日

公司（单位）性质　国有独资企业

法人代表　林晔

资质　增值电信业务经营许可证

团队架构

采编岗位11人

学历：大学本科7人　硕士研究生4人

性别：男4人　女7人

年龄：30岁以下5人　31–40岁5人　41–50岁1人

职称：中级3人　高级1人

运营岗位共9人

运营推广3人　市场活动2人　技术研发1人　广告销售1人

财务1人　行政管理1人

学历：大学本科8人　硕士研究生1人

性别：男3人　女6人

年龄：30岁以下6人　31–40岁3人

职称：初级7人　中级2人

内容定位　精选国内外重要新闻，副刊关注吃穿住行等都市生活各领

域。另有定位社区新闻的社区报子产品

内容板块 新闻、专栏、评论、即时播报、理财、美食、汽车、房产等副刊。

传播力 用户 300 万左右

技术升级 通过搭建自有的响应式网页，用户可通过彩信链接跳转至 html5 页面获取更丰富的动态内容。同时页面也可直接通过朋友圈、微博等 SNS 转发。

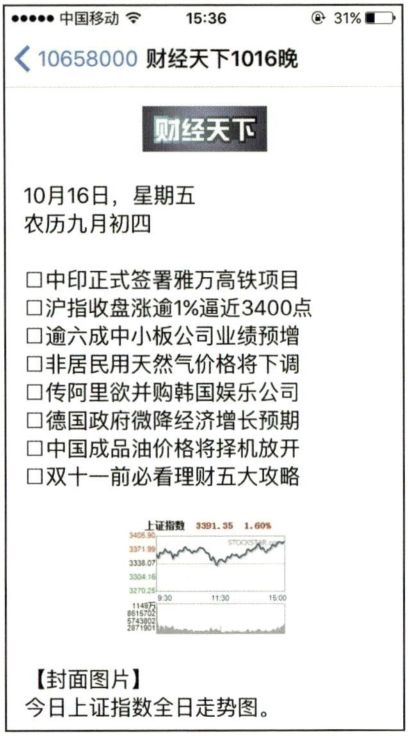

此外，新媒体发展研究中心还自主运营上海手机报官微“A 座 2 楼”，旗下垂直领域微信公号包括与上海市委政法委联合出品的“上海法治声音”、聚焦国际教育市场的“国际教育风云录”、与民政局婚登处合办的“幸福志”、“一起做公益”等，各公众号均在细分领域有一定的影响力。

上海报业集团新媒体发展研究中心新媒体主要数据一览表

微信公众号	2014年度总阅读数	2014年度原创帖文总数	2014年度头条总阅读数	2014年度总篇数	2014年度总点赞数	2014年度总分享数	单篇最高阅读数（篇目日期）	单篇最高点赞数（篇目，日期）	单篇最高转发、分享数（篇目，日期）	备注
A座2楼	28万+	509	70000+	574	1097	2.84万	10万+（最IN上海：魔都某银行2个美女柜员做成这样真是够拼的！2014-09-18）	215（最IN上海：魔都某银行2个美女柜员做成这样真是够拼的！2014-09-18）	1.1万（最IN上海：魔都某银行2个美女柜员做成这样真是够拼的！2014-09-18）	
上海法治声音	228.2万	700+	150万+	1400	1万+	18万+	5万+（上海某基层法院一年10名法官辞职——正在消弭的法官尊荣，2014-01-20）	50+（邹碧华的最后一次演讲，2014-12-11）	3550（上海某基层法院一年10名法官辞职——正在消弭的法官尊荣，2014-01-20）	
国际教育风云录	6.6万	96	5.7万	108	178	7249	9343（第15所UWC中国创校录：14年，一梦成真，2014-09-12）	23（哈佛峰会今开幕，起底600个参赛高中生，2014-08-13）	849（11位哈佛面试官谈本科申请，2014-12-19）	

续表

一起做公益	13471	167	11591	180	149	2234	1071（我们等你来！“第四届上海公益伙伴日”明天正式开幕！2014-10-30）	9（“上海公益伙伴日”第一天：已为“自闭症”孩子和“渐冻人”筹款超2000元，2014-10-31）	311（了解极地 走进科考 巡讲从上海“起航”，2014.5.10）	
幸福志	36.07万	120	25.3万	240	2003	13476	10000+（上海最红孕妇摄影师周润：我只想拍出不会过时的照片，2014-09-14）	50+（上海最红孕妇摄影师周润：我只想拍出不会过时的照片，2014-09-14）	968（数据里看申城婚姻：离不离婚关键看前十年，2014-02-28）	
数据来源	以上数据均来自腾讯云分析									

第九章 申江服务导报社

截至2014年底，申江服务导报已形成以微信矩阵为主的新媒体矩阵，具体包括——1个官方网站：申报网（暂由集团委托运营）；1个官方微博：申江服务导报；1个官方微信公众号：申江服务导报。另有数个部门开办了5个微信公众号。

申江服务导报官方微信目前作为报社新媒体主要平台，致力于在娱乐休闲、美食购物、教育便利等一系列生活垂直领域，为用户提供文字、图片、音频、视频等生活服务信息，实现从前端采编到后端销售的全产业链。

申江服务导报微公于2014年年中发布的《自贸区开卖生鲜》一文，来源于新闻部记者的独家采访资料。文章刊出后，阅读人数超15万，且被上海本地公众大号纷纷转载，引发抢购热潮，一度断货。年底发布的《魔都最令人销魂的10碗饭》一文达到10万加的阅读数。这是申江服务导报传统媒体和新媒体融合的范例。

一、网站

全称　申报网

域名（链接）　www.ishenbao.com

创建日期　2006 年 10 月

申报网目前由上海报业集团托管

二、微博

名称　申江服务导报（新浪微博）

版本　5.1.3

推出时间　2012 年 1 月

定位　上海本地生活服务资讯

粉丝量　25 万（截至 2014 年底）

经营情况　2014 年微博广告总收入约 10 万元

三、微信公众号

1、申江服务导报

（申江服务导报主媒体公众号：ishenbao）

推出时间　2013 年 6 月

定位　全面打造上海本地生活服务资讯平台，引领时尚生活潮流。

订阅数　2.4 万（截至 2014 年底）

2、看戏去（公众号：kanxiqusj）

推出时间 2014 年 1 月

定位 依托于报纸的专业而权威的文化类公众号

订阅数 2780（截至 2014 年底）

<<<<< 案例

在上海每年新年圣诞的《天鹅湖》狂潮中，提出属于自己的见解。如所发布的《天鹅湖，你真的看过？》3 篇，为观众鉴别不同团队的天鹅湖含金度，引经据典，全面解析经典舞蹈。同时也是第一批使用视频配文的微信之一。

3、美得你（公众号：beautyfor）

推出时间 2013 年 11 月

定位 用镜头追逐大牌，用文字记录时尚，发现一座城市的个性之美。

订阅数 1094（截至 2014 年底）

<<<<< 案例

“美得你”于 2014 年底发布第一篇明星视频互动美妆微信《歌手朱婧教你女明星的变妆秘籍》，由申江服务导报时尚部及“申 V”视频团队进行策划及拍摄，开启了视频时尚公众号的新里程。这一新模式获得了逾 1 万的阅读数和超过 10% 的增粉效益。

4、申活馆（公众号：shenhuoguan）

推出时间　2012 年 10 月 16 日

定位　申江服务导报线下设计品概念店。提供各种沙龙报名、创意设计单品推荐等。

订阅数　13892（截至至 2014 年底）

<<<<< 案例

精选设计师产品介绍，如《MUJI！ MUJI！ MUJI 的设计师总监原来是他！》，阅读量 10203。申活馆主办的展览、大型活动介绍，如 2014 年 11 月的空气凤梨展介绍，阅读量 10541+2381+2740（3 篇）。2014 年末展望《我们从来不止开家店而已》，阅读量 2799。每月展览咨询介绍，平均阅读量 2000（11 月最高，阅读量 4579）。

5、镜子与窗
（公众号：readingshenjiang）

推出时间　2014 年 2 月

定位　立足于申活馆旗下实体书店“镜子与窗”，推荐新书、好书，同时为“镜子与窗”的线下读书会活动作线上报名、实时播报等。

订阅数　755 人（截至 2014 年底）

<<<<< 案例

作为实体书店的微信公众号，“镜子与窗”不仅荐书，而且第一时间将店内新闻、热点做线上呈现。2014 年末“镜子与窗”书店在新天地长廊开张，微信几乎同时推送开业图片和内容，使更多读者了解书店。

6、上海人生大不同公益发展中心（公众号：rsdbt2011）

推出时间 2013 年 6 月

定位 旨在建立多元人生的分享、学习、社交平台。

订阅数 14220 人（截至 2014 年底）

<<<<< 案例

目前活跃度较高。此前针对吴迪专场会馆活动发布的《大不同会馆首回爱情课堂——从泡菜剧里，找爱情哲学》一文，阅读数超过 5000 人，转化率 60%，转发 300 多次。

往期举办的大型公益演讲，如金星、曹启泰、吴念真专场，都因演讲的深度、来宾的人气吸引了大众关注，发布在微信公众号上的相关预告、回顾文，均有近 1 万的阅读数。

7、走着瞧（公众号：footfood）

推出时间　2013 年 11 月

定位　休闲娱乐，主打旅游美食。

订阅数　3010（截至 2014 年底）

<<<<< 案例

2014 年 8 月发布的《贝克汉姆：死生有命，富贵在天，不如去亚马逊探险》一文，紧扣巴西世界杯期间小贝前往巴西首都及雨林旅行的热点，下载纪录片视频截图，并作采写，在粉丝尚为 1000 名的情况下，转发达 30000 人次，被多个账号原封不动抄袭。

申江服务导报社新媒体主要数据一览表

微信公众号	2014 年度总阅读数	2014 年度原创帖文总数	2014 年度头条总阅读数	2014 年度总篇数	2014 年度总点赞数	2014 年度总分享数	单篇最高阅读数（篇目，日期）	单篇最高点赞数（篇目，日期）	单篇最高转发、分享数（篇目，日期）
申江服务导报	156 万	312	154 万	1340		15.5 万	12.3 万（自贸区开卖进口食品啦，2014-07-03）		1.54 万（自贸区开卖进口食品啦，2014-07-03）

微博名称（属性：官微/部门/个人；平台）	2014 年度总发帖数	2014 年度原创帖文总数	2014 年度总跟帖、评论数	2014 年度总点赞数	2014 年度总转发、分享数	2014 年度总被提及/被@数	2014 年度总粉丝数	单篇最高跟帖、评论数（篇目，日期）	单篇最高转发、分享数（篇目，日期）	单篇最高点赞数（篇目，日期）
申江服务导报（官微/部门；平台：新浪）	2920	540	22413	6950	23.36 万		25.45 万	968（Sherlock 第三季今早回归，2014-01-11）	9468（Sherlock 第三季今早回归，2014-01-11）	548（Sherlock 第三季今早回归，2014-01-11）

微信公众号	2014 年度总阅读数	2014 年度原创帖文总数	2014 年度头条总阅读数	2014 年度总篇数	2014 年度总点赞数	2014 年度总分享数	单篇最高阅读数（篇目，日期）	单篇最高点赞数（篇目，日期）	单篇最高转发、分享数（篇目，日期）
美得你	28978	84	28978	84	145	1635	2764（你可能不知道的免费化妆服务，2014-09-05）	10（时髦马术赛看过不？要不要这周日跟小编一起感受下？2014-10-22）	173（杂志系美甲到底在哪里做？？！ 2014-08-11）

第十章 I时代报社

截至2014年底，I时代报社新媒体项目包括——

1个官方微博：I时代报

2个官方微信公众号：IMetro（曾用名：I时代铁丝团）、I时代社交圈。

概　况

2014年，I时代报新媒体初步形成了以微信公众号和新浪微博为两翼的新媒体传播渠道。作为一份累积10年经验、以“新锐致用 渠道直达”为宗旨的媒体，I时代报具有深厚的上海本地轨道圈生活内容制作及产品运营优势，通过运营纸媒、官微、官博等新旧平台，立体化打造上海白领轨道生活圈。目前，报社正深入整合上海轨交渠道资源，致力于向本地轨道圈生活信息集成商和渠道文化资产运营商转型。

因为报社体量小以及诸多因素的限制，报社的新媒体发展充满了艰辛。2014 年之前的 I 时代报官方微博，在上海地区媒体类排名一直稳居前茅。之前的 2013 年在新浪风云影响力榜单“报纸类影响力综合排行”中，位列全国第 30 名、上海市第 2 名。

2014 年报社新媒体工作重心转移到微信公众号上。IMetro 从渠道性出发，在栏目设置上有工具类栏目“查地铁”、游戏类栏目“地铁猜图”以及汇集当天各种地铁奇闻异事的信息类栏目“魔都地铁”。还有生活服务类栏目“这一站”，以地铁站点为中心，搜罗站点周边有个性、有看点的景点、小店等，广受欢迎。

IMetro2014 年组织了一系列的活动策划。其中 11 月 11 日推出的“地铁情缘活动”是铁丝团浓墨重彩的一次线下活动的成功案例。包括“双十一边坐边爱和脱单大行动”、“2.14 情人节和地铁司机约会”等。当天参加活动的白领众多，现场高潮迭起，引起了沪上兄弟媒体的关注，活动取得良好的传播效果。

2014 年，IMetro（铁丝团）在由腾讯大申网主办的“2014 上海十大微信公众号”中入选了专家评选榜单的十强行列。未来 IMetro 将以建设轨道圈上班族关注的微信公众大号为目标，通过一系列优选栏目与粉丝产生互动，吸引粉丝关注和产生商业价值融合。

社交圈（I 时代社交圈）作为一个“互联网 + 单身白领服务”的社交平台，耕耘线下社交市场，服务对象主要为 22–35 岁的单身年轻白领。社交圈的宗旨是“成为好的自己，遇见好的伴侣”，鼓励年轻的单身白领积极参加线下活动，在人与人的交往中，成为好的自己，遇见好的伴侣。

社交圈公众微信号每天进行动态更新，内容以活动招募为主打，阅读率在 5–12%，每周推送 7 场以上活动，激活粉丝人气，成为社交平台 O2O 的主要导入端口。目前，社交圈有活跃用户 1.7 万，其中 85% 为本地用户。社交圈第一场线下活动开始于 2014 年 5 月，之后通过多维度全方位布局，线下活动发展迅猛。2014 年 5 月 –12 月，社交圈举办 140 场线下活动，参加人数 5000 人。社交圈线下活动主要集中在周末，节假日活动频率更高，规模相对也比较大。社交圈线下活动板块包括：交友、聚餐、运动、读书、观摩等 5 个大类（近 20 个细分类型）。

社交圈目前线下交友活动的绝对数量名列上海市场首位，品牌知名度和市场占有率已经跃居上海市场前三甲。

一、微博

名称　I 时代报（新浪微博）

版本　5.1.3

推出时间　2011 年 3 月 1 日

定位　地铁上班族路上的好伙伴

粉丝量　264631（截至 2014 年底）

转发量　108711（2014 年全年）

二、微信公众号

1、IMetro（I 时代报官方公众号：sdbclub）

推出时间 2013 年 7 月

定位 打造魔都地铁族的掌上俱乐部

订阅数 89564（截至 2014 年底）

经营情况 2014 年广告收入 5 万元

2、I 时代社交圈（I 时代报官方公众号：sdbsjq）

推出时间 2014 年 4 月 1 日

定位 基于“互联网 + 单身白领服务”概念的社交平台

订阅数 10908（截止 2014 年底）

经营情况 2014 年组织交友活动收入 6550 元

I时代报社新媒体主要数据一览表

微信公众号	2014年度总阅读数	2014年度原创帖文总数	2014年度头条总阅读数	2014年度总篇数	2014年度总点赞数	2014年度总分享数	单篇最高阅读数（篇目，日期）	单篇最高点赞数（篇目，日期）	单篇最高转发、分享数（篇目，日期）	备注
I时代铁丝团	155万	144	121.4万	720	6408	1440	82523（小心！浦东多名夜跑女孩罩胸袭，2014-09-15）	511（10位地铁单身司机你最想约会谁？2014-02-02）	425（魔都10大圣诞树谁最美？2014-12-11）	
I时代社交圈	18万	270	14.4万	810	8100	4500	1100（圣托里尼之夜，置身爱琴海旁的感觉！！社交圈美食团爱心圣诞大餐活动，2014-12-12）	25（将我们的爱心洒遍魔都！！1205“国际志愿人员日”社交圈志愿者风采，2014-12-05）	30（一道走过深秋邂逅温暖的TA社交圈周日恒隆举行聚餐交友活动，2014-10-08）	开通时间为2014-04-01
数据来源	以上数据均来自腾讯云分析									数据均为人工统计

微博名称（属性：官微/部门/个人；平台）	2014年度总发帖数	2014年度原创帖文总数	2014年度总跟帖、评论数	2014年度总点赞数	2014年度总转发、分享数	2014年度总被提及/被@数	2014年度总粉丝数	单篇最高跟帖、评论数（篇目，日期）	单篇最高转发、分享数（篇目，日期）	单篇最高点赞数（篇目，日期）	备注
时代报（官微；平台：新浪）	14800		21320	18275	43620	11480	284123				
数据来源	新浪公司微博后台										

第十一章 上海法治报社

2014年是上海法治报社探索新媒体发展的元年。为了顺应媒体融合转型需求，于2014年3月开通官方微博，5月开通官方微信公众号。

概　况

上海法治报是上海唯一一家法制类专业报纸，也是上海政法综治宣传主阵地之一，是上海市委政法委发布权威信息的主要渠道。2014年3月，上海法治报开通官方微博“上海法治”，承担政法系统权威信息发布和监控全市政法舆情、引导社会舆论的任务。截至2014年年底，“上海法治”微博总发布数为2239条，粉丝量5400人以上。

2014年5月，上海法治报开通官方微信公众号，依托上海全市政法资源，发布权威政法信息，传播法治新闻，解析法律法规，普及法律常识，提供法律咨询服务，监控政法舆情，提升了报社的社会影响力。上海法治报微信平台由一名新媒体编辑专职运营，并由新闻采编部门人员提供原创性文章。微信秉承报纸传播法治精神的宗旨，通过对社会案例的解读，综合各方评论和看法，为粉丝提供专业性的法律常识。如发布了《交通肇事逃逸 到底有哪些法律后果》、《做妇科手术被观摩拍照 敢问医院侵了哪些权》等一系列关注社会民生的案例。

自上海市司法体制改革启动以来，上海法治报通过报纸和微信内容的有机结合和互相促进，及时跟进报道司法改革相关动态，解读司法改革政策，陆续刊登了《上海司法改革具体改什么 详解其中关键词》、《法学家谈司法改革》、《上海法院改革如何改？》、《上海检察院改革如何改？》等报道，得到用户好评。

2014 年 7 月 12 日，上海司法体制改革先行试点部署会召开后，上海法治报及时提炼出极具价值的新闻内容，于第一时间在官方微信上发布，引起了高度关注，当天阅读数即达到 18856，一周内单条图文阅读数突破 3 万。

截至 2014 年底，上海法治报官方微信订阅数 3635。粉丝构成主要为政法单位工作人员、律师、法学专家、媒体从业人员和普通大众。通过传播专业类的法治资讯、新闻热点评论，微信公号在政法部门和大众中形成了良好的口碑，并且加强和读者的交流互动，成为政法部门和读者交流沟通的桥梁。

一、微博

名称　上海法治（新浪微博）

版本　5.1.3

推出时间　2014 年 3 月

定位　了解上海地区专业法治动态资讯的第一选择，以报道法治类专业信息、普及法律知识为主。

粉丝量　5406（截至 2014 年底）

二、微信公众号

上海法治报

推出时间 2014 年 5 月

定位 提供法律资讯，传递法治力量，普及法律知识，记录法治建设和平安城市治理成果。

订阅数 3635（截至 2014 年底）

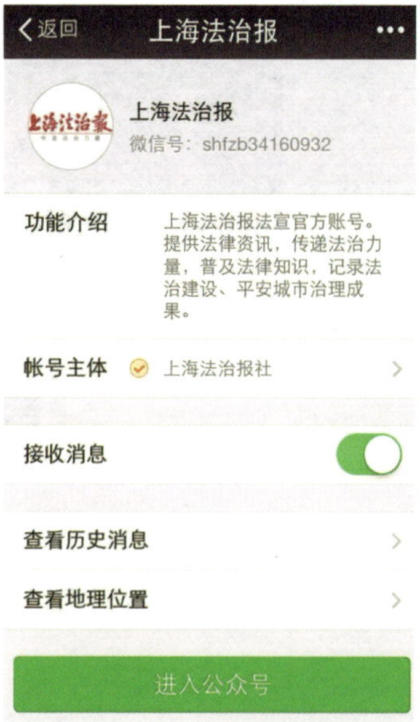

<<<<< 上海法治报媒体创新与融合案例

2014年7月12日上午，上海召开司法改革先行试点部署会，全面贯彻落实中央和市委关于司法改革的决策部署，对先行试点工作进行部署，拉开了上海司法改革的序幕。上海法治报对会议内容进行了解读，从完善司法人员分类管理制度，健全法官、检察官及司法辅助人员职业保障制度，完善司法责任制，探索建立省以下法院、检察院的法官、检察官省级统一管理的体制，探索建立省以下法院、检察院经费省级统一管理的机制等，五个方面解读了司法体制改革的举措，在第一时间为读者呈现了司法体制改革的重要内容。该文发出后受到了各界关注，单日阅读量就达到18000以上，阅读次数达到25000次以上，最终阅读量达到34846，图文转化率高达4853.2%。

上海市司法改革先行试点部署会今召开 五方面总体内容公布

2014-07-12 王川 郑法玮 上海法治报

文丨王川 郑法玮

7月12日上午，上海召开全市司法改革先行试点部署会，全面贯彻落实中央和市委关于司法改革的决策部署，对先行试点工作进行安排部署，拉开了上海司法改革的序幕。

上海市委常委、市委政法委书记姜平出席会议并强调，司法改革是中央事权，上海司法改革试点体现和执行的是中央精神。各级司法机关和广大司法干警要深入学习贯彻习近平总书记系列重要讲话精神，切实把思想和行动统一到中央和市委的决策部署上来，从大局和整体格局上正确看待司法改革试点，坚定信心和决心，精心组织，重点突破，积极稳妥推进改革试点工作；加强领导，落实责任，强化组织保障，着力解决影响司法公正、制约司法能力的深层次问题，更好地激发司法队伍整体活力，更好地促进社会公平正义，为争早日形成可复制、可推广的经验成果。

副市长、市公安局局长白少康主持会议。市高院院长崔亚东，市检察院检察长陈旭介绍了法院、检察院系统推进改革试点工作的安排。市委组织部副部长王瑜传达了韩正同志在市委全面深化改革领导小组第二次会议上的讲话精神。市委政法委副书记、秘书长王教生就全市司法改革试点工作进行了部署。

据了解，上海试点方案的总体内容是：

一是完善司法人员分类管理制度。

划分人员类别，核定法官、检察官员额。

突出法官、检察官在司法工作中的主体地位，把法院、检察院工作人员分为法官、检察官，司法辅助人员，行政管理人员三类，分别占队伍总数的33%、52%、15%的员额比例。实行法官、检察官单独职务序列管理。设3-5年的过渡期，逐步推行严格的分类管理制度，建立以法官、检察官为核心的人员分类管理体系，不断优化人员结构，促进队伍的专业化、职业化发展。

上海法治报新媒体主要数据一览表

微信公众号	2014年度总阅读数	2014年度原创帖文总数	2014年度头条总阅读数	2014年度总篇数	2014年度总点赞数	2014年度总分享数	单篇最高阅读数（篇目，日期）	单篇最高点赞数（篇目，日期）	单篇最高转发、分享数（篇目，日期）	备注
上海法治报	54.18万	848	24.22万	960	2256	2.32万	34846（上海市司法改革先行试点部署会今召开 五方面总体内容公布，2014-07-12）	265（上海市司法改革先行试点部署会今召开 五方面总体内容公布，2014-07-12）	2890（上海市司法改革先行试点部署会今召开 五方面总体内容公布，2014-07-12）	
数据来源	以上数据均来自腾讯云分析	数据均为人工统计								

微博名称（属性：官微/部门/个人；平台）	2014年度总发帖数	2014年度原创帖文总数	2014年度总跟帖、评论数	2014年度总点赞数	2014年度总转发、分享数	2014年度总被提及/被@数	2014年度总粉丝数	单篇最高跟帖、评论数（篇目，日期）	单篇最高转发、分享数（篇目，日期）	单篇最高点赞数（篇目，日期）	备注
上海法治（官微；新浪）	2140	1980	650	340	1380	150	5374	3（黄浦区长出庭应诉，2014-05-06）	17（黄浦区长出庭应诉，2014-05-06）	2（黄浦区长出庭应诉，2014-05-06）	
数据来源	新浪公司微博后台										

第十二章 外滩画报

截至2014年底，外滩画报已形成了有7个微信号组成的微信群，分别是：

外滩画报（官微主号）

外滩教育（教育）

中国最佳设计酒店（酒店）

大城小店（生活）

外滩时尚（时尚）

靠谱（古典音乐）

凹凸帮（汽车）

总用户数超过30万，其中官微“外滩画报”用户13万，“外滩教育”、“大城小店”和“外滩时尚”都达到了5万级。

概　况

外滩画报从2013年开始尝试新媒体运作，不断深化媒介融合，努力实现传统媒体在新型传播形态下的整体战略转型，提高媒体的影响力。

重视内容原创，打通生产操作平台

外滩画报新媒体从一开始，就尝试生产有别于杂志的内容，譬如“外滩 Daily”APP 的“每日看图”栏目，每日为读者整理十幅世界范围内的新闻图片，很有看头，对用户具有吸引力。2014 年，外滩画报新媒体部的采编力量得到增强，开始大规模生产原创内容，每日在微信、微博、APP 和网站发布稿件。比如在微信平台，采编团队平均每天生产 4 条原创内容，其中 1 条为官微原创，1 条为子号原创，1 条为杂志采编人员专门为新媒体撰写的稿件，1 条为杂志稿件。在内容生产、编发流程中体现了媒介融合的题中之义。

与纸媒杂志相比，新媒体部生产的内容除了频率高之外，反应更快速、内容更具可读性。一些突发新闻或趣味性强的编译稿件一般都发布在新媒体端，如《莫迪亚诺获诺奖》、《天才们的作息表》等。对于在新媒体端使用的杂志文章，也都进行二次编辑，增加文末投票等互动元素，使杂志文章在新媒体端获得更高的传播率与影响力。

目前，新媒体端的报道和文章，近 80% 的内容由新媒体部编辑生产，20% 左右的内容源自杂志。新媒体部的采编人员可以为杂志撰稿，杂志采编人员也可以为新媒体端供稿。

目标群体清晰，用户呈现飞跃增长

外滩画报的新媒体产品与稿件，在风格与理念方面与杂志一脉相承，即提倡可持续、高品质、国际化、慢生活，融合深度新闻报道、新锐时尚潮流、健康生活方式和独到文化视角，每日为读者提供具有国际视野的新闻、文化、生活和时尚领域的原创报道。读者（用户）与杂志相比更加年轻化，以目前的数据观察，用户以 18 至 30 岁都市年轻人为主，女性占 60% 左右。

在扩大影响力方面的颇多尝试也较有成效。譬如微信互推、为读者提供福利活动、线下活动二维码展示等，吸引了越来越多的年轻人，用户呈飞跃式增长。2014 年初，外滩画报官方微信用户仅数 14000，至年末猛增至 12 万，一年的增量超过过去两年增量的 10 余倍。

注重本地报道，展现上海城市魅力

外滩画报新媒体通过原创报道，聚焦都市青年，致力于展现上海城市魅力。对于上海举办的重大活动，无论是上海书展、上海电影节、上海时装周，或是 F1 大赛、马术大师赛、迪士尼旗舰店开幕，外滩画报新媒体都投入大量人力和资源，第一时间进行专题报道。类似的文章发布后，往往会在朋友圈引起刷屏。2014 年上海电影节报道发布后，有用户在后台留言，“我就是照着你们推荐的片单买的，业界良心！”“外滩时尚”关于 2014 上海国际时装周“黄牛党”的报道，阅读率更是超过 120%。

上海是时尚之都和艺术之都。为了介绍上海的城市生活，外滩画报新媒体开辟了许多原创栏目，如“一周文艺活动推荐”，长期坚持为读者搜罗上海高品质的文化艺术活动；“大城小店”投入大量采编成本，采写了上海美食、生活服务类（理发店、复古用品商店等）等选题，在读者中形成了较高的美誉度。

外滩画报新媒体的原创报道不仅在自己的平台上阅读量、转发量较高，也获得了业界的认可。在与其合作的知乎日报、Zaker 等外部平台上，外滩画报新媒体的文章也是阅读量和点赞数较高的内容。“外滩教育”微信获评 2014 年腾讯最佳微信媒体案例奖。“中国最佳设计酒店”微信则引起行业投资者的兴趣和关注。

一、微信公众号

1、外滩画报（《外滩画报》官方公众号：the-bund）

推出时间 2011 年 7 月

定位 外滩画报官方微信公众号，力求融合深度新闻报道、新锐时尚潮流、健康生活方式和独到文化视角，每日为用户提供具有国际视野的新闻、文化、生活和时尚领域的原创报道，打造中国最优质的线上生活媒体。

订阅数 13 万（截止 2014 年底）

经营情况 2014 年本号广告投放约为每周 2 至 3 条

<<<<< 案例

2014 年 10 月 14 日，美国零售业巨头 Costco 正式登陆天猫。中国消费者不用像海外 Costco 顾客那样花几十美元办会员卡，同样可以享受到 Costco 直营的低价优质商品。外滩画报公号反应迅速，第二天就发布了 Costco 天猫店的商品推荐文章，引起了读者的积极分享转发。这也是公号第一次尝试海淘购物清单推荐类文章就获得成功。

迄今为止，消费类文章仍是保证公号阅读量的主力之一。品牌栏目“剁手党”就是该类文章的主要发布窗口，目前基本固定在每周二微信头条发布，已逐渐培养起用户的阅读习惯与期待。

2、外滩教育（《外滩画报》教育公众号：tbeducation）

推出时间　2013 年 11 月

定位　为家长提供权威国际教育资讯

订阅数　5 万（截至 2014 年底）

经营情况　沉底栏作为广告位，接受教育类推广资讯投放。

3、中国最佳设计酒店（微信号：desi-gnhotels）

推出时间 2013 年 1 月之前

定位 高端生活方式消费者，酒店管理层，酒店设计师。

订阅数 83000（截至 2014 年底）

4、大城小店（公众号：bund-shop）

推出时间　2014 年 11 月 13 日

定位　外滩画报旗下生活类公众号，最具美学的生活发现。搜罗城中型铺美物，推崇美好生活方式。

订阅数　8000（截至 2014 年底）

经营情况　目前主要靠广告盈利

5、外滩时尚（微信号：bund-style）

推出时间 2014 年 3 月

定位 最具生活趣味的线上时装日报

订阅数 62605（截至 2014 年底）

经营情况 有各种形式的软文和广告，每周固定闪购栏目，销售额与品牌分成。

<<<<<< 案例

“外滩时尚”带读者逛一逛中国各大城市的时装买手店，基本上每个月都会推出本土购物地图类选题，如《只卖尖货：8 座城市 22 家时装买手店》，数据和读者反响都不错，阅读量在两万左右。选题以及报道非常实用，也体现了一个传统媒体转型而来的时尚公众号的权威性、格调，以及专业采编水平。此类报道也会刊发在报纸上，甚至作为封面报道。在微信上，会更侧重图片和信息，简单易读有用，文字量变短。

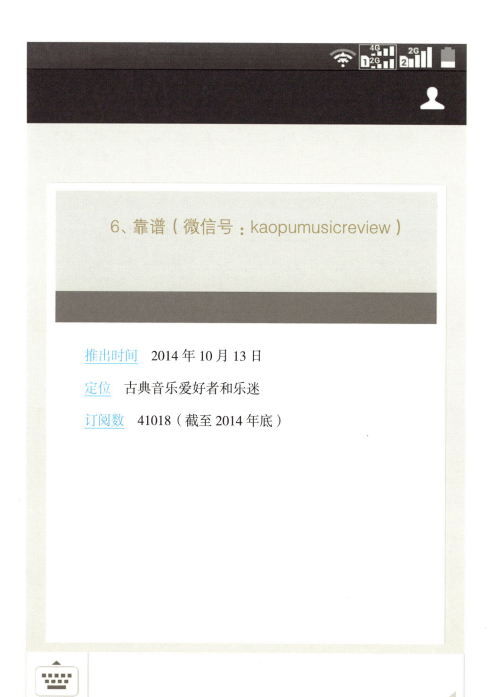

6、靠谱（微信号：kaopumusicreview）

推出时间　2014 年 10 月 13 日

定位　古典音乐爱好者和乐迷

订阅数　41018（截至 2014 年底）

7、凹凸帮（微信号：autobahnbund）

推出时间　2014 年 7 月

定位　高端汽车生活方式

订阅数　2728（截至 2014 年底）

第十三章 上海学生英文报

截至2014年底，上海学生英文报的新媒体主要是1个网站"乐学院"，2个微信公众号"教育新观察"和"解放教育·乐学院"。

概　况

上海学生英文报乐学院活动平台于2013年底开始筹建，以让学生"成为最大可能的自己"为目标，提升活动产品设计的品质，努力将乐学院打造成"青少年活动的设计师"。

乐学院网站的建设从2013年10月开始，2014年3月学生记者团内部试运营，5月正式上线，6月份进行2014秋双语学生记者团网络报名海选，网站的功能基本达到使用要求。主要表现在实践活动和市场活动的推广招募，学记团的部分教学、教务管理，报纸订阅和答案、听力、课件下载等功能。

在运营过程中，根据实际需要对网站功能逐步做出了相应的调整、优化和新功能的开发。从内容上来看，乐学院平台丰富了原有的学生活动类型，积累了大量会员用户，并实现了网站功能的多元化。

为了能突破网站PC端的局限，利用移动端的优点和长处，对网站的运营起到一定的配合和补充作用，新建了"教育新观察"微信订阅号和

“解放教育·乐学院”微信服务号。前者主要发布教育资讯和活动公告，目的是希望积累家长用户，先通过优质内容的传播，来提升英文报和乐学院在家长群中的知名度。后者主要是配合网站的一些互动功能，如会员注册、活动报名、积分查询和兑换等等，目的是抓住习惯于手机端使用的学生和家长用户。

一、网站

名称　乐学院

域名（链接）　www.sspclub.com.cn

创建日期　2013 年 10 月

公司（单位）性质　国有

法人代表　秦宇

团队架构　1 人，性别：女，年龄:31—40 岁，学历：硕士，岗位：活动策划与执行

内容定位　为青少年提供多样化学习和全方位活动的教育服务平台

内容板块　会员体验、学生记者团、学习互动。

传播力　注册会员 17566 名（截至 2014 年底）

二、微信公众号

1、教育新观察（上海学生英文报旗下教育资讯订阅号：ssp-jyxgc）

推出时间　2013 年 12 月

定位　为家长提供教育前沿资讯、活动公告。

订阅数　788（截至 2014 年底）

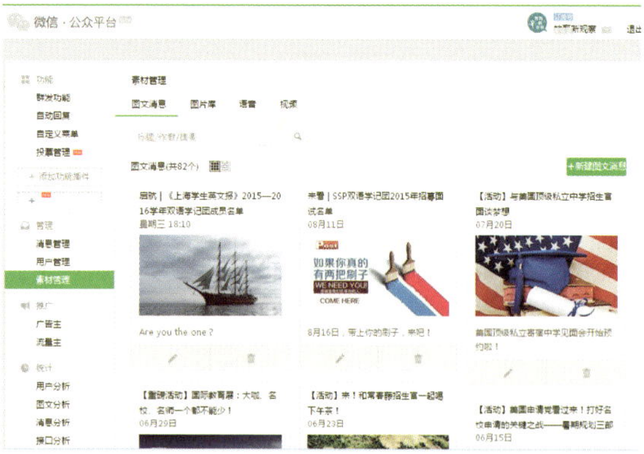

2、解放教育·乐学院（服务号）

推出时间　2014年

定位　为青少年提供多样化学习和全方位活动的教育服务平台

功能　上海学生英文报及旗下学记团实践活动和市场活动的推广招募，学记团的部分教学、教务管理，报纸订阅和答案、听力、课件下载等功能。

传播力　注册会员17566名（截至2014年底）

第十四章 浦东时报

截至2014年底，浦东时报已形成1个官方微博“浦东时报”和1个官方微信公众号“浦东时报”，以及由浦东各委办局、管委会等单位委托浦东时报新媒体部运营管理的4个微信号，包括“陆家嘴金融城”、“浦东文明”、“浦东妇联”、“东方有线”等浦东政务微信矩阵。

概 况

浦东时报于2013年开始新媒体创建和推进，目前已经拥有“两微”（浦东时报微博、浦东时报微信账号）“一矩阵”（浦东政务微信矩阵）。经过近两年时间的融合发展，形成了一定的内容生产流程和市场运营模式，为下一步的拓展奠定了基础。

一是微信微博侧重内容的制作，形成主流媒体的“浦东声音”。立足浦东，围绕重点，聚焦报道浦东的改革试点和二次创业。关注民生，回应关切，把新闻触角伸向基层，为民声留出空间。表现形式多样，吸引粉丝关注和参与，如利用 H5、易启秀等新媒体软件，多角度、多形式地表现新闻内容。

二是集聚政务微信，在开展服务的同时形成浦东微信矩阵。依托自身平台资源，为相关单位提供新媒体服务。特别是对重点开发区、管委会、街镇，提供舆情监测、政务微信服务，并形成浦东政务微信矩阵，为后续的市场拓展、打造浦东新媒体联盟打下了基础。

三是利用新媒体平台，开展线下活动，形成社会关注。与新区相关单位共同举办各类公益活动，如与慈善基金会开展“集善地”慈善义卖活动，与浦东新闻办、浦东团委等单位开展“清朗网络”公益慢跑，与“陆家嘴金融城”举办“白领青年看浦东”摄影比赛等，形成了一定的资源和社会关注度。

一、微博

名称　浦东时报（新浪微博）

版本　5.1.3

推出时间　2013 年 10 月

定位　浦东地区具权威性的新闻宣传主阵地，浦东开发开放、综合配套改革的舆论前沿。

粉丝量　25763（截至 2014 年底）

二、微信公众号

浦东时报（PUDONGTIMES）

推出时间　2013 年 6 月

定位　浦东信息的第一发布者、浦东故事的第一讲述人、浦东价值的第一诠释者、浦东观点的第一集散地。

订阅数　9376（截至 2014 年底）

三、委托浦东时报新媒体部管理的微信账号

1、浦东文明（公众号：pdwmb315）

推出时间　2014 年 6 月 28 日

定位　展示浦东文明创建风采，分享浦东城市文明成果，感悟真善美，传递新风尚。

粉丝数　5489（截至 2014 年底）

2、陆家嘴金融城（公众号：lujiazuijrc）

推出时间　2014 年 3 月 2 日

定位　了解权威政策动向，掌握最新发展信息，实时发现多彩生活，快速搭准发展脉搏。

粉丝数　23025（截至 2014 年底）

3、浦东妇联（公众号：pdfl365）

推出时间　2014 年 12 月 24 日

定位　代表和维护妇女利益，促进男女平等和儿童优先，发展妇女儿童事业。

粉丝数　541（截至 2014 年底）

4、浦东东方有线（公众号：pdocn_pdocn）

推出时间　2014 年 7 月 27 日

定位　发布公司动向，介绍最新套餐资费以及优惠信息。

粉丝数　919（截至 2014 年底）

第十五章 新闻记者

截至2014年底，《新闻记者》杂志的新媒体主要有网站“新闻记者”，微博“上海新闻记者杂志”和微信公众号“新闻记者”。

概　况

2014年7月1日，新闻记者杂志开通微信公共账号。至此，新闻记者杂志+网站+微博+微信的多媒体传播平台基本搭建完成。

新闻记者网站主要内容为纸质杂志内容的选登，提供便于读者阅读的电子版；新浪微博的开通旨在方便与读者的沟通，为用户提供新闻学界与业界的全面资讯；微信内容一部分为杂志论文改编，以适应社交媒体的传播特性，一部分为契合用户需求的专题约稿，以扩大杂志社会影响力。与此同时，微信还开通了杂志订阅功能。

一、网站

名称　新闻记者

域名（链接）　http://journalist.news365.com.cn/

创建日期　2012 年 1 月 1 日

公司（单位）性质　国有事业单位

内容定位　杂志精华的电子版及编读往来。

内容板块　探索经纬、媒介批评、新媒体·新课题、海外新闻界、新闻与法律、新闻调查档案、新媒体前沿、新媒体沙龙、新闻界人物、采编

谈艺、视听界面、报海钩沉、学术综述

新闻记者网站为上海报业集团 NEWS365 网站（www.news365.com.cn）下的二级域名，技术支持及维护均由集团信息中心负责，新闻记者杂志社负责内容制作及上传。

二、微博

名称　上海新闻记者杂志（新浪微博）

版本　5.1.3

推出时间　2011 年 9 月 1 日

定位　新闻业界与学界动态资讯的全面提供者。

粉丝量，转发量＋跟帖量　截至 2014 年底，粉丝量 12917，其中，全年新增粉丝数为 4087；全年微博转发量 6863、跟帖量 3577。

三、微信公众号

新闻记者

推出时间　2014 年 7 月 1 日

定位　开阔新闻学人学术视野，传递学术新知，提高新闻从业者的职业素养，为传媒业转型发展提供思想资源。

订阅数　10348（截至 2014 年底）

<<<<< 案例

2014年9月新学期伊始，策划了“学术冰桶”活动。借鉴网络上流行的“冰桶挑战”，邀请海内外知名学者以学术接力的方式，结合自身经历为新闻专业学生讲“应该如何度过大学时光”。中国人民大学新闻学院、北京大学新闻学院、清华大学新闻学院、复旦大学新闻学院，乃至美国、香港，都有知名学者参与讨论，阅读总量近10万次，新闻记者微信公号的关注人数也迅速攀升。

东方网

东方网成立于2000年5月28日，2012年3月完成转企改制，是上海市市管国有控股企业，注册资本8.57亿元。东方网基本定位是地方重点新闻网站，上海市主流媒体之一，同时也是一家大型综合性网络文化公司。东方网拥有120余个频道，中、英、日三个语种版本，每日更新图文和视频信息近2万条，业务涵盖新闻发布、舆论交互、数字政务、电子商务、市场广告、技术运营等多领域，并通过互联网、报纸、手机、移动电视、互动电视、楼宇电视、电子站牌等传播载体，实现影响力的立体覆盖，具备大型网站所有互动功能、多媒体新闻传送能力和直播能力。东方网是上海最具影响力、权威性和公信度的网络媒体之一。

概 况

截至2014年底，东方网alexa全球排名393位，中文网站排名57位，均位居地方新闻网站第一位。全年主营业务收入5.31亿元，利润总额2553万元，实现年度计划目标。2014年，东方网连续第2年入围中国互联网企业100强，排名92位，全国新闻网站中仅人民网、新华网、央视国际和东方网4家入选。

2014年，东方网已经走过14年，先后打造了“上海政务”频道、东方直通车网上投诉平台、嘉宾聊天室、“上海区县视频新闻联播”网络平台、《网络参考》舆情产品、《论道陆家嘴》系列直播报道和丛书等一批品牌栏目、品牌产品，积极展现上海的发展和成就。

2014年，对于已经经营了14年的东方网而言，与传统媒体一样都肩负加快向新媒体融合的转型任务。具体而言，东方网的新媒体融合有两层含义：一是传统的PC端传播媒介，必须同移动端等新兴媒介相融合；二是互联网新闻服务，必须和各种民生服务应用相融合。

基于以上两点认识，东方网的新媒体战略始终坚持应用优先、服务优先和效率优先。在做好东方网新闻的移动端出口“东方新闻”（随身听）客户端之外，进一步深耕本地，打造一批基于移动互联网的民生服务、功能类App应用，并通过不同应用、不同人群的阅读需求，有针对性地在这些民生服务、功能类App应用上加载新闻内容，从而实现东方网权威资讯的有效传播。

2014 年，东方网重点推进四大新媒体项目均取得了阶段性成果。

强化“东方新闻”（随身听）建设

在东方网新媒体战略中，“东方新闻”（随身听）客户端被定位于东方网新闻最主要的移动端出口。经过几轮调研论证，“东方新闻”（随身听）客户端的产品定位不断明确，产品形态不断升级优化，用户规模得到有效提升。2014 年以来，“东方新闻”（随身听）APP 通过快速迭代的方式发布了 2.0 和 2.1 两个重要更新版本，初步实现了多语种语音播报、语音留言、语音社区等功能，截至 12 月 31 日，“东方新闻”（随身听）装机量 15 万。

“东方新闻”（随身听），首先是一个图、文、音、视频兼具的富媒体新闻资讯平台。“东方新闻”（随身听）秉承互联网精髓，以 24 小时持续更新的频率，每天 400 余条的更新量，实现第一时间对重要资讯的传播，方便用户便捷地通过移动终端了解最新资讯。在提供传统的新闻阅读的基础上，突出强化了音频功能，为用户了解信息提供新的功能服务选择。在 2014 年的历次重大、突发报道中，“东方新闻”（随身听）的滚动直播报道与 PC 端有效联动，取得了良好的传播实效。

2014 年 3 月 8 日马航 MH370 航班失联。东方网 pc 端与客户端“东方新闻”（随身听）在新华社快讯 15 分钟后同步推出了滚动播报专题。正在北京报道全国两会的记者，即赶赴丽都酒店现场采访有关马航新闻发布会，及时发回大量图文。此专题第一周 PC 端和客户端合计 PV 就突破 84 万，第一个月累计 PV 达 179 万。7 月 29 日晚 18 时，新华社发布《中共中央决定对周永康严重违纪问题立案审查》消息。“东方新闻”（随身听）与网站专题联动，推出滚动播报，对周永康事件进行全方位梳理。当晚仅6个小时滚动播报PV就达到了3.3万。

在坚持定位的前提下，“东方新闻”（随身听）内容将在以下方面进行进一步调整：依托东方网PC端原有的上海采编资源，强化本地新闻门户的特色；依托东方网原有的政务频道、东方直通车、我有话问市长/区县长等民生栏目，强化服务和问政。目前，以本地化为根本，以社区为特色，视觉更加优化体验更加流畅的3.0版正在紧锣密鼓地推进中。

强化官方微信、微博帐号建设

东方网高度重视与社会化媒介的合作，通过微信矩阵、官方微博帐号建设、信源销售与合作等，进一步提升新媒体时代东方网内容对主流传播平台的传播覆盖。

在微信矩阵建设方面，编制完成了《东方网微信矩阵布局规划》，并配套制订了《东方网微信矩阵实施及管理办法》。以东方网微信公众号为龙头，上海、街镇、评论、军事、财经等20个子账号为基础的微信矩阵布局初步完成。其中，“东方网”微信公号于2013年6月7日注册完成，2014年3月1日组建专职维护队伍后正式启用。截至2014年12月31日，“东方网”微信公众号关注用户4.3万，初步实现了官方微信帐号发展的阶段性目标。

在微博官方帐号的建设方面，东方网坚持24小时不间断更新，覆盖新浪、腾讯、东方网微博三个平台，每个平台每天更新数约 40 余条。据统计，至 2014 年底，东方网新浪官方微博粉丝数从 2014 年初的 72 万增加到 166 万，腾讯微博粉丝数近 5 万，东方网微博粉丝数 1 万。

东方网不断加强与主流移动平台的合作，2014 年以来，已经与新浪、“今日头条”、zaker 等平台签订合作协议，使东方网的权威新闻内容和媒体品牌通过这些商业化运作的主流新媒体平台，面向移动互联网青年群体实现有效覆盖。截至 2014 年底，东方网在 zaker 的订阅量已达 20 余万。

强化智慧社区“申邻里”建设

东方网有数以千计、遍布上海各小区的社区信息苑和网吧，线下端资源丰富，同时开发集纳缴费、电商消费、物流自提、在线教育、在线医疗等各种服务为一体的线上产品，集成为独特的智慧社区服务。

2013 年 5 月 18 日，东方网新媒体公共智能服务终端推出。截至 2014 年 12 月，东方网新媒体智能终端在全市的铺设量达到 1029 台。

2014 年 11 月 18 日，智慧社区“申邻里”网站上线。网站一期以上海近 2 万个居民小区的数据库为基础，强调实名制邻里社交，包含记录、相册、活动、故事等多个版块。社区居民可通过申邻里网站（www.slinli.com）发现自己小区及附近的热门分享（用户的文字记录和照片、圈组论坛帖子等）、邻里活动，还可以查询到所在小区的信息。“申邻里”上的内容生产机制为 web2.0 模式，内容均为用户产生，平台运营人员会针对用户内容进行审核、挖掘和引导。

此外，东方网彩票频道于2013年底上线，这是一个专业化彩票在线投注和交易的平台，可以为用户提供全国福体彩主要玩法的在线投注业务。2014年实现总销售额1.2亿元人民币，日均访问用户量超100万。2014年2月，移动端业务上线，移动端已占总销量70%以上。东方网彩票平台在地方新闻网彩票业务中占据了领先地位。

强化跨媒体跨终端发布平台建设

为了支持媒体业务向新媒体平台的转型发展，并适应未来内容采编制作与“大数据”智能分析相结合的潮流趋势，东方网计划用1–2年时间，对现有内容发布平台进行整体升级，打造具有多源数据采集、多终端同步发布、智能大数据分析等特性的媒体业务基础平台即东方网“中央厨房”。

“中央厨房”拟用两年时间，实现以下五大核心功能：一是建立海量稿源的集中收集、存储中心，为内容采编提供数据支撑，包括内容采集、信息分析、数据处理等系统。二是内容大数据挖掘与深度分析。在对原始数据进行智能分析的基础上，经过编辑的二次加工，形成深度内容、专题报道、数据新闻等精品内容。三是通过用户行为数据收集分析后与稿件内容相结合来完成用户喜好分析、内容精确推送等功能。四是实现合作单位间数据分享、分派。五是面向多终端的一稿多发。通过自主研发，2014年底，东方网已经实现PC端、WAP和客户端所有新闻内容一键多发、同步维护。

一、网站

名称　东方网

域名（链接）　www.eastday.com

创建日期　2000 年 5 月 28 日

公司（单位）性质　国有企业

法人代表　何继良

资质　国家一类新闻资质网站

团队架构　东方网共 301 人

学历：硕士研究生 20 人　大学本科 231 人　大专 35 人

性别：男 154 人　女 147 人

年龄：30 岁以下 122 人　31–40 岁 140 人　41–50 岁 27 人　50 岁以上 12 人

职称：中级 23 人　副高级 6 人　高级 1 人

岗位：管理 38 人　内容 90 人　渠道 45 人　经营 60 人　技术 68 人

定位　地方重点新闻网站，上海市主流媒体之一，同时也是一家大型综合性网络文化公司。

业务板块　东方网业务分为五大板块：一是打造以内容产品化、信息服务标准化为主体的媒体业务；二是以政府合作为基础的数字政务；三是以文化和民生为特征的电子商务；四是基于本地、社区、位置，旨在解决智慧城市“最后一公里”服务的智慧社区 O2O 业务；五是围绕主营业务市

场拓展的投资业务。

传播力　截至2014年底，东方网alexa全球排名393位，中文网站排名57位，均位居地方新闻网站第一位。

技术升级　为了支持媒体业务向新媒体平台的转型发展，并适应未来内容采编制作与“大数据”智能分析相结合的潮流趋势，东方网对现有内容发布平台进行整体升级，打造具有多源数据采集、多终端同步发布、智能大数据分析等特性的媒体业务基础平台即东方网“中央厨房”，实现真正意义的媒体融合。

经营情况　2014年主营业务收入5.31亿元，利润总额2553万元。

二、移动客户端

名称 东方新闻（随身听）

推出时间 2014年1月

平台 iOS，Android，win8（东方新闻）

版本 2.1.2

内容 “东方新闻”（随身听）客户端是以移动设备为载体，通过无线网络或移动线路进行传输，将东方网新闻以文字、图片形式传播的同时，实现了音频播报，而占用的流量又远远小于视频。此举打破传统互联网新闻传播以视觉接受为主的模式，使用户在碎片化时段中，接受信息方式有了更多选择。

功能 音视频、转发、评论、点赞、分享等。

下载量 15万（截至2014年底）

技术支持 东方网技术中心

推广营销 客户端应用市场推广

技术升级 东方网新闻客户端“东方新闻”（随身听）定位为：24小时滚动更新、富媒体传播形式、以音频为特色、多语种播报的新闻客户端，以活动为亮点、语音文字兼具的交互社区。2014年4月份，整合了东方网另一款新闻客户端“东方新闻”的IOS版；5月28日，2.0版推出，使其初具了产品框架；8月中旬，2.1版推出，初步实现音频社区的搭建；11月中旬，2.1.2版推出，启用新版Logo和广告语，使其更符合东方网移动门户的基本功能。

三、微博

名称　东方网（新浪微博）

版本　5.1.3

推出时间　2011年1月12日

定位　上海第一资讯门户

粉丝量　1662218（截至2014年底）

四、微信公众号

1、东方网（东方网主媒体公众号：eastday021）

推出时间　2014年3月1日

定位　立足本地，做有温度的上海新闻。重点关注上海政经、文化、民生类新闻。及时跟进本地热点、突发事件。致力于提供有角度、有深度、有鲜度、有热度的上海本地资讯及人气活动。主要用户为在上海和关注上海的网民群体，粉丝以白领、公务员、学生居多。

订阅数　43094（截至2014年底）

2、东方网军事（东方网军事频道公众号：dfjs021）

推出时间　2014年8月1日

定位　东方军事报道全球最新军情动态，展现我军实力风采，回应网友重点关切的问题。

订阅数　1957（截至2014年底）

3、东方评论（东方网评论部公众号：dfw_pl）

推出时间　2014 年 8 月 5 日

定位　努力打造一个积聚新锐评论、形成观点交锋、开展征文交流、提供建设性意见的微信互动平台。

订阅数　1808（截至 2014 年底）

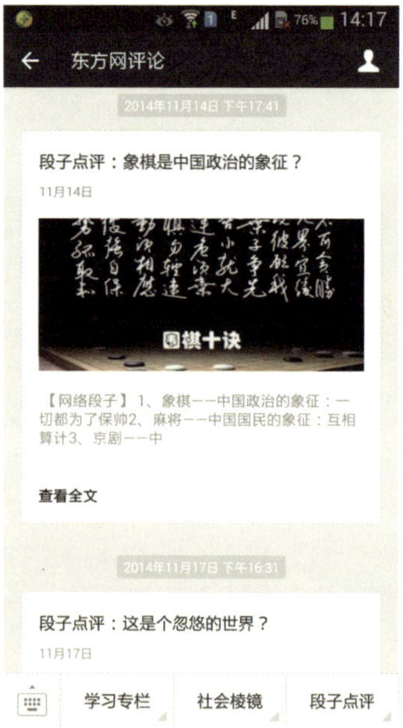

4、约戏（东方网娱乐频道服务号：love_yuexi）

推出时间 2014年8月28日

定位 以上海演艺资讯、演出实用信息为主。“约戏”公众号目前已和上海大剧院、上海文化广场、上海东方艺术中心、上海话剧艺术中心、上海戏曲艺术中心、上海交响乐团、上海音乐厅等众多演艺机构合作，定期发布上海重大文化活动，树立上海文化大都市形象。同时，“约戏”还特别开设互动版块，以各种实用信息、优惠信息、互动活动、广泛的群众文化信息为主，为市民网友提供便利服务。

订阅数　991（截至 2014 年底）

5、东方网日文版（东方网日文版公众号：jpeastday）

推出时间　2014 年 5 月

定位　面向日语用户，上海、中国的最新新闻以及上海的生活、经济、文化信息的发布以及日语学习等。

订阅数　1160（截至 2014 年底）

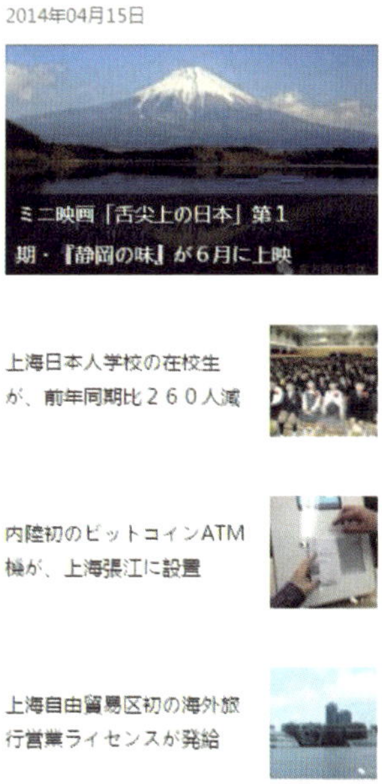
2014年04月15日
ミニ映画「舌尖上の日本」第1
期・『静岡の味』が6月に上映
上海日本人学校の在校生
が、前年同期比２６０人減
内陸初のビットコインATM
機が、上海張江に設置
上海自由貿易区初の海外旅
行営業ライセンスが発給

6、东方文创网（东方网文创公众号：shcci_cn）

推出时间　2014 年 1 月

定位　发布解读上海文化创意产业政策、传播上海文创产业资讯、发布上海文创园区信息、常态统计文产园区数据，对接交流文产园区、企业及文创项目等。

订阅数　2057（截至 2014 年底）

16:38
东方文创网

上海文化金融合作座谈会在上海展览中心召开

2014-11-24 东方文创网

今天上午，上海市文化金融合作座谈会在上海展览中心召开，会上正式发布了《上海市关于深入推进文化与金融合作的实施意见》。市委常委、宣传部长徐麟出席会议并讲话。

徐麟在座谈会上强调，文化金融合作已成为上海文化产业发展的重要助力，推动上海文化金融合作发展，要正确把握市场规律，始终坚持改革创新，统筹协调整体推进，全力抓好政策落实，要继续深化、细化《实施意见》，

7、上海东方汇文（文促网公众号：culturetrade）

推出时间　2014 年 5 月

定位　提供对外文化贸易相关权威政策导向服务、对外文化贸易动态信息服务、文化产品在线展示服务、对外文化贸易产业咨询和对接服务，以及相关导航集成和考察交流服务。

订阅数　2125（截至 2014 年底）

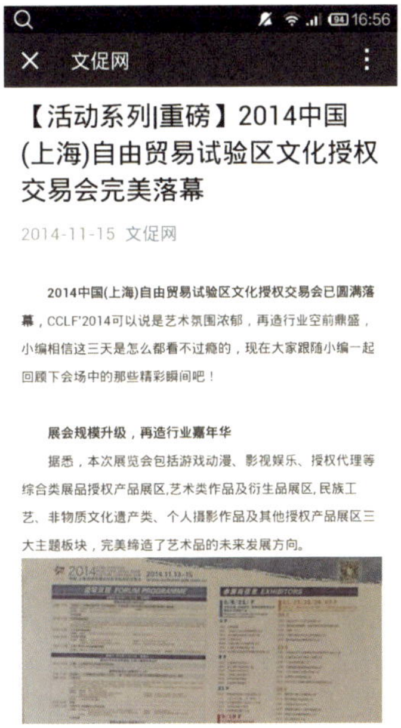

16:56
文促网
【活动系列|重磅】2014中国(上海)自由贸易试验区文化授权交易会完美落幕
2014-11-15 文促网
2014中国(上海)自由贸易试验区文化授权交易会已圆满落幕，CCLF'2014可以说是艺术氛围浓郁，再造行业空前鼎盛，小编相信这三天是怎么都看不过瘾的，现在大家跟随小编一起回顾下会场中的那些精彩瞬间吧！
展会规模升级，再造行业嘉年华
据悉，本次展览会包括游戏动漫、影视娱乐、授权代理等综合类展品授权产品展区,艺术类作品及衍生品展区, 民族工艺、非物质文化遗产类、个人摄影作品及其他授权产品展区三大主题板块，完美缔造了艺术品的未来发展方向。

8、东方藏品（东方网收藏公众号：eastcang2567）

推出时间　2013 年 11 月

定位　通过《东方藏品》杂志资讯发布，业内资讯发布，藏品微信拍卖等服务，为大众提供独到的观点和与众不同的艺术生活方式。

订阅数　1829（截至 2014 年底）

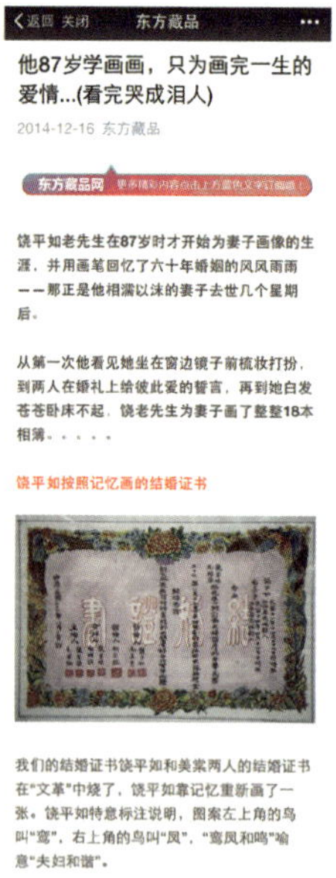
返回 关闭
东方藏品
他87岁学画画，只为画完一生的爱情...(看完哭成泪人)
2014-12-16 东方藏品
东方藏品网
饶平如老先生在87岁时才开始为妻子画像的生涯，并用画笔回忆了六十年婚姻的风风雨雨——那正是他相濡以沫的妻子去世几个星期后。
从第一次他看见她坐在窗边镜子前梳妆打扮，到两人在婚礼上给彼此爱的誓言，再到她白发苍苍卧床不起，饶老先生为妻子画了整整18本相簿。。。。。
饶平如按照记忆画的结婚证书
我们的结婚证书饶平如和美棠两人的结婚证书在“文革”中烧了，饶平如靠记忆重新画了一张。饶平如特意标注说明，图案左上角的鸟叫“鸾”，右上角的鸟叫“凤”，“鸾凤和鸣”喻意“夫妇和谐”。

9、东方艺展网（东方网展讯公众号：dongfangyizhanwang）

推出时间 2014年2月

定位 为艺术爱好者提供最新的展讯动态、策展人访谈、艺术家专访、观展评价等信息。

订阅数 4734（截至2014年底）

●●●●● 中国电信 3G 15:34 31%
Back
东方艺展网
假若他日相逢，我将何以贺你
2014-05-27 东方艺展网
2010年，Abramović 在美国纽约的MOMA 博物馆静坐了716 小時肖然不动，接受了1500多个陌生人与之对视。众多名人慕名而来，其中包括Sharon Stone(10分钟)，Alan Rickman(9分钟)，Lady Gaga(?),Björk(4分钟)等。有些人甚至一接触到她的目光不过十几秒，便宣告崩溃，大哭起来。

10、朝画夕识（东方网朝鲜艺术公众号：chxs2567）

推出时间　2014 年 1 月

定位　朝鲜艺术的品牌化推广。

订阅数　1235（截至 2014 年底）

五、民生服务、功能类新媒体应用

1、智橙——东方网多媒体智能服务终端

推出时间 2013 年 5 月 18 日

软件版本 1.0.0.43

功能 1. 手机充值 2. 生活缴费 3. 游戏充值 4. 彩票 5. 信用卡还款 6. 余额查询 7. 交通卡充值 8. 飞机票 9. 助医挂号 10. 优惠券打印。信息发布：1. 东方新闻（随身听）2. 东方网娱乐 3. 东方网体育 4. 便民信息 5. 理财宝典 6. 健康诊所 7. 东东腔 8. 饭泡粥 9. 地图查询 10. 新闻坊。

使用量 每月至少 3000 笔成功交易，应用屏点击量每月在 1 万次以上，信发屏点击量每月在 5000 次以上，人流量每月在 10 万人以上。

推广营销 根据营销推广方式来分有网络营销推广，付费推广、平面推广、隐性推广、人脉推广、品牌推广、口碑推广等；根据营销推广内容

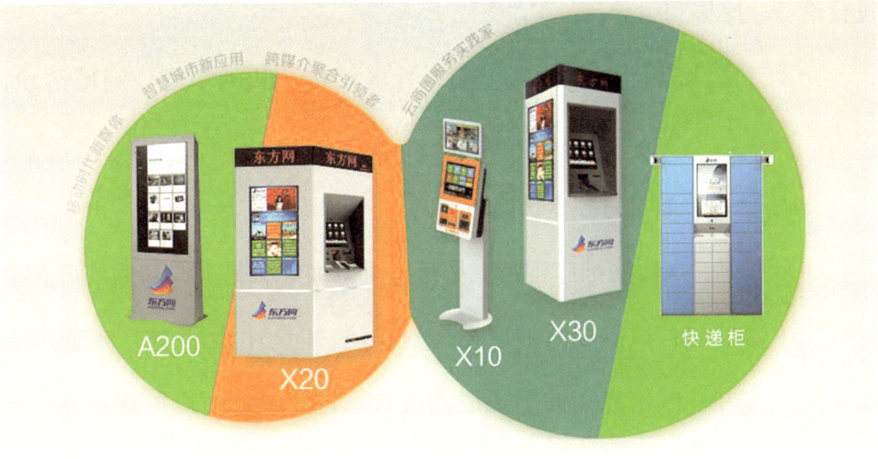

分，有广告营销推广，非广告营销推广等方式；根据营销推广时间跨度分为：区域推广、时效性推广、持久推广及综合推广等方式。

技术支持　东方网子公司

技术升级　1. 每季度定期升级版面和程序优化；2. 更新后台数据；3. 完善后台监控；4. 优化前台界面。

2、申邻里客户端

推出时间　2014 年 11 月（PC）　2015 年 3 月（移动端）

平台　PC、iOS、Android、微信服务号（shanghaizhihuishequ）

版本　PC(V20150617)/IOS(V1.2)/Android(V1.0.10)/WX(V1.2)

内容　社区居民可通过申邻里网站（www.slinli.com）和申邻里手机APP 发现自己小区及附近的热门分享（用户的文字记录和照片、圈组论坛帖子等）、邻里活动，还可以查询到所在小区的信息。申邻里上的内容生产机制为 web2.0 模式，内容均为用户产生，平台运营人员会针对用户内容进行审核、挖掘和引导。

功能　五大功能版块：邻里圈、社区画像、我的小区、同城活动、圈组。

下载量　PC 端每月独立访客量：3955

推广营销　主要的推广营销工作是四个方面：一是上线初期的试点小区推广（通过与各试点小区的居委会的拜访，向小区居民推广申邻里）；二是通过东方社区信息苑向周边居民进行宣传推广（用户招募和内容宣

注册新账号
申邻里
你的社区生活圈
登录
登录
自动登录
忘记密码？
关联账号登录：
遇见
发现
古美八村
生活
小区信息
物业、居委通知，市政工程公告等，这里全都有！
隐私安全
实名认证制度为您提供一个安全的生活圈社交场所
活动资讯
健身？桌游？公益？发现身边的精彩
邻里互动
远亲不如近邻，相见不如相识
东方网
中国移动
PICC
中国人民保险
中国农业银行

传）；三是与合作商家进行联合推广（结合智慧屋等线下活动进行线上活动推广）；四是由申邻里平台直接组织活动吸引用户注册报名（社区摄影项目）。

技术支持　东方网技术

技术升级

1）采用了七牛云存储机制、邮件发送、手机短信等第三方工具类接口；

2）基于精益敏捷开发模式的禅道管理工具；

3）采用 mongoDB、memcache 等分布式存储工具；

4）通过自动化代码构建系统，实现发布的每日构建；

5）通过数据统一管道和异步多线程来处理大数据的吞吐和监控。

3、彩票客户端

名称　东方彩票

推出时间　2014 年 1 月

平台　iOS、Android

版本　v3.2.6

内容

1）支持彩种个性化定制，用户可以选择喜欢的彩种置顶；

2）即时比分，过关统计；

3）支持彩票合买；

4）自动跟单，与出票公司系统对接；

5）支持支付宝 IOS 客户端在线充值。

功能 彩票数据查询

下载量 20 万（截至 2014 年底）

技术支持 东方网技术

技术升级 一年 30 个左右的版本升级

经营情况 2014 整年度彩票销售额在 1 亿左右，已由于政策原因停售。

<<<<< 东方网媒体创新与融合案例

2014年，东方网深入学习贯彻习近平总书记系列重要讲话精神，按照市委、市委宣传部确定的进一步壮大主流网络媒体和去行政化改革的工作要求，遵循新闻传播规律和新兴媒体发展规律，大胆试、大胆闯，加快推进传统互联网和移动互联网融合发展，有效提升新闻宣传的传播力、公信力和影响力。

一、坚持移动优先原则，创新传播模式，实现内容融合

1、重大新闻、突发新闻率先在移动互联网上发布。

东方网在一系列重大主题宣传中进行了大量图说报道、图解新闻、微视频（音频）新闻的尝试。使正面宣传更具有感染力，更符合受众的阅读习惯，更容易在移动端上传播。

——讲好自贸区故事。2014年9月，上海自贸试验区设立一周年，东方网通过专题、图说、网友摄影等形式进行了集纳报道。目前，随着上海自贸区经验被推广复制，媒体宣传再掀高潮。除了继续做好常规网络宣传之外，还举办“东东带你自贸区一日游”网友体验活动，发挥微信端用户参与度高的特点，召集、组织上海乃至全国关心自贸区建设的网友零距离体验自贸区，引导网友通过个人微信、微博发布他们所见所闻所感，进一步增强自贸区宣传的说

服力和感染力。

——2014上海市人代会开幕当天中午推出图解新闻《一张图读懂上海市政府工作报告》，这是东方网为了适应手机移动传播，在重大政务报道中首次运用图解方式进行报道。上海两会闭幕后，对会议内容加以梳理，编写成适合微博传播的短文"亮点"，有效提升上海两会传播力。其中一则微信——《【上海"两会"微盘点】报纸不登的韩正讲话》以鲜活的内容与网言网语的点评，成为当日微信平台上的转发热点，阅读人数超出东方网以往最热微信的4倍，创下东方微信新纪录。一些意见领袖如徐达内、张志安等转发该微信并予以肯定。

——中共上海十届市委六次全会报道过程中，东方网在新闻App相关专题尝试8秒微视频报道样式，移动端和PC端同步发布大量委员风采图集，网页专题采用"图解新闻"形式推出"习总书记寄语上海发展"、"韩正谈当前面临的'四个不适应'"、"上海学习回应习总书记期望"等选题，专题浏览量同比增长3倍。

——对上海援藏二十周年，东方网精心策划报道角度，选取援藏"领头羊"的故事为切入点，以"看图讲故事"的样式进行视觉表现。《上海援藏20周年——不得不知的那些援藏故事》图片故事推出后，在微信公共号、新闻App、PC端等多平台同步发布，引起广泛反响，累计传播近10万人次，微信朋友圈传播初步呈现

"长尾效应"。

——2014 年 9 月 1 日，东方网首页显著位置辟出全新栏目"直播上海"。这一直播类的新闻栏目，直击申城市民关注的各类新闻、资讯，力求"零时差"报道。在开出栏目当天上午，东方网的后台编辑与在一线采访记者的记者紧密配合，通过微信、QQ 等网络传播渠道，第一时间报道了申城中小学开学的现场图文报道，凸显了互联网媒体快速报道的优势。据了解，互联网媒体中，在网站首页开辟这样一个直播类的新闻栏目，东方网尚属首家。

2、坚持移动优先原则，在采编队伍中树立"移动互联网思维"。

——独家策划推出《图说习近平互联网观》报道。2014 年 10 月 11 日到 10 月 20 日，东方网经过系统梳理和精心提炼，运用可视化方式和全媒体手段，将习总书记 2012 年以来就互联网发表的一系列重要论述归纳成十个方面，分别进行分析和阐述，最终推出了代表东方网观点立场的系列评论，并配合系列评论在 PC 端的发布，相继推出了更适合新媒体表达的《图说习近平互联网观》专题。该专题被国信办要求全网转发，新华网、人民网等中央新闻网站，新浪、腾讯、搜狐等主要商业门户网站，以及浙江在线、红网、大洋网等几乎所有地方重点新闻网站广泛转载。

——东方网推出的《韩正书记的区县调研地图》、《上海书展的

"青春纪念册"》、《习大大重要讲话十大高频词》,《上海干部任免路线图》、《上海半年人事变动》、《[一年间] 上海自贸区大事记》等图解新闻,在 PC 端和移动端均取得不俗的传播效果,被多家网站全文转载。

——着眼基层,着眼民生,将群众路线教育实践活动宣传报道做出实效。2014 年 5 月起,东方网在各区县宣传部大力支持下,策划推出了大型系列报道集《一枝一叶总关情——申城百名街镇书记群众路线教育实践活动系列访谈报道》,集中展示各街镇基层党组织在第二批群众路线教育实践活动中的阶段性成果,积极回应群众关切。截至目前,已有上海 11 个区县 90 位街道乡镇的基层领导走进东方网演播室,与网民进行交流。同时,结合"中国梦·申城美"报道,东方网以每周一期的频率推出"感受基层先进典型的暖心故事"系列专题,以生动的故事、感人的细节,突出展现上海贯彻群众路线教育实践活动过程中的亮点。该组系列报道宣传展示了来自各行各业的先进人物,包括教师、居委会干部、企业负责人等。东方网还把这些独立的典型人物专题,以电子书的形式进行二度包装,并在新媒体等移动终端同步进行推送,以取得更好的传播效果。

二、坚持一体化发展观念，重组内部机构，实现流程再造

1、坚持一体化发展观念，建立移动互联网产品矩阵。

东方网着力于移动互联网布局，调动全网力量加快“两微一端”发展。首先是重点做好东方网新闻客户端，并不断调整升级，使之成为推进东方网传统互联网业务与移动互联网业务融合发展的重要新闻服务产品。通过新闻客户端初步聚合了东方网全媒体即时新闻采编播力量。

其次，重点做好东方网公众服务号微信矩阵的建设，使之成为拓展东方网新闻内容的重要阵地。充分利用微博、微信等社会广泛认同的社会化社交平台，积极推送东方网的新闻内容，形成了以东方网官方公共账号为龙头，上海、街镇、评论、军事、财经等 17 个子账号为基础的矩阵布局。

第三，在突出重点业务的同时，对非核心业务实施“战略性放弃”。一些竞争优势明显不足的传统互联网产品，如邮箱、手机报、社区论坛等逐步关停。腾出的资源转移到移动互联网方向。

2、坚持一体化发展观念，细化移动互联网的考核体系。

2014 年以来，东方网对“两微一端”等移动互联网产品进行更加精细化的考核，进一步明确各类产品的发展目标。如要求新闻客户端必须连续三个月进入上海同类新闻产品的前三位。

移动互联网产品的考核指标被列入部门的岗位责任书，并细化到每个编辑记者的绩效考核表中，考核权重达到35%。这就倒逼全网上下进一步聚焦核心业务，进一步发力移动互联网。

3、坚持一体化发展观念，不断推进流程再造。

实现内容生产融合。东方网的采编业务不再按照频道划分部门，而是根据内容生产流程建立协调机制，统筹网站传统互联网、移动互联网和原创报道业务。在这个基础上，通过发布系统改造，实现传统互联网和移动互联网的采编业务融合。目前，新闻客户端常规新闻类栏目的一稿多发功能已经上线，这些栏目已经由传统的网络编辑同步维护，这就为编辑全员参与移动互联网生产创造了条件。

探索内容技术融合。传统互联网与移动互联网融合的过程，就是运用新技术新手段提升传播力的过程，这就要求内容部门与技术部门融合发展。东方网将建立“数据可视化实验室”列为2014年重点工作项目，以此为抓手使内容与技术两个部门不再人为的割裂，而是统一于移动互联网生产的同一目标。

推进新闻与服务融合。移动互联网时代，人们不再单纯出于新闻阅读的需求去使用媒介，更多出于生活方式的考虑来使用媒介。东方网将在已有或者正在开发的移动产品中加载新闻内容，实现移动互联网内容的广泛渗透。

三、坚持聚焦重点，攻坚破难，加大移动互联网投入

1、坚持聚焦重点，投入向移动互联网倾斜，强化移动采编能力建设。

2014年年中，东方网调整年度预算，新增2400万资金用于提升东方网内容部门建设。重点投入方向包括引进新闻人才、增加一线岗位、加快移动互联网项目建设和业务转型等方面。

2014年，东方网对新闻客户端项目实行预算单列，仅在技术开发、宣传推广方面至少投入1127万人民币。2014年新闻客户端将完成沪语电子拟音、稿库改造、用户行为收集与分析、精准化推送等核心技术开发14项。目前，东方网正以新闻客户端产品更名为契机，投入百万资金进行宣传推广。

2、坚持聚焦重点，技术研发向移动互联网倾斜，加快内容“中央厨房”建设。

传统互联网、第三方社交媒体平台、移动端自有产品、新媒体智能终端、城市导报……东方网的这些平台必须实现信息的统一采集、分类处置、数据支撑和多载体分发，在这个基础上实现这些平台的深度融合，形成以移动发布为特色的全媒体传播体系。

为了加快传统互联网和移动互联网的融合发展，并适应未来内

容采编制作与“大数据”智能分析相结合的潮流趋势，东方网计划用1–2年时间，对现有内容发布平台进行整体升级，打造具有多源数据采集、多终端同步发布、智能大数据分析等特性的媒体业务基础平台即东方网“中央厨房”。

3、坚持聚焦重点，内容管理与移动互联网业务拓展同步推进，确保导向正确流程可控。

2014年以来，为了配合新闻宣传业务向移动互联网的快速拓展，东方网修订编制了第二版《新闻宣传管理手册》，确保新闻管理制度建设与移动互联网业务发展同步。新版《管理手册》进一步完善东方网原创新闻的三审机制，重新梳理包括微博、微信、新闻客户端等在内所有内容产品的编辑规范和管理流程，用制度规范采编行为，切实做到责任到人、责权明晰。

<<<<< 东方网新媒体产品技术情况

一、东方网

东方网拥有一支 90 人编制的技术团队，主要从事大型综合性互联网站技术支持、本地政务网站 IDC 安全托管运维、互联网内容服务专业软件产品研发及其他相关增值服务。

1、IDC 平台建设

东方网有电信级 IDC 机房四处，包括：上海斜土路独立机房、上海文新大厦独立机房、上海南汇接入机房、江西九江灾备机房，总面积超过 1000 平方米。有在线服务器总数近千台，用来满足东方网网站日常运营、数据备份以及各类 IDC 托管单位需要。

2、云服务平台

根据虚拟化数据中心的理念，建立了云服务平台。它依托东方网 IDC 平台中丰富的资源支持，在互联网海量信息环境下，为保证各类应用数据的及时性和有效性，提供一个强大的云计算和云存储支持平台，从而能以较低成本满足本地区各政企单位电子政务、电子商务、内容分析等业务的需要。

3、信息安全服务体系

东方网技术平台上已承载了中国上海门户网站、上海人大、上海政协、市宣传系统、市政法系统、市统战系统等重要网站集群。为保障这些重大信息工程安全和互联网媒体上良好的舆论导向，多年来致力于内容信息安全研究和应用，主要成果有：

·根据国家发改委批示，与上海交通大学共同建立“信息内容安全管理国家工程实验室——互联网应用研究推进中心”。

·承接国家863计划《舆情分析与预警关键技术及应用系统示范》项目，完成《网络舆情分级评估指标体系规范》的研究和编写工作。

·承担国家信息安全应用示范工程–S219一/二期，项目成果《信息安全应用示范关键技术研究》获国家科技进步二等奖，《网络媒体监管信息系统》获上海市科技进步一等奖。

·平台通过了ISO9001、ISO27001、上海信息安全测评中心认证等多项测评。拥有通管局IDC数据中心运营资质。

4、软件产品研发

目前已研发了系列互联网内容服务平台和应用集成软件，其中已登记著作权的主要软件产品包括：东方网新媒体内容管理系统、东方网社区管理系统、东方网互联网信息智能分析软件、电子政务共享云服务系统、东方网企业信息管理软件等。

二、东方新闻（随身听）

1、研发过程

（1）技术特点：以文字、图片稿件为主，辅以大量新媒体的表现形式。在技术上使用了机器拟音播报有普通话、英语等。

（2）研发团队：在客户端早期开发中主要依靠外包人员来进行，2.0 以及 3.0 的第一版采用外包与自有团队相结合的方式进行。

（3）研发过程：1.0 版本的开发，从 2013 年 9 月至 2013 年 12 月，该版本只有最基本的稿件浏览及特色功能普通话播报和闹钟唤醒。

2.0 版本的开发，从 2014 年 5 月至 2014 年 9 月，该版本主要加入了文字、音频的评论，增加与用户的互动，同时在布局、性能、体验度上都有所提高。

3.0 第一个版本的开发，从 2014 年 10 月至年底。该版本在原有的基础上修改了栏目的布局，整体客户端做了进一步的美化，加入了更多特色栏目以弱化稿件的听功能。评论方面开放了用户文字、图片、音频等投稿。

（4）自有技术情况：目前除音频使用的是第三方公司合成外（普通话和英语）其余功能均为东方网自己的开发团队进行研发。主要技术有稿件录入后台（网达系统）、多格式视频录播直播、电台直播。

（5）开发工具运用：iOS 使用 object-c 语言，主要使用苹果笔记本安装 xcode7.0 集成开发工具进行开发，支持最低 ios6.0 系统安装使用。

安卓使用 java 语言，开发工具主要为 eclipse，支持最低安卓 2.3.6 系统的安装使用。为了保证上线版本的稳定和用户的体验，与第三方测试公司合作进行上线前的全面测试。

2、平台维护

（1）后台：客户端的运行需要后台不同系统的相互支撑来形成。例如稿件录入系统，新闻推送系统，音频转换系统，评论系统，用户管理系统，用户文件上传管理系统，用户行为收集系统等一系列系统模块组合而成，其中又以稿件录入系统（网达）为核心，分别部署在不同的虚拟机之上。

（2）管理：后台管理为 24 小时人员值班，发现问题及时提交，由值班人员当场解决。对于重要的数据，例如用户信息等在本机每日备份，定期将备份数据移至指定的服务器存储。

移动端的开发管理主要分为两块，一是应对业务部门的新需求，另一是修改自身存在的 bug。前者的管理主要依靠与业务部门的功能修改表进行维护，给出需求的解决意见，人员，修改时间等。后者主要是依靠 bug 管理平台，由测试人员提交问题，开发人员进行修改。

对于版本的更新一般为每月一次，特殊情况下会 2 周更新一次。每次更新前记录版本的更新内容。

三、智橙多媒体智能服务终端

1、硬件研发

（1）技术特点：新媒体终端的是通过计算机系统整个多种常用数据交互设备，可在各种网络环境进行数据收发、处理，通过网络可进行远程终端管理、终端控制，最终实现信息发布；便民服务；广告推广；数据采集等功能的智能多媒体终端。

（2）研发过程：传媒公司进行设备选型，与厂方进行工业化外观设计确认，最终委托生产。

（3）产品版本迭代：拥有便民自助服务终端四款，主要是根据需求点位实际空间大小进行选择合适的终端。商场广告终端 A200，主要针对商业广场环境下的三维导航及广告宣传管理。

2、软件研发

（1）技术特点：软件系统采用分布式网络化系统，逻辑上分为 3 层结构，信息内容管理，内容发布，终端显示。

系统开发采用模块方式，根据整个系统规划区分数据基础，传输同步，界面管理，对外接口等具体功能开发，根据实际点位需求下发显示使用。

（2）具有自有的研发和技术开发团队。

（3）研发过程：系统核心框架已完成，根据客户需求开发新功能，同时完善原有业务流程。

（4）产品版本迭代：信息发布平台，针对信息发布屏相关内容进行开发管理；便民服务平台，针对支付缴费等相关功能进行开发管理。

（5）开发工具运用：采用 .net C# 作为便民服务平台开发核心工具和采用 java 开发平台作为信息发布平台核心开发工具。

4、申邻里 PC 端

申邻里网站（www.slinli.com）2014 年 11 月上线，社区居民可通过该网站发现自己小区及附近的热门分享（用户的文字记录和照片、圈组论坛帖子等）、邻里活动，还可以查询到所在小区的信息。申邻里上的内容生产机制为 web 2.0 模式，内容均为用户产生，平台运营人员会针对用户内容进行审核、挖掘和引导。

（1）技术特点：

1. 采用了七牛云存储机制、邮件发送、手机短信等第三方工具类接口；

2. 基于精益敏捷开发模式的禅道管理工具；

3. 采用 mongoDB、memcache 等分布式存储工具；

4. 通过自动化代码构建系统，实现发布的每日构建；

5. 通过数据统一管道和异步多线程来处理大数据的吞吐和监控；

（2）研发团队：具备自有研发团队，分为产品设计、美术、前端开发、服务器端开发、系统架构、DBA、运维支持、Android 开发、IOS 开发、运维等角色分工。

（3）技术体系：包括项目管理工具（流程 /BUG/ 产品 / 研发等）、后台管理、数据监控、系统监控 、流程监控、云存储、集中配置管理、消息队列、持续集成发布，版本管理、邮件发送、短信管理等系统支持。

（4）产品版本：PC(V20150617)

<<<<< 东方网获奖和论文情况

1、获奖情况

《制度创新——中国（上海）自由贸易试验区特别专题》获第24届中国新闻奖一等奖

《制度创新——中国（上海）自由贸易试验区特别专题》获第23届上海新闻奖一等奖

《提升专业素养 汇聚主流力量——2013中国新闻网站群英会》获第23届上海新闻奖三等奖

《疯狂的微信致富培训班》获“走转改”优秀作品三等奖

《虹口倒楼引出谜团：谁在出租动迁后的空置房？》获上海市“走转改”优秀作品二等奖

《上海代表团全体会议审议人大常委会报告图文直播（专题）》荣获第24届上海人大新闻奖一等奖

《新一届上海市委班子与中外记者见面会图文直播》荣获上海市第12届“银鸽奖”新闻发布与危机应对类（新闻发布）二等奖

东方网获“第17届上海国际电影节”、“第20届上海电视节”新闻宣传优秀组织奖。作品《韩国编剧擅跑“马拉松”真人秀节目或称霸荧屏》获优秀作品二等奖，专题获优秀作品三等奖东方网媒体业务管理中心荣获2012–2013年度全民健身好新闻“主题报道奖”

作品《老薛与“粽子球”不得不说的故事》获2012–2013年度全民健身好新闻文字作品“提名奖”

作品《全家齐出动赛场展风采》获2012–2013年度全民健身好新闻图片作品“提名奖”

作品《Chinajoy公众开放首日 观众情绪高涨不畏炎热》荣获2014ChinaJoy好新闻三等奖

“城市记忆@上海”2013网络文化节获首届市民文化节优秀项目奖

2014上海书展暨“书香中国”上海周宣传报道策划编辑奖

2014上海书展暨“书香中国”上海周优秀合作奖

作品《“论·书”系列》获2014上海书展暨“书香中国”上海周好新闻一等奖

2、论文

题目：社交媒体管理中的制播分离——以新浪微博为例

刊发平台：新闻传播

刊发日期：2014年12月

作者：张桑

作品摘要

毫无疑问，新浪微博已经成为当下我国最主要的网络舆论策源地。从2011年起，政府对新浪微博的管理出现新的变化。论文通过文本分析和田野观察等研究方法，以社交场域的政府媒介管理为研究对象，以政府与媒介关系为研究视角，试图从政务微博的崛起、媒体及媒体人微博的规范、公权力依法对微博用户的网络行为进行干预和管理等一系列管理措施，分析得出结论：政府部门依据资本性质对社交场域的媒介管理展现出“制播分离”的管理新思路。

从某种角度而言，微博等社交新媒体出现给中国社会带来的绝不仅仅是新形式的传播，更意味着新的关系，以及新的权力和影响力中心的形成。创新新媒体管理机制，改进国家对新媒体的管理，已被普遍视作考验中国共产党的执政能力，维系社会和谐发展的重要指标。本文触及的正是新媒体管理这一重要而敏感的领域，具有较强的现实意义。

我国将互联网纳入新闻事业范畴与传统媒体一并进行规范管理，始于1999年。十多年来，党和政府通过何种体制机制对新媒体新闻信息制作和传播进行有效管理？从政府与媒介关系角度审视，新媒体管理的创新和变化取得了怎样的政策效果？对于现行新媒体管理体制机制的梳理和审视，从党和政府层面，固然是提升新媒体管理能力、规范新媒体传播的工作基础；从新媒体行业层面，也是为各网络企业健康、规范开展新闻信息服务保留足够发展和竞争空间的现实努力。

东方网新媒体主要数据一览表

网站：东方网					
	页面点击量（PV）	单独访客数 (UV)	独立访问量 (IP)	网粘度	备注
2014 年度总量	749409.5885 万	200908.8211 万	171508.3123 万	5–8	
2014 年度月最高	68617.2824 万	1885.6743 万	15959.2901 万	5–8	
2014 年度日最高	3117.4323 万	711.2359 万	623.2569 万	5–8	
单篇最高（篇目，日期）	128.3790 万（色情网站草榴社区为何幸存：服务器在境外域名总在变，2014–04–17）				
数据来源	数据决策系统	数据决策系统	数据决策系统	数据决策系统	

移动客户端名称	总下载量	2014 年度总发帖数	2014 年度原创帖文总数	2014 年度评论、跟帖总数	2014 年度总点赞数	2014 年度总转发、分享数	单篇最高阅读数（篇目，日期）	单篇最高评论、跟帖数（篇目，日期）	单篇最高点赞数（篇目，日期）	单篇最高转发、分享数（篇目，日期）
新闻随身听	15.0166 万	7 万	800				8 万（马航滚动播报，2014–03–08）			
数据来源	苹果商店和安卓各市场									

续表

微信公众号	2014年度总阅读数	2014年度原创帖文总数	2014年度头条总阅读数	2014年度总篇数	2014年度总点赞数	2014年度总分享数	单篇最高阅读数（篇目，日期）	单篇最高点赞数（篇目，日期）	单篇最高转发、分享数（篇目，日期）
东方网（官微）	1457万	600	56.1万	1459	19.5万	19.5万	5.5万（上海轨交最新进展一览，2014-06-26）	189（上海轨交最新进展一览，2014-06-26）	5724（上海轨交最新进展一览，2014-06-26）
东方军事	29.2万	17	15.3万	472		2.3万	12.14万（虎父无犬子！解放军现役高级将领中的“红二代”，2014-12-19）	243（虎父无犬子！解放军现役高级将领中的“红二代”，2014-12-19）	1.6万（虎父无犬子！解放军现役高级将领中的“红二代”，2014-12-19）
东方评论	2.1万	27	2.07万	27	126	917	2644(110亿豆腐渣公路藏着多少腐败，2014-10-30)	6（习近平互联网观系列评论一，2014-10-11)	96(不敢搭理王岐山的人是否心中有鬼？2014-09-26)

续表

约戏	2.25万	50	7700	50	130	4160	7630（约戏：一起去看2015天籁童声新年音乐会，2014-12-16）	302（约戏：一起去看2015天籁童声新年音乐会，2014-12-16）	530（约戏：一起去看2015天籁童声新年音乐会，2014-12-16）
日文版	10.82万	968	446	968	13	2583	610（上海タワーが上海で最高の文化ランドマークに，2014-12-09）	16（上海タワーが上海で最高の文化ランドマークに，2014-12-09）	370（上海タワーが上海で最高の文化ランドマークに，2014-12-09）
东方文创网	12.49万	1.2万	12.49万	1825	1825	1.2万	2756（2014年上海市促进文化创意产业发展财政扶持资金情况公示，2014-10-29）	8（2014年上海市促进文化创意产业发展财政扶持资金情况公示，2014-10-29）	439（2014年上海市促进文化创意产业发展财政扶持资金情况公示，2014-10-29）
上海东方汇文	1.3万	1.3万	1.3万	102	105	573	799（行动起来！获取基地展运绿色通道，2014-11-11）	5（行动起来！获取基地展运绿色通道，2014-11-11）	11（行动起来！获取基地展运绿色通道，2014-11-11）

续表

东方藏品	21.5 万	186	11.2 万	1310	1128	3120	6610（大屁股艺术：如果你有幸拥有那么可爱的大屁股妹纸！2014-6-14）	118（专访中国著名书法家、金石篆刻家：高式熊，2014-08-20）	290（聊聊那些吓死土豪的画坛流派，2014-06-14）
东方艺展网	59 万	85	57.6 万	194	6900	4.8 万	10 万 +（假若他日相逢，我将何以贺你，2014-05-27）	215（假若他日相逢，我将何以贺你，2014-05-27）	1497（三月展览集结——总有一个投了你的所好，2014-03-11）
朝画夕识	8023	68	4101	69	23	503	906（朝鲜最高荣誉“金日成奖”桂冠艺术家联展首度亮相上海，2014-10-10）	7（朝鲜最高荣誉“金日成奖”桂冠艺术家联展首度亮相上海，2014-10-10）	88（朝鲜最高荣誉“金日成奖”桂冠艺术家联展首度亮相上海，2014-10-10）
数据来源	微信								

微博名称（属性：官微/部门/个人；平台）	2014年度总发帖数	2014年度原创帖文总数	2014年度总跟帖、评论数	2014年度总点赞数	2014年度总转发、分享数	2014年度总被提及/被@数	2014年度总粉丝数	单篇最高跟帖、评论数（篇目，日期）	单篇最高转发、分享数（篇目，日期）	单篇最高点赞数（篇目，日期）
东方网（官方微博）	1.33万	700	1.5万	2.4万	5.95万	5.95万	166万	282（韩国渡轮在韩海域发生故障含458中国人，2014-05-08）	3214（韩国渡轮在韩海域发生故障含458中国人，2014-05-08）	56（韩国渡轮在韩海域发生故障含458中国人，2014-05-08）
数据来源	新浪微博									

劳动报社

截至2014年底，劳动报社已形成包括劳动报网、劳动报社微博和微信公众号、手机劳动报、劳动报新闻APP客户端等诸多产品的新媒体矩阵，具体包括——

1个官方网站：劳动报网

1个移动端官网：手机劳动报

1个新闻APP客户端：劳动报

1个官方微博：劳动报社

1个官方微信公众号：劳动报

另有3个部门共开办了微信公众号、2个部门开办了官方微博账号。

概　况

2014年是劳动报社传统媒体与新媒体融合的元年。这一年，劳动报社新媒体各产品相继进入试水阶段和稳步发展阶段。报社积极推进新媒体各平台组建，打通各渠道之间的相连环节，构建以劳动报官网为主体，手机报、官方微博、官方微信公众号、新闻APP客户端为分支的全媒体平台。

劳动报网系劳动报主办的上海地方门户网站，隶属于上海市总工会，于2008年正式上线。

2013 年 7 月，劳动报网进行全新改版，意在服务白领及一线职工，关注大民生、聚焦大民生中的劳动关系。改版后，特色栏目有“一图知道”、“舆情播报”、“维权新闻”、“在线答疑”、“工资指导线”等，网流量大幅上升，日均浏览量达到 5.88 万，峰值达到 33.385 万，并诞生了一批在互联网上广泛传播的新闻产品。

截至 2014 年底，劳动报网、微信发布的“一图知道”被人民日报、央视新闻、中国之声、环球时报等媒体微博广泛转载。2014 年 12 月 11 日发布的图解《市总工会：这些福利可以这样发》，各央级媒体和各地区主流媒体予以转发，全网通转达 5.39 万次，在微信上阅读量为 10 万 +。

同时，为加强传统媒体与新媒体的融合发展，劳动报网结合报性，开设了“调查频道”和“在线答疑”专栏，为大力推进“报网互动”奠定了坚实的基础。

2012 年 10 月，劳动报社正式推出一款免费新闻 APP 客户端——劳动报，这是劳动报推出的第一个移动端产品，也是劳动报社进军用户手机端的一大尝试。截至 2014 年底，劳动报 APP 下载用户数为 9.616 万。

劳动报 APP 每天更新近 30 篇，突出对突发事件全天候滚动更新，又从劳动报报性出发，重视解读与答疑服务，对上海市职工进行劳权知识普及和权益保障服务，充分体现了工会是职工“娘家人”的特点。

劳动报 APP“维权问答”栏目，是一个免费解答劳权问题的平台。截至目前，已有 1.25 万网友在政策咨询、侵权投诉或其他劳动关系咨询方面得到帮助。遇有典型案例，劳动报 APP 还派记者深入一线采访，在纸媒上对事件进行全程追踪和反映。从该角度而言，APP为纸媒提供了新闻线索，拓宽了用户渠道；纸媒则是深度报道，增强了权威性。

2014年，劳动报记者采写的新闻稿件已实现通过网站、APP、微博、微信等多渠道传播。

2011年3月，劳动报在新浪网推出了官方微博“劳动报社”，截至2014年底，粉丝数超过117万。2014年10月，劳动报推出了官方微信公众号，致力于打造沪上劳动维权最强平台。截至2014年底，仅两个月时间，订阅数突破1万，并荣获由腾讯大申网、复旦大学数字与移动治理实验室、上海市信息服务业行业协会联合举办的“2014上海十大微信公众号评选·网友票选大众媒体类十强”称号。

2013年开始，劳动报社下属各部门结合自身定位，陆续推出了内容各具特色的微信公众号，扩大报纸内容的覆盖人群。如财经新闻部推出的“劳动报财经新闻”微信公众号2013年7月正式开通，截至2014年12月底，订阅数已超过1万。2014年5月开通的“影武者说”微信公众号来自文体新闻部。2014年7月诞生的“上海工运”微信公众号由《上海工运》杂志出品。

2014年12月，劳动报“全媒体采编平台”PC版和手机客户端测试版上线，力求从技术层面促使传统媒体与新媒体融合发展。在这个平台上，一线记者可以通过移动采编系统第一时间为新媒体供稿，次日再在纸媒做深入报道，纸媒与新媒体的内容生产流程更加便捷化、信息化。同时，报社对部门架构设置、薪酬考核制度等进行了调整，为实现融合发展提供制度上的保障。

一、网站

全称　劳动报（来博网）

域名（链接）　www.51ldb.com；www.labour-daily.cn；www.laodong-daily.cn；www.labour-daily.com

创建日期　2008 年 5 月 1 日

公司（单位）性质　事业单位

法人代表　张刚

资质 2012年7月获国家三类新闻网站资质

团队架构

劳动报网采编共7人，其中劳动报微博1人（为网站编辑兼），微信7人（全部为网站编辑兼），APP新闻客户端2人（为网站编辑兼）。

学历：大学本科5人 硕士研究生2人

性别：男1人 女6人

年龄：30岁以下6人 31–40岁1人

职称：中级1人 初级4人

专业岗位（合并）：新闻采编7人

内容定位 关注大民生，聚焦大民生中的劳动关系。

内容板块 新闻栏目、专题、投票、答疑、视频、舆情播报、电子报等。

传播力 2014年总流量为907万

技术升级 2013年7月，进行全新改版。

二、移动客户端

名称 劳动报

推出时间 2012年10月8日

平台 iOS，Android

版本 1.1.1

内容　聚焦民生与劳动关系，服务职工的手机客户端平台。

功能　新闻发布、劳权互动、收藏、分享等。

下载量　2014 年下载数为 96160

技术支持　重庆掌脉科技有限公司

技术升级　劳动报 APP 新闻客户端采用了全新的前台界面和全新的后台系统。前台方面，采用滑屏效果和富有冲击力的大图，同时加强互动性，丰富网友留言功能。后台方面，完善编辑功能，并增强了统计功能，使得编辑人员能更加方便地进行工作。

三、微博

1、劳动报社（新浪微博）

版本　5.1.3

推出时间　2011 年 3 月

定位　聚焦大民生与劳动关系

粉丝量、转发量 + 跟帖量　截至 2014 年底粉丝量：117.8038 万；2014 全年微博转发量 4.33 万。

2、劳动报社（腾讯微博）

版本　4.3.1

推出时间　2011 年 3 月

定位　聚焦大民生与劳动关系

粉丝量、转发量 + 跟帖量　截至 2014 年底粉丝量：13.774 万；2014 全年微博转发量 3650。

四、微信公众号

1、劳动报（劳动报官方公众号：lao-dongbao）

推出时间　2014 年 10 月

定位　打造沪上劳动维权最强平台，每天播报网络舆情最新动态。

订阅数　3862（截至 2014 年底）

2、劳动报财经新闻（劳动报财经新闻部公众号：ldbfinance）

推出时间　2013年7月

定位　各类财经资讯

订阅数　1万（截至2014年底）

经营情况　和宁波银行合作推出H5推广合作，和麦当劳联合推出“就业体验团”等符合劳动报报性活动，与“付费通”合作推出公用事业费查询。

1、全国两会报道

2014 年 3 月 5 日，十二届全国人大二次会议在人民大会堂开幕。劳动报派出新闻采访部记者奔赴北京采访，新媒体也在第一时间行动，安排值班人员后方接应，将前方记者提供的稿件进行二次创作和整合，形成图文并茂的版式，先后发布在劳动报官方微博、劳动报官方网站。新媒体编辑还将记者供稿和网上的稿件进行整合，采取层级目录，从一篇统领性的报道《本报记者带你看两会》依次展开分支稿件，如《记者争先采访白岩松》、《国家医改办主任孙志刚被问二胎政策 只字不说》等，通过文字、视频、图片等形式，充分报道了两会盛况。劳动报网站与劳动报纸媒同时打出“组合拳”，报网互动，收到了很好的宣传效果。

劳动报于 2014 年两会期间发起“给两会建言”纸条墙

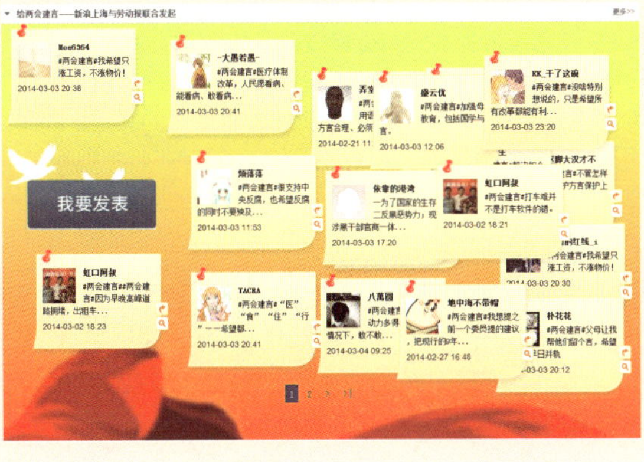

2、市总工会：这些福利可以这样发

2014 年 12 月 7 日，上海市总工会正式下发《关于落实 < 中华全国总工会办公厅关于加强基层工会经费收支管理的通知 > 的若干意见》（以下简称《意见》）。劳动报新媒体迅速作出反应：当班编辑第一时间对内容做了块面化梳理，咨询了上海市总工会、劳动报工会新闻部，寻求专业人士分析解答，将《意见》制作成图解，从“哪些可以奖励、补助、慰问”、“经费支出的四个提醒”、“如何规范发放奖励、补贴、慰问”三个方面诠释了《意见》的内容。图解运用信息可视化的手段，将繁冗的政策文件以轻松活泼色彩鲜艳的图形元素表达出来。该图解在劳动报官方微博、劳动报微信公众号上发布后，立即引起全网转发，劳动报微信公众号该文阅读量一周突破 10 万 +。

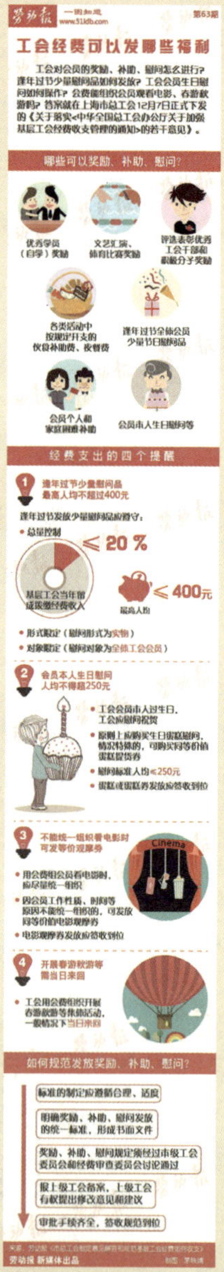

3、图解：不能拿掉的职工正常福利有哪些

截至该图解报道出炉，相关法律法规对职

工应享受的“福利”尚无清晰界定，仅财政部、国税局、总工会等部门的相关文件有直接或间接描述。劳动报担负起工会媒体的使命，本着服务职工注重实用的原则，对这些文件进行了框架式的梳理，将传统媒体资源进行整合及二次创作，制作了新颖的九宫格，以图解形式说明了哪些是不能拿掉的职工正常福利。该图解于2014年9月9日在劳动报官方微博首发，阅读数达30.8万，转发量达345，人民日报、人民网、央视财经、央视新闻、中国新闻网、中国之声等央媒微博也纷纷转载。

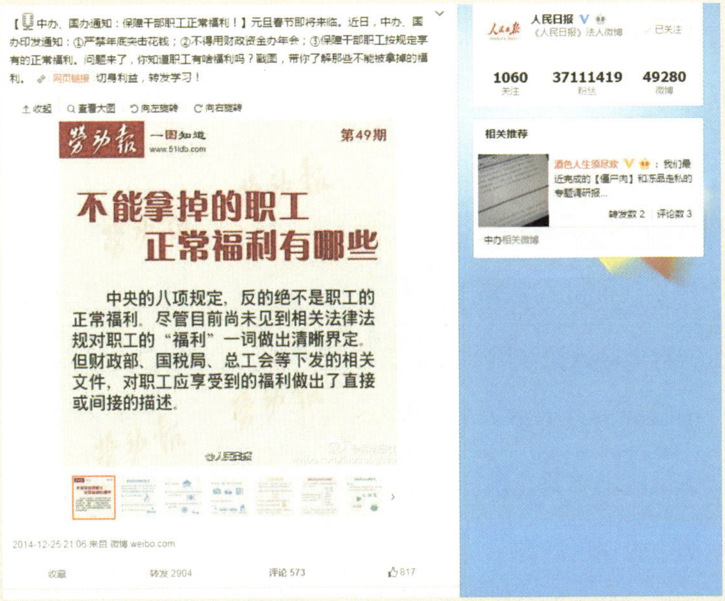

4、图解：别误解了“下班顺道买菜受伤算工伤”

2014 年 8 月 20 日，最高人民法院发布 2014 最新工伤保险司法解释——《最高人民法院关于审理工伤保险行政案件若干问题的规定》。但是《规定》出台后，无论劳动人事部门还是普通职工都存在理解上的误区。为了避免误读和误传，劳动报新媒体于 2014 年 9 月 2 日推出九宫格图解《别误解了“下班顺道买菜受伤算工伤”》，对最高人民法院的规定进行了正本清源的解读。

该图解内容来源于劳动报纸媒 8 月 30 日刊发的文章《别误解了“下班顺道买菜受伤算工伤”》，文中有记者走访的典型案例，并就案例中的误区问题采访了劳动法专家。劳动报新媒体在此文基础上，以信息可视化的模式对文章脉络进行了二次梳理，选取了其中代表性问题，并以项目符号对文章罗列的要点进行了更清晰的标注，使读者能够更好地理解个中内容。此外，还附上了原文链接，方便读者考据原始出处。这一在上海市首家以图解方式诠释《规定》的新媒体作品，发布后立即引起全网转发，转发媒体包括人民日报、环球时报、央视网等央媒，以及信息时报、扬子晚报、河南商报等知名地方媒体。

<<<<< 劳动报新媒体获奖情况

2014 年荣获由腾讯大申网、复旦大学数字与移动治理实验室、上海市信息服务业行业协会联合举办的“2014 上海十大微信公众号评选 · 网友票选大众媒体类十强”称号。

劳动报社新媒体主要数据一览表

网站：劳动报来博网

	页面点击量（PV）	单独访客数 (UV)	独立访问量 (IP)	网粘度	备注
2014 年度总量	9007.8 万	1018.05 万	1012.8 万	一般	
2014 年度月最高	1023.97 万	181 万	178 万	良好	
2014 年度日最高	174 万	33 万	32 万	良好	
单篇最高（篇目，日期）	174 万（图解市总工会：这些福利可以这样发 ,2014-12-08)	33 万（图解市总工会：这些福利可以这样发 ,2014-12-08)	32 万（图解市总工会：这些福利可以这样发 ,2014-12-08)	良好	
数据来源	百度统计				

移动客户端名称	总下载量	2014 年度总发帖数	2014 年度原创帖文总数	2014 年度评论、跟帖总数	2014 年度总点赞数	2014 年度总转发、分享数	单篇最高阅读数（篇目，日期）	单篇最高评论、跟帖数（篇目，日期）	单篇最高点赞数（篇目，日期）	单篇最高转发、分享数（篇目，日期）
劳动报	96160	9129	3285				36410（上海拍牌设年度统一警示价，2013-12-10）			
数据来源	自有后台									

微信公众号	2014年度总阅读数	2014年度原创帖文总数	2014年度头条总阅读数	2014年度总篇数	2014年度总点赞数	2014年度总分享数	单篇最高阅读数（篇目，日期）	单篇最高点赞数（篇目，日期）	单篇最高转发、分享数（篇目，日期）	备注
劳动报	24.3万	192	10.8万	321	7299	5400	10万+（市总工会说：这些福利可以这样发！2014-12-08）	148（市总工会说：这些福利可以这样发！2014-12-08）	4875（市总工会说：这些福利可以这样发！2014-12-08）	
劳动报财经新闻	12.5万	248	10.08万	504	2004	1.3万	41817（上海调整普通住房标准：三条线分别为450万元、310万元、230万元，2014-11-13）	389（上海调整普通住房标准：三条线分别为450万元、310万元、230万元，2014-11-13）	4198（上海调整普通住房标准：三条线分别为450万元、310万元、230万元，2014-11-13）	
数据来源	以上数据均来自腾讯云分析	数据均为人工统计	数据均为人工统计	数据均为人工统计	数据均为人工统计	数据均为人工统计	以上数据均来自腾讯云分析	以上数据均来自腾讯云分析	以上数据均来自腾讯云分析	

微博名称（属性：官微 / 部门 / 个人；平台）	2014年度总发帖数	2014年度原创帖文总数	2014年度总跟帖、评论数	2014年度总点赞数	2014年度总转发、分享数	2014年度总被提及 / 被@数	截至2014年底总粉丝数	单篇最高跟帖、评论数（篇目，日期）	单篇最高转发、分享数（篇目，日期）	单篇最高点赞数（篇目，日期）	备注
劳动报社	9000	1682	4320	7920	7920	3960	117.5万	66（图解：不能拿掉的职工正常福利有哪些？2014–09–09）	331（图解：不能拿掉的职工正常福利有哪些？2014–09–09）	27（图解：不能拿掉的职工正常福利有哪些？2014–09–09）	
数据来源	新浪公司微博后台										

青年报社

截至2014年底，青年报社已形成包括“青春上海”、“上青网”、官方微博和微信公众号等诸多产品的新媒体矩阵，具体包括——

“青春上海”微博、微信：与共青团上海市委员会共建

1个官方网站：上青网

2个新闻APP客户端：青年报、生活周刊

2个官方微博：青年报、生活周刊

3个官方微信公众号：青年报、生活周刊、学生导报

另外，还有各部门开办的4个微信公众号、2个官方微博账号。

概　况

2014年，青年报社在新媒体创建过程中迈出了关键的一步，由以前的单一模式向多元化模式发展。2月18日，团市委和青年报共同打造“青春上海”媒体中心，团市委的微信公众号以及微博公众号由青年报派出团队经营。5月，青年报社主导建设的“青年智慧港”——上海青年共享型信息化服务平台组成模块“智慧媒介线上平台”通过验收。

“青春上海”顺应新媒体发展趋势，一改传统信息发布的严肃与枯燥，做出了青年人爱看的新媒体产品。

“青春上海”媒体中心成立伊始，“青春上海”微博便转发了团中央“新学期欢迎‘00后’入团”的微博内容。10天内，该条微博在新浪平台上的阅读量达162.5万次，转发20537次，评论4188条，分别占当时@共青团中央原微博全国总转发量和评论量的34.4%和38.8%。

2014年“五·四”期间，“青春上海”微博发布《总书记北大讲话》和《韩正书记五四寄语》两条主题微博，一天之内微博转发量分别达4555、4604条，阅读量分别达25万、40.8万。与此同时，“青春上海”微信通过“锐评·改革与青年”栏目，独家推出6篇高质量评论，从创新、敢为等多方面激扬青年。此外还通过4篇“我的路·五四生人”充满情感地讲述人与时代的变迁，在传播及口碑上获得双丰收。

2014年，“青春上海”微信形成了青春关注、锐评、团·说、新青年观、原声再现等十余个固定栏目。“青春上海”微博也在每天的日常发布维护中形成了以“青春”为主题的系列栏目，让“青春上海”微博的内容定位更加清晰。

经过一年多的运行，“青春上海”的运作模式和内容架构也逐渐得到了基层团组织的广泛好评，影响力不断扩大，已成为全国共青团系统名列前茅的新媒体品牌。

“智慧媒介线上平台”为青年资讯传播服务媒体平台，2014年5月通过验收。

“智慧媒介线上平台”项目实施，实现了上海青年电子社区网站（上青网）的内容结构、服务功能的升级改造，完成了青年报、生活周刊品牌移动客户端应用的建立和改建。其中，1999 年 4 月正式开通的上青网，实现了青年报社下属子报子刊内容的整合发布，通过全面观照城市和青年状态，挖掘社会资源，对接青年生活，提供快速、详尽、服务性强的各类新闻和资讯。基于“智慧媒介线上平台”资源的统一管理，平台设立了若干广告位，包括多种形式的网站广告、移动客户端广告，与企业、商家联合，推出公益宣传、公益服务、公益活动。

以上两大项目在青年报社新媒体发展进程中具有里程碑意义。

“青年报”微信公众号和官方微博目前已经基本构建起一套较为完善的内容体系，以打造青年互动交流平台为共同的建设目标，又各具特色。旗下的“娱笃鲜”微信号、“乒乓上海”微信号以及“青年影像联盟”微信号，虽然成立时间不长，但是定位准确，在市场占有一席之地。

“生活周刊”微信公众号是青年报新媒体中最早实现完全市场化的产品。2014 年，公众号用户超过 10 万人、微博粉丝超 40 万人。旗下的“青意社”微信号对接经营工作，已初步具有营利能力。

“学生导报”微信公众号开设于 2014 年 8 月 12 日，主要为在校学生和家长提供新鲜、趣味的教育类资讯、活动信息，提供权威的学科类教学资讯、网罗及时的升学类资讯等。

一、网站

名称　上海青年电子社区（上青网）

域名（链接）　www.why.com.cn

创建日期　1999 年 4 月 8 日

公司（单位）性质　事业单位

法人代表　李学军

资质　国家三类新闻资质网站

团队架构

学历：大学本科 10 人　硕士研究生 1 人

性别：男 3 人　女 8 人

年龄：30 岁以下 4 人　31–40 岁 7 人

职称：中级 3 人

岗位：新闻采编 7 人　技术支持（保障）2 人　运营推广 1 人

注（“上青网”与“青春上海”，内容采编与技术保障工作为统一团队人员承担。）

内容定位　立足于青年报社旗下报刊内容资源，深耕内容衍生服务。全面观照城市和青年状态，挖掘社会资源，对接青年生活，提供快速、详尽、服务性强的各类新闻资讯和增值服务。

内容板块　新闻栏目、专题、电子报等。

传播力　日均浏览量 2 万左右

技术升级　新媒体内容管理系统基于 B/S 结构开发，通过高效 CMS 系统，实现内容多元化发布。

二、移动客户端

1、青年报

推出时间　2014 年 5 月

平台　iOS、Andriod

版本　1.2

内容 定位“智享青春、慧聚青年”，内容为青年报社各子报子刊内容的精选。

功能 提供资讯展示、用户互动、信息定制、广告发布等功能。

下载量 342（截至 2014 年底）

技术概况 与上青网 CMS 内容管理共享统一数据源，实现单一内容的多元管理、发布。

2、生活周刊

推出时间 2010 年 2 月

平台 iOS

版本 2.0.7

内容 不仅仅是《生活周刊》的电子杂志，也是生活方式互动媒体平台，提供新鲜有趣的时尚生活资讯 。

功能 时尚资讯展示，同时加强用户互动检验，实现用户的跨平台注册登录，用户自主定制、后台推送、行为统计、广告资源整合发布等功能。

下载量 5830（截至 2014 年底）

技术概况 2014 年最新版实现整体升级更新，加强对 iOS7 版本的适配性。

三、微博

1、青春上海（新浪微博）

推出时间　2012 年 1 月 1 日

版本　5.1.3

定位　展现共青团上海市委员会工作，关注社会青年热点，引导青少年健康成长的互动平台。

粉丝量，转发量 + 跟帖量　截至 2014 年底：粉丝量：39 万；转发量 + 跟帖量：全年：115000。

2、青年报（新浪微博）

推出时间　2010 年 11 月 11 日

版本　5.1.3

定位　秉持青年报启迪性、新闻性、可读性和服务性相结合的特色与风格，全面观照青年思想，关注青年状态，对接青年生活，提供快速、详尽、服务性强的各类新闻和资讯，传递最青春的正价值和最朝气的正能量。

粉丝量，转发量 + 跟帖量　截至 2014 年底：粉丝数：22 万；转发量 + 跟帖量：全年：101000。

3、生活周刊（新浪微博）

推出时间　2009 年

版本　5.1.3

定位　有型、有趣、有态度的生活美学。

粉丝量，转发量 + 跟帖量　截至 2014 年底：粉丝数：41 万；转发量 + 跟帖量：全年：206000。

经营情况　传媒公司的品牌广告投放。

4、青年社交读者俱乐部（新浪微博）

推出时间　2011 年 12 月 14 日

版本　5.1.3

定位　主要通过创作发布、转发点评等形式，传播时事新闻、读者俱乐部活动、杂志更新、休闲娱乐、便民服务信息以及青年关注的热点分享等。

粉丝量，转发量 + 跟帖量　截至 2014 年底：粉丝数：2400；转发量 + 跟帖量：全年：804。

四、微信公众号

1、青春上海（微信号：qingchun-shanghai）

推出时间　2013年8月5日

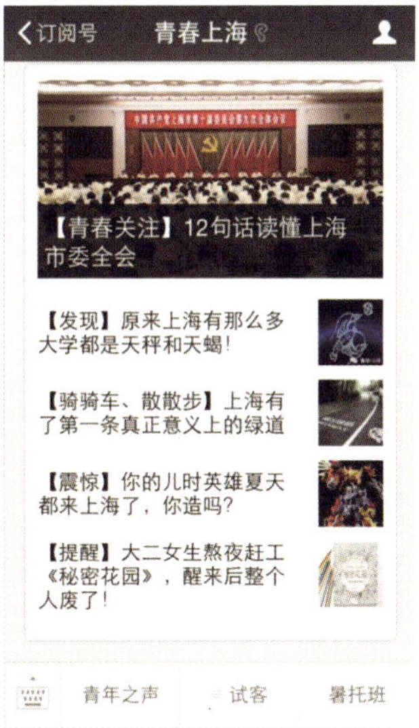

定位　全力进行上海共青团形象传播，让青年进一步感受共青团“勇立潮头”和“可亲可近”的组织形象。

订阅数　粉丝量：69985（截至2014年底）

技术概况　订阅号，使用HTML5技术，实施微站系统，进一步加强用户交互体验。

2、青年报（微信号：youth-daily）

推出时间 2013 年 11 月

定位 服务大都会最活跃人群

订阅数 19250（截至 2014 年底）

技术概况 订阅号，已认证报社为主体，新增微社区模块及微站。

3、生活周刊（微信号：lifeweekly-1925）

推出时间　2012 年

定位　有型、有趣、有态度的生活美学，以报道生活方式为主。

订阅数　102318（截至 2014 年底）

技术概况　订阅号，已认证报社为主体，新增微社区模块及微站。

经营情况　传媒公司的品牌软文广告投放，不定期、不定量。

4、学生导报（微信号：xsdb_2014）

推出时间　2014 年 8 月 12 日

定位　为在校学生和家长提供新鲜、趣味的教育类资讯、活动信息。提供权威的学科类教学资讯、网罗及时的升学类资讯、分享各种亲子心理类小故事和活动、发布趣味的亲子活动和社会实践等。

订阅数　656（截至 2014 年底）

5、青年影像联盟（微信号：youth-photo）

推出时间　2013 年 10 月

定位　青年人影像文化活动交流平台。通过专业技术服务，为青年摄影爱好者提供一个学习摄影知识、了解影像产业、展示摄影作品的平台。

订阅数　4500（截至 2014 年底）

6、娱笃鲜

推出时间　2014 年 4 月

定位　以文化、娱乐报道为主要内容，用轻松、活泼的语言体系，传递最新鲜的圈内动态和服务资讯。坚持原创，注重图文并茂，目标端为喜欢文艺、影视、综艺等板块的年轻学生和白领，体现报刊“服务大都市最活跃人群”的属性。

订阅数　450（截至 2014 年底）

7、乒乓上海

推出时间　2014 年 5 月

定位　针对喜爱乒乓球运动的人群，搭建一个交流信息、传递新闻、结识球友的专业性平台，设有“乒坛动态”、“乒女郎”、“乒乓赛事”、“器材交流站”等常设板块。

订阅数　2100（截至 2014 年底）

8、青意社（微信号：qingyicland）

推出时间 2014 年

定位 以设计师品牌的产品在此展示、销售为主。

订阅数 11321（截至 2014 年底）

经营情况 每月推送四次图文消息，微商城与淘宝店铺同步销售产品。

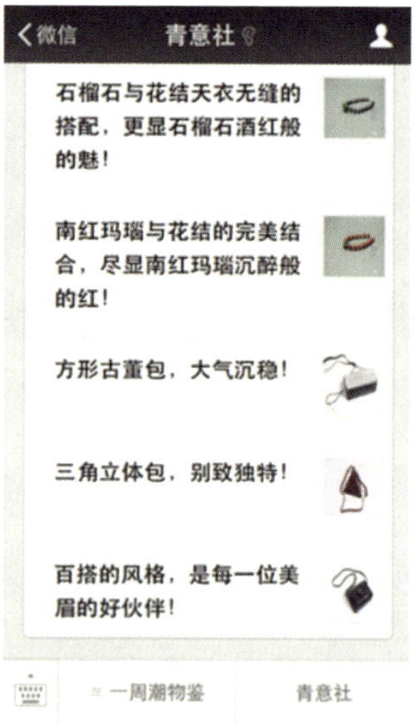

<<<<< 青年报社媒体创新与融合案例

《青年报·2014巴西世界杯微刊》

2014年巴西世界杯期间，“青年报”微信公众号推出了《青年报》2014巴西世界杯微刊。通过新媒体平台的运用，第一时间呈现青年报世界杯专题版面内容。另一方面，一线采编人员直接参与新媒体平台的运维，通过网站内容管理系统和微信后台进行新闻内容生产、用户互动管理。微信公号充分利用新媒体个性化突出、受众选择性增多、表现形式多样、信息发布实时的优势，通过24小时对赛事及球队动态、赛场花絮等的跟踪报道，增加了报道的及时性，使报纸大幅压缩了对世界杯的报道版面，新媒体平台第一次成了重大报道的主战场。

巴西世界杯微刊从6月8日至7月18日结束，总计发布稿件291篇，其中108篇是新媒体平台专稿。期间实现页面总访问量5万余。

<<<<< 青年报社新媒体获奖情况

2014年5月　上海青年电子社区(上青网)获上海市第六届优秀网站称号；

2014年1月　青春上海被腾讯大申网评为2013年上海地区“十大最具影响力政务机构微博”；

2014年1月　青春上海被新浪网评为“2013年上海地区政务微博最受欢迎机构奖”。

青年报社新媒体主要数据一览表

网站：上海青年电子社区（上青网）					
	页面点击量（PV）	单独访客数 (UV)	独立访问量 (IP)	网粘度	备注
2014 年度总量	706 万	642.4 万	584 万	一般	
2014 年度月最高	71 万	61.7 万	61.2 万	一般	
2014 年度日最高	2.42 万	2.1 万	2 万	一般	
单篇最高（篇目，日期）	9152	8564	8154	一般	
数据来源	自有后台				

移动客户端名称	总下载量	2014 年度总发帖数	2014 年度原创帖文总数	2014 年度评论、跟帖总数	2014 年度总点赞数	2014 年度总转发、分享数	单篇最高阅读数（篇目，日期）	单篇最高评论、跟帖数（篇目，日期）	单篇最高点赞数（篇目，日期）	单篇最高转发、分享数（篇目，日期）
青年报	342	2562	2562	230	341	150	433（鲁迅公园今日开园，2014-08-18）	41（鲁迅公园今日开园，2014-08-18）	32（大黄鸭到沪，2014-10-22）	12（10 分钟几千个彩色跑名额抢空，2014-08-14）
生活周刊	5830	1300	1300	780	945	678	541（大娘子的小爱情，2014-04-02）	35（了不起的姑娘们！2014-06-01）	43（1001 号烤箱的蛋糕物语，2014-06-18）	35（你会跑步吗？2014-10-25）
数据来源	自有后台									

微信公众号	2014年度总阅读数	2014年度原创帖文总数	2014年度头条总阅读数	2014年度总篇数	2014年度总点赞数	2014年度总分享数	单篇最高阅读数（篇目，日期）	单篇最高点赞数（篇目，日期）	单篇最高转发、分享数（篇目，日期）	备注
青春上海	360万	612	182.5万	1825	3.01万	30万	3.2万（利好消息，明天起，四类社会组织可直接登记，2014-03-31）	312（这样的日历，放到朋友圈，大家都会谢你滴，2014-12-29）	2401（利好消息，明天起，四类社会组织可直接登记，2014-03-31）	
青年报	210.97万	378	29.3万	1800	4120	8.8万	3.7万（“高晓松离婚”历史不会永远记忆一个人的痛苦与委屈，它更关注成长与荣耀，2014-06-29）	123（国庆上海旅游节出行指南，2014-09-30）	2553（一些你没有见过的世界历史瞬间，2014-01-12）	

续表

生活周刊	515.04万	912	273.75万	2850	7695	18.9万	4.1万（柏芝，你那么美，怕什么！2014-09-23）	461（2014年度新文体、新句式、新面孔、新行为盘点，2014-12-30）	4477（作为一匹马，发型是很重要的！麻花辫、法式田园风、中分、偏分…2014-02-05）	
青意社	1239	41	400	41	82	102	90（一人，一伞，一执念，2014-09-24）	7（谁活的文艺，谁活的“二”？2014-09-15）	2（谁活的文艺，谁活的“二”？2014-09-15）	
学生导报	24021	94	1500	144	576	763	4721（数字可以这么美，为孩子毫不犹豫的收藏吧，2014-10-08）	30（开学前和爸妈一起的9件事，2014-08-26）	4721（数字可以这么美，为孩子毫不犹豫的收藏吧，2014-10-08）	

续表

娱笃鲜	11万	362	16720	362	354	5440	9984（赫本85周年诞辰：从未忘记的你，2014-05-04）	145（赫本85周年诞辰：从未忘记的你，2014-05-04）	1333（赫本85周年诞辰：从未忘记的你，2014-05-04）	青年报文体部公众号
青年影像联盟	33.4万	160	3.78万	220	780	2.4万	37537（达人教你拍校园上师大哟，2014-06-01）	120（达人教你拍校园上师大哟，2014-06-01）	3104（达人教你拍校园上师大哟，2014-06-01）	
乒乓上海	16.56万	180	18348	320	340	8629	17930（乒乓球又将有重大改革！你准备好了吗？2014-07-22）	143（乒乓球又将有重大改革！你准备好了吗？2014-07-22）	1350（乒乓球又将有重大改革！你准备好了吗？2014-07-22）	
数据来源	数据由腾讯云分析提供	人工测算	人工测算	人工测算	人工测算	数据由腾讯云分析提供	数据由腾讯云分析提供	人工测算	数据由腾讯云分析提供	

微博名称（属性：官微/部门/个人；平台）	2014年度总发帖数	2014年度原创帖文总数	2014年度总跟帖、评论数	2014年度总点赞数	2014年度总转发、分享数	2014年度总被提及/被@数	2014年度总粉丝数	单篇最高跟帖、评论数（篇目，日期）	单篇最高转发、分享数（篇目，日期）	单篇最高点赞数（篇目，日期）
青年报（新浪）	5183	2555	3万	9831	7.1万	4.76万	22万	673（青春哥请你看电影，2014-10-21）	1838（青春哥请你看电影，2014-10-21）	32（青春哥请你看电影，2014-10-21）
青春上海（新浪）	3678	1080	2.3万	9301	9.2万	7.18万	39万	4021（新学期，欢迎“00后”入团2014-02-18）	279（新学期，欢迎“00后”入团2014-02-18）	114（新学期，欢迎“00后”入团2014-02-18）
生活周刊（新浪）	7327	1450	3.8万	2.5万	16.8万	14.11万	40.9万	967（2015年历来啦！2014-12-31）	1701（2015年历来啦！2014-12-31）	380（2015年历来啦！2014-12-31）
青年社交读者俱乐部（新浪）	663	120	220	135	584	238	2400	35（《你注定会看见的风景》赠书，2014-09-04）	75（晒出麻麻的手，2014-04-11)	25（《你注定会看见的风景》赠书，2014-09-04）
数据来源	新浪微博后台	人工测算	新浪微博后台	新浪微博后台	新浪微博后台	人工测算				

上海媒体融合全记录

（2014）

下卷

主　编　朱咏雷

副主编　赵彦龙　苏蓉娟　杨　俊　董　强

上海市互联网信息办公室

中共上海市委宣传部新媒体阅评督查组　编

上海三联书店

上海广播电视台

上海文化广播影视集团有限公司

上海广播电视台

上海文化广播影视集团有限公司

近年来，上海广播电视台（SMG）将媒体融合作为最重要的战略任务加以推进落实。在深度融合和协同发展过程中，改变生产流程、组织再造、创新体制机制，取得了一定的成效，主要有四个方面的工作：

一、分兵突破，推出一批初具规模和影响力的新媒体产品及服务

在互联网新闻方面，目前SMG电视新闻中心旗下看看新闻网用户数近5000万，月访问量约1.5亿次，每天生产加工新闻12000条左右，其中视频新闻近2000条。SMG已经成为互联网视频新闻知名的内容出品方之一。

同时，借助第三方，如百度、360、小米、今日头条等有影响力的新媒体渠道，扩大SMG新闻产品的传播和覆盖。

在网络音频方面，广播APP“阿基米德”自2014年10月上线以来，已经实现了全国2600余档广播节目的在线直播、24小时内回听等功能。目前用户总数约200万，日活跃用户平均12万，最高时达到20万，次日留存率维持在30%以上，已经成为上海最活跃的网络社区。

在百视通新媒体方面，拥有3800万有线数字付费电视用户、2250万IPTV用户、220万OTT用户、3500万智能一体机用户和3500万网络视频活跃用户。

SMG于2001年起涉足新媒体，目前，共有官方微博250个，公众号182个，移动客户端45个，涵盖各种不同的用户群，但也存在分散，冷热不均等问题。SMG计划对这些产品进行梳理，准备推出一个品牌、一个标识、一个系统，初步定为BesTV，在这个平台上整合各种垂直产品，比如新闻、财经、体育等等，对外有一个统一的网址和链接，构造SMG自己的新媒体传播理念和品牌。

二、流程再造，建设多个专门面向互联网内容生产和传播的物理空间

适应全媒体内容产品的生产和传播需要，SMG电视新闻中心

建立了全媒体指挥中心，实现从一屏（电视）生产转变为多屏生产，从有节点发稿（比如6点半新闻、9点半新闻）转变为全天候发稿。

第一财经在物理空间上把原本分开办公的第一财经日报和第一财经电视聚集到一个楼面，充分整合日报、电视的信息资源、摄像资源，成立内容聚合中心，实现全媒体供稿，形成整合优势。

三、集成创新，自主开发多种满足多媒体传播需要的技术系统

SMG技术运营中心原来为广播电视传统媒体单一平台服务，现在根据互联网发展，集成开发出多种多平台制作及分发系统。目前已开发完成并投入使用的有3个：一是用于节目生产的iStudio 系统，可以实现电视屏、演播室大屏和用户屏的互动；二是用于视频新闻综合采集、统一指挥、多渠道分发的 Xnews 系统，大幅提高了生产效率；三是能够实现“N进N出”的广播云采编和分发平台@Radio系统，可以实现新媒体的互动、播出、采访、编排、听众数据分析等多项功能。这3个系统体验应用都非常流畅。

四、对接资本，打造互联网媒体生态系统

SMG旗下两个上市公司东方明珠和百事通重组完成后，致力于打造互联网媒体生态系统，现在已经实现了几个方面的效应：一是建立起了台、集团与上市公司之间的耦合发展关系，实现在内容、渠道、平台、经营、管理等方面的深度融合；二是规模快速扩大，目前市值已达2000亿元，跻身中国互联网企业领先阵营行列；三是完善了“内容、渠道与平台、服务”的业务体系，互联网电视平台架构初步形成；四是配套募集资金100亿，将全面加大对新媒体内容生产、版权采购、云平台和大数据中心构建的投入；五是进一步夯实了对接市场和资本的投融资平台，为新媒体业务长期可持续的发展奠定基础。

下一步，SMG将以互联网电视业务为核心，整合转化IPTV、数字电视、智能机顶盒、智能电视、PC 端视频、移动视频应用、电子商务、主机游戏等在内的多种渠道和终端的用户资源，打造互联网媒体生态系统。

第一章 SMG电视新闻中心

截至2014年底，上海广播电视台电视新闻中心已形成包括看看新闻网、SMGNEWS微博、快播上海微信公众号等诸多产品的新媒体矩阵，具体包括：

1个官方网站：看看新闻网；

2个新闻APP客户端：名医话养生、超级家长会；

6个官方微博：SMGNEWS、防务新时空、新闻夜线、上海电视台案件聚焦、看看新闻网、宣克炅；

17个微信公众号：快播上海、微看天下、环球交叉点、名医话养生、STV非常惠生活、梦想改造家、少年爱迪生、防务新时空、七分之一、看懂上海、STV新闻坊、上海广播电视台新闻采访部、SMG摄界、案件聚焦、新闻随手拍、宣克炅、飞议于论。

概 况

2014年是SMG电视新闻中心媒体融合全面启动的一年。年初，中心将发展战略目标从“打造亚洲一流的电视新闻机构”调整为“打造亚洲一流的全媒体新闻机构”。为实现这一战略目标，台和集团对电视新闻中心架构作出重大调整，将下属国有独资企业看看牛视网络传播有限公司划归电视新闻中心托管，全面实行“一体两翼”的融合机制。一体，即一个电视新闻中心，两翼即事业属性的电视新闻内容生产机构和企业属性的网络传播公司。

建立全媒体融合指挥系统

2014 年初，中心决定搭建全媒体融合指挥平台，促进融合转型。指挥平台建成之前，过渡阶段先组建全媒体指挥室。

全媒体指挥室推出了几项融合创新措施。

一是推出集中办公制度。由中心值班领导总负责，将看看新闻网、中心国内新闻部、国际新闻部、上视编播部、卫视编播部、采访部、通联部、摄像等部门业务主管或业务骨干召集在一起办公，使部门之间的“围墙”彻底打破，使指挥室成为新闻信息的直通车、新闻采访的调度指挥室、突发新闻的急诊室。

二是推出全媒体新闻选题汇聚系统。指挥室通过信息聚合平台，将当天的记者自采选题，国内、国际、上海各区县台的通联选题，全国和上海数十家报纸的选题，央广、上广、东广的广播重点选题，当前的网络热点选题，汇聚到指挥室，供全体采编部门共享、共议、共决。

三是推出全媒体选题会制度。全媒体选题一旦确立，启动全媒体流程，改变电视的节点型生产，为网屏优先的全天候图文视频生产，微博、微信、网站、APP 立体传播。

2014 年 7 月 20 日，电视新闻中心通过全媒体指挥室的统一调度，成功地完成了“福喜食品安全事件”这一独家重磅新闻的全媒体报道。当天《东方新闻》、《新闻报道》、《1/7》深度披露了快餐巨头供应商工厂车间触目惊心的事实，快速跟踪了问题曝光之后的事件进展。而看看新闻网、中心官方微博、微信等根据指挥室的部署，针对不同的时间点和不同的平台属性，有计划地做了新媒体加工、发布和推送。央视、央广、新华社、人民日报、新浪微博、上海发布、网易、搜狐、凤凰等各媒体纷纷聚焦、转载，引发了全社会的广泛关注，短短 4 个小时，就占据了当天全网络新闻热点搜索榜第二名。

2014 年 12 月，基于互联网数字技术的全媒体融合指挥平台正式破土动工。平台共分三大技术系统：全媒体选题自动聚合系统、全媒体数字生产调度系统、全媒体人员管理软件系统。根据计划，2015 年融合指挥平台正式启用后，全媒体指挥室将实现“互联网 +”，可以更高效地开展工作。

探索全员转型模式

2014 年底，参考国际电视同行 CNBC、ABC 的经验，结合电视传媒实际，电视新闻中心开始实施人员转型的“能人 + 专人 + 人人”的全员转型模式。

能人模式就是着力打造新媒体能力突出的个人和有生长空间的新媒体品牌。比如主持人于飞的公众微信号“飞议于论”以鲜明的个性化表达，丰富的线上线下互动吸引了众多用户。中心在东方卫视午新闻改版中，将他的微信风格融入电视语言中，并给他量身定制了电视版块《于眼看一周》。截至 2014 年 12 月，电视新闻中心主持人宣克炅的微博粉丝已达到 76 万。为此，中心在上视新闻综合频道《上海早晨》栏目专门开设了《小宣说》板块。

专人模式就是强化新媒体团队。电视新闻中心在看看新闻网的基础上，抽调了部分资深的传统媒体骨干，加入到新媒体事业中来，强化了新媒体团队的新闻专业能力。

人人模式就是根据各个事业部门的内容资源特点，将新媒体任务下沉到各个部门，从而夯实基础，激活产能。比如采访部记者共同维护的公众号“蛙”，尽管 2014 年 12 月才推出，但内容全是独家、原创，用户活跃度极高，诞生不到一个月就出现了单篇转发 10 万次以上的“现象帖”。摄像团队也整体加入新媒体大军，于 2014 年 10 月底推出了原创视频微信公众号“摄界”，成为专业门槛高、特色鲜明的新闻公众号。

探索电视技术“互联网 +”

为实现融合目标，2014 年，上海广播电视台技术营运中心与电视新闻中心同步成立了全媒体融合领导小组，并派专门的精干力量与电视新闻中心协作，探索电视技术“互联网 +”。

整个全媒体融合技术工程分两个系统：一是 Xnews 集成平台，另一是 Xreporter 报片系统。到 2014 年底，这两个系统都基本开发完毕，进入内部测试阶段。Xnews 集成平台包含了网络报刊信息自动汇聚系统、采访资源地图、移动采访管理系统、国内外电视报片数据化系统、上海市各区县台网络报片系统等，实现了所有类型资源的扁平化、菜单化、同步化。而SHreporter手机报片系统则在驻外记者中用于传输图文视频，在本埠记者中用来第一时间给网络供稿。

2014年11月，电视新闻中心和技术营运中心首次尝试用新媒体技术在新媒体上做珠海航展大直播节目。前后3天共计6场直播，首次尝试用多路liveU 4G技术完成，最长的一次前方连线共持续了11分钟。相较于传统的卫星转播车，liveU 4G技术仅仅需要一个小巧的设备包，移动拍摄更方便，带来了特殊的视觉体验。

打造立体的新媒体矩阵

2014年，电视新闻中心对新媒体传播渠道和打造新媒体产品进行了系统规划，重点打造一张网、一个APP、一个微博、一个微信矩阵、一个新媒体生态圈“五个一计划”。

*一张网：看看新闻网。*看看新闻网自2011年5月25日正式上线以来，始终秉持“新闻短视频+重大突发直播”的发展方向，注重用户体验，展现平台价值。2014年，看看新闻网与电视新闻中心进一步融合，将电视新闻报道与看看新闻网网络直播、微博微信互动、多平台分发等多种形式相结合，用视频、图片、文字等方式进行报道，全媒体报道马航失联特别报道、福喜事件、诺曼底登陆70周年等重大新闻。同时专题页集中报道了上海国际电影节、上海国际电视节、上海书展等重大活动。2014

年，看看新闻网日均页面浏览量 612 万，日均单独访客数 252 万，单日最高页面浏览量 1875 万，单篇最高点击量 411 万，荣获上海市第六届优秀网站评选活动“最佳网站”称号。

一个 APP：看看新闻手机客户端。看看新闻客户端以视频和直播为特色，实现随时随地看电视，随时随地分享视频，随时随地新闻报料互动。2014 年底，客户端基本开发完成，进入内部用户测试阶段。

一个微博：电视新闻中心新浪官方微博 @SMGNEWS。这个微博 2014 年初推出，到 2014 年底，共有粉丝 5 万多，每天更新约 10 条左右。除此之外，纳入中心统一管理的微博号 27 个。截至 2014 年底，27 个号中 @宣克炅粉丝数最多达 76 万。粉丝数超过 10 万的还有 @看看新闻和 @STV 新闻夜线，但部分微博号更新越来越少，甚至处于休眠状态。

一个微信矩阵：电视新闻中心 15 个微信公众号构成的微产品群。这些微信公众号中，一类是中心战略布局着力打造的产品，如由摄像团队打造的视频类公众号“摄界”、采访部记者合力打造的“上海广播电视台新闻采访部”、立足上海消息发布的“快播上海”、立足国内国际信息发布的“微看天下”、专门介绍上海风土人情的“看懂上海”等。还有一类是以个人命名纳入中心管理的，如主持人于飞的评论类微信号“飞议于论”，记者宣克炅牵头的小宣工作室微信号“宣克炅”。另一类如环球交叉点、上海摩天轮、防务新时空、七分之一等与电视栏目同名的微信号，是电视节目的延伸生产和节目推介平台。

一个生态圈：看看新闻在互联网上内容传播的渠道整合能力。随着对重大新闻事件的报道能力和突发新闻快速响应能力的提升，看看新闻网逐步树立了网络新闻的公信力和品牌。百度、360 搜索、搜狗等国内主要搜索引擎，均将看看新闻网作为重要的优质视频新闻源大量收录。再加上 4 年多的市场经营，看看新闻网与新浪、搜狐、优酷、土豆等互联网企业，与微博、微信、乐视、小米等新媒体平台建立了广泛的业务联系，营造了一个新媒体生态圈，为多渠道集成分发，使 SMG 的新闻为更多的网民观看奠定了基础。2014 年，看看新闻网直播珠海航展的网络浏览量超过 1000 万。此外看看新闻网还积极通过 Youtube、Facebook、Twitter 等，将 SMG 出品的视频新闻分发到全球，将中国的声音传递到海外。

一、网站

全称　看看新闻网

域名（链接）　www.kankanews.com

创建日期　2011 年 5 月 25 日上线

公司（单位）性质　国有独资

法人代表　宋炯明

资质　互联网新闻信息服务许可、互联网视听节目服务、广播电视节目制作经营许可、网络文化经营许可

团队架构

总人数 133 人（内容、平台及产品 78 人　渠道 14 人　经营 8 人　技

术 16 人　管理 21 人）

学历：硕士及以上 12%　本科及大专 85%　其他 3%

性别：男女比例为 32∶68

年龄：平均年龄 30 岁

职称：副高 1 人　中级 5 人

专业：新闻学、广播电视节目编导、计算机相关等专业

岗位：全面管理 6 人　内容生产 78 人　市场经营 22 人　技术制作 16 人　职能管理 15 人

内容定位　坚持以生产优质的、本地的内容为目标，利用全媒体融合传播手段，多渠道联动宣传，提升影响力、感染力和传播力。

内容板块　分直播、专题、上海、图片、电视回看五大版块，下设国内、社会、国际、财经、娱乐、体育、爱拍、理财、房产 9 个子频道。

传播力　2014 年日均页面浏览量 612 万，日均单独访客数 252 万，单日最高页面浏览量 1875 万，单篇最高点击量 411 万。

技术升级、进步概况　2014 年，看看新闻通过对全媒体新闻融合系统的升级，有效提升了新闻线索到多平台发布的时效性。主要升级技术模块有：信息聚合智能化子系统、四维度实时数字采编子系统、新闻视频集成分发平台子系统扩容、全媒体新闻指挥及评价子系统四大组成部分，以更好的支撑 SMG 新闻全媒体改革的需要。

经营情况　2014 年，看看新闻坚持立足网络、自身挖潜、多元发展的经营思路，不断加大整合营销的推广，用多平台、多产品、线上线下的组合带来广告经营的新风。同时，继续发力内容集成分发业务，通过与 Youtube、百度视频、浙江移动手机阅读、今日头条、360 新闻等的合作拓宽营收渠道与影响力。2014 年，在技术服务和视频制作发布等领域的收入，占全年总收入的 20%，充分发挥了网络直播技术、视频分发技术、视频宣传制作的优势。

二、移动客户端

1、超级家长会

推出时间　2013 年 5 月 10 日

平台　iOS，Android

版本　2.6

内容　是基于节目品牌建立起来的“超级家长会俱乐部”，内有独家呈现的“上海教育地图”，为苦恼于择校的家长们介绍身边的好学校，提供专业的升学指导。

功能　节目互动、上海教育地图、上海教育资讯、上传视频、离线下载。

下载量　2.6 万

技术支持　上海文化广播影视集团有限公司技术运营中心

推广营销　看看新闻网

技术升级　增加了视频离线下载功能，并设少年爱迪生专页和网络投票功能。

2、名医话养生

推出时间　2013 年 4 月 28 日

平台　iOS

版本　2.6

内容　关注大众健康、倡导优质生活，为受众提供最权威的名医观点和最实用的健康知识。依托《名医话养生》线上节目，开设养生菜谱、权威专家、养生杂志等子栏目，为受众提供翔实的节目服务内容和后续信息。

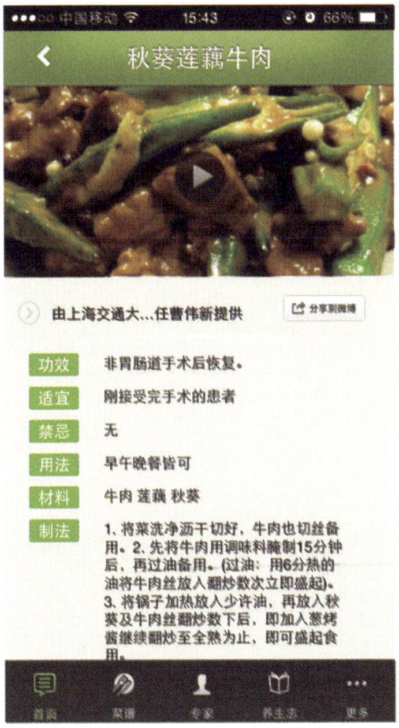

功能 评论、收藏、点赞等。

下载量 35208

三、微博

1、SMGNEWS(新浪微博)——隶属上海广播电视台电视新闻中心

版本 5.1.3

推出时间 2013年1月

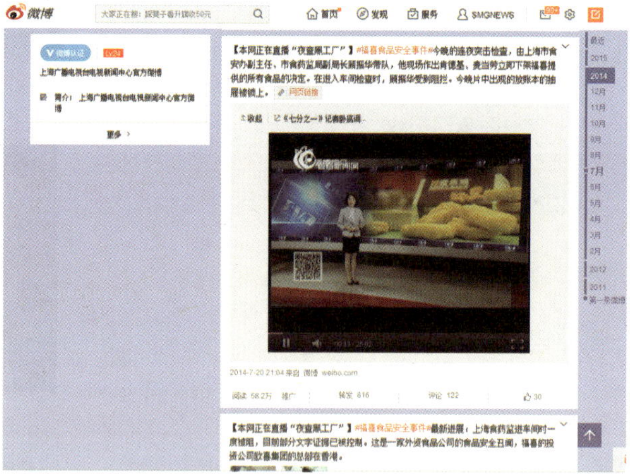

定位 紧密关注都市上海，快速了解上海生活；发布电视新闻中心的公告的“新媒出口”。

粉丝量，转发量+跟帖量 截至2014年底，粉丝量24660，其中，2014全年新增粉丝数为19562；2014年全年微博转发量72545、跟帖量26117。

2、上海电视台案件聚焦（新浪微博）——隶属上海广播电视台电视新闻中心

版本　5.1.3

推出时间　2011 年 2 月

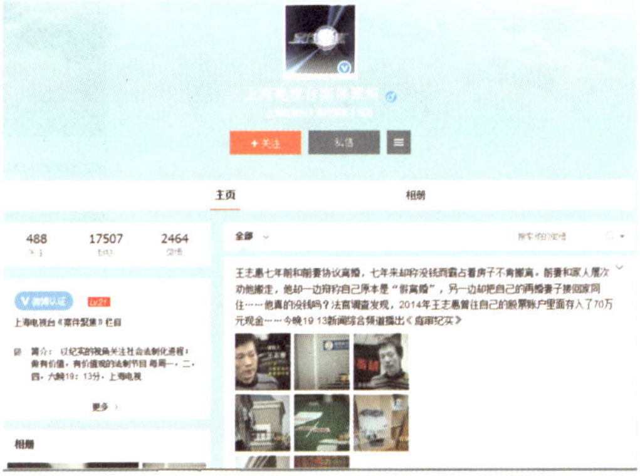

定位　阐明案件法理，解析社会热点。

粉丝量　截至 2014 年底为 24660，其中，2014 全年新增粉丝数为 19562。

3、防务新时空（新浪微博）——隶属上海广播电视台电视新闻中心

版本　5.1.3

推出时间　2013 年 4 月

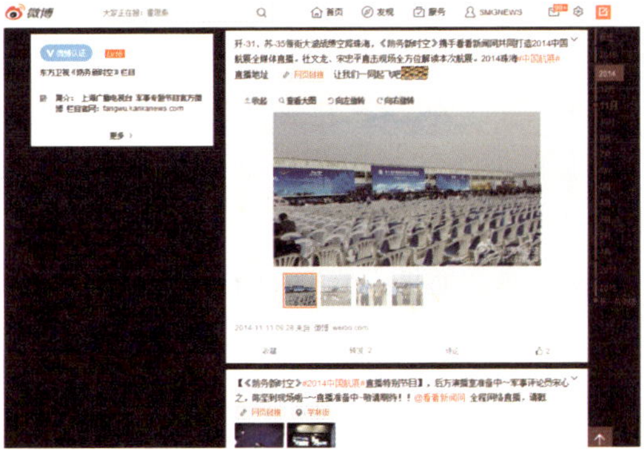

定位　军事专题节目《防务新时空》官方微信，关注军事热点，为订阅用户提供独家深度解析。

粉丝量，转发量　截至 2014 年底，粉丝量 37283，转发量 1287。

4、STV新闻夜线（新浪微博）——隶属上海广播电视台电视新闻中心

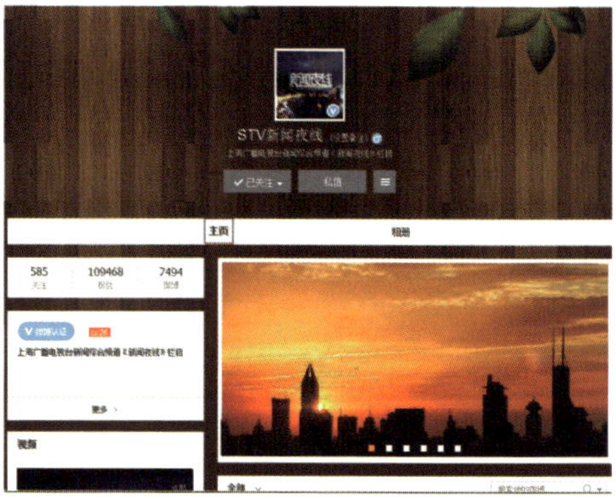

版本　5.1.3

推出时间　2011年1月5日

定位　开启资讯大门，盘点全天新闻。作为上海电视晚间黄金档主新闻《新闻夜线》的网络窗口，和节目形成线上线下的全媒体互动。

粉丝量，转发量　截至2014年底，粉丝量109494，转发量1287。

<<<<< 案例

微博互动成为《新闻夜线》主打板块《夜线约见》的有力抓手，每天的话题在微博上预告，网友的互动也成为每天《夜线约见》的内容之一。

突发新闻发生时，《新闻夜线》的微博成为有效信源的来源之一。如7.23动车事故发生当晚，《新闻夜线》打通全版面，微博上不断刷新信息，满足了公众对于信息的渴望，是一次成功的全媒体融合尝试。

5、看看新闻网（新浪微博）——隶属上海广播电视台电视新闻中心

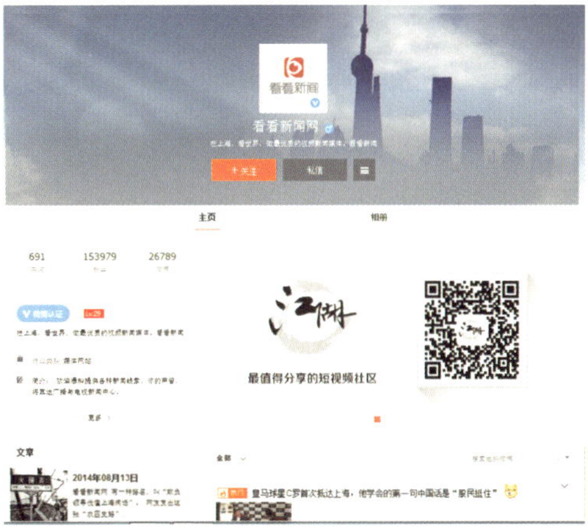

版本 5.1.3

推出时间 2010 年 10 月 9 日

定位 立足上海，放眼世界的新闻资讯类微博。

粉丝量，转发量＋跟帖量 截至 2014 年底，粉丝量 141250，其中 2014 年新增粉丝为 26580；2014 年全年微博转发量 307032，跟帖量 110176。

6、宣克炅（新浪微博）——隶属上海广播电视台电视新闻中心

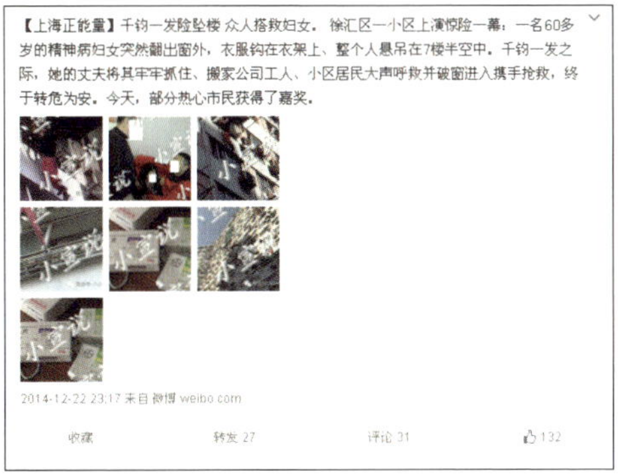

版本 5.1.3

推出时间 2011 年 1 月 2 日

定位 与受众及时沟通交流、让时效跑过流言、以真诚换取信任。

粉丝量，转发量 截至 2014 年底，粉丝量 760000，转发量 55000。

四、微信公众号

1、快播上海（上海广播电视台电视新闻中心媒体公众号：bshanghai2013）

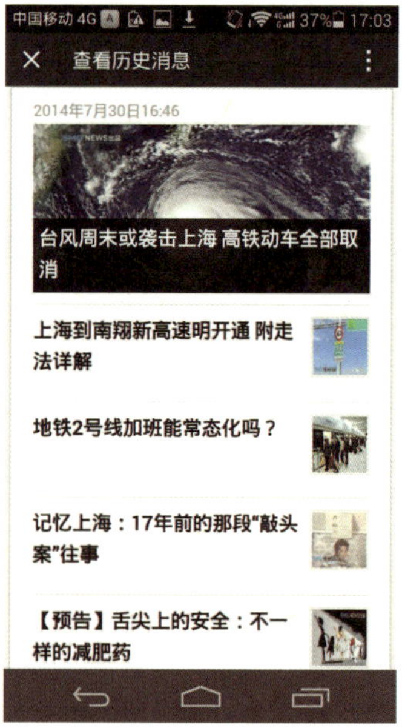

推出时间　2013年9月

定位　聚焦上海，关注民生。上海大城小事，手屈一指，一手把握，即时斩获。

订阅数　22535（截至2014年底的粉丝数）

<<<<< 案例

"热闹不要霾 环保过大年"原创公益歌曲快闪召集令系列活动

活动于 2014 年 2 月 14 日推出，这是 SMG NEWS 官方微信帐号建立后，首次独立策划的全媒体公益活动。

活动招募台内外社会摇滚乐队及个人创作机构，参与有关气候、环保公益内容的歌曲原创，配合电视加以宣传。看看新闻网进行新媒体整合营销传播，使用 SMGNEWS 官方微信和看看新闻网的网页端、微博端、微信端、公关渠道向社会公众传播活动信息。

活动吸引了多家音乐制作机构、企业、媒体的热情参与，动员了广泛的社会公益力量，让文明生活、保护环境的理念深入人心，获得不少粉丝的支持和赞誉。

2、微看天下（上海广播电视台电视新闻中心媒体公众号：wktianxia2013）

推出时间　2013 年 09 月

定位　天下之大，无微不至。以优质原创、国际内容为主的资讯类订阅号，兼顾传播具有成为热点潜力的其它内容。传播形式包括但不限于图文 + 音视频。

订阅数　10742（截至 2014 年底的粉丝数）

【微观】惊险瞬间：一名男子遭几头狮子围攻半小时

2014-12-09 微看天下

<<<<< 案例

主题为“上海 · 全球科技创新中心”的一图解读系列

2014 年 10 月 3 日到 5 日，向近 3 万名粉丝推送了主题为“上海 · 全球科技创新中心”的一图解读系列，将复杂的科技创新问题言简意赅、清晰明了地推送给新媒体受众。

3、环球交叉点（上海广播电视台电视新闻中心媒体公众号：smgcrossover）

推出时间　2013 年 2 月

定位　东方卫视深度国际时政谈话类节目《环球交叉点》的官方微信公众号。每周结合当期话题，提供相关背景资料，深度分析，独家观点，并发布投票和征集网友评论在节目中形成互动。

订阅数　6713（截至 2014 年底的粉丝数）

中国移动 4G
36% 15:25
环球交叉点
把孩子挂在窗外！谁这样打仗？
2014-08-07 环球交叉点
伴随着最近爆发的巴以冲突，这张图片在网上很红。

4、名医话养生（上海广播电视台电视新闻中心媒体公众号：myhys123）

推出时间　2013 年 7 月

定位　关注大众健康、倡导优质生活，为受众提供最权威的名医观点和最实用的健康知识。

订阅数　68198（截至 2014 年底的粉丝数）

<<<<< 案例

推出《名医厨房》板块，推送由上海中医药大学附属岳阳医院营养科主任马莉和东方卫视首届《顶级厨房》冠军魏瀚研发的健康美味养生菜品，打通线上线下版面。同时根据小长假黄金周等特殊时间段，推出系列策划，转发量和点击量均超5000次，广受网友好评。

5、STV 非常惠生活（上海广播电视台电视新闻中心媒体公众号 :stvhilife)

推出时间　2013 年 10 月

定位　生活服务，民生新闻。

订阅数　9113（截至 2014 年底的粉丝数）

6、梦想改造家（上海广播电视台电视新闻中心媒体公众号：smgmxgzj）

推出时间 2014 年 6 月

定位 生活服务

订阅数 27383（截至 2014 年底的粉丝数）

2014年8月20日10:03

时间易修 空间难改：《梦想改造家》聚焦修表世家

东方卫视《梦想改造家》第四期节目《修补时间的家》将于今晚（8月20日）22:00播出，本期节目将聚焦重庆的一户的二室一厅

阅读原文

7、少年爱迪生（上海广播电视台电视新闻中心媒体公众号：-chineseidol）

2014年11月29日19:34
带你领略两极致美
这是一次真正有态度的科考之旅；
这是一趟真正有深度的游学之旅；
这是一份真正有热度的难忘经历。
阅读原文

推出时间　2014 年 9 月

定位　围绕大型青少年科学梦想秀《少年爱迪生》节目而建立的新媒体产品，旨在鼓励青少年发挥自己的想象力，在科技创新中不断钻研，同时也为他们提供梦想的舞台。

订阅数　119084（截至 2014 年底的粉丝数）

8、防务新时空（上海广播电视台电视新闻中心媒体公众号：angwuxinshikong）

推出时间 2013年4月

定位 军事专题节目《防务新时空》官方微信，关注军事热点，为订阅用户提供独家深度解析。

订阅数 20208（截至2014年底的粉丝数）

中国移动 4G
76% 11:24
防务新时空
出动两大航母战斗群 美关岛演练"对华之战"？
2014-10-21 防务新时空
9月22日，美军代号为"勇敢之盾"的演习在关岛落下帷幕。此次演习为期一周，有包括"乔治·华盛顿"号、"卡尔·文森"号两艘航母在内的19艘军舰，200多架飞机和大约1.8万人参加，参演人员覆盖美海陆空三军和海军陆战队，是美军单独实施的最大规模演习。演习内容包括搜寻潜艇、拦截海上可疑船只，以及使用岛上新安设的导弹防御系统等。

<<<<< 案例

节目推出 2014 中国航展直播特别报道的同时，在微信上选取值得网络传播的内容进行重新加工，每天发送至少 5 条以上的图文消息，从各个角度对航展进行介绍与报道，抓取航展最吸引人的看点，提供独家的内容。平均每条图文消息的阅读数达到 2000 到 3000，最高一条《杜文龙近距离接触苏 -35》达到 5000 以上。

9、七分之一（上海广播电视台电视新闻中心媒体公众号：smgqfzy）

推出时间　2013 年 7 月

定位　电视深度新闻栏目在新媒体上的呈现。以每日推送，高频曝光的方式，弥补传统深度新闻在时效上的劣势；以更多独家核心内容，提升栏目的传播力，满足更广泛受众对于热点新闻事件解读的需求。

订阅数　19887（截至 2014 年底的粉丝数）

<<<<< 案例

2014 年 6 月 2 日发布的《独家：记者前往招远案发现场进行调查》的图文消息，配发记者前方情况的描述和现场图片，及时地向用户传达了现场情况，震撼力强。微信的运作团队尝试了“直播连线”的做法。由“微信小七”（官微的运行团队）对前方记者进行采访，再形成新闻稿件。提供的内容既独家又具有时效性，也减轻了前方调查记者的工作压力。

2014 年 6 月 12 日《1/7》官方微信推送图文消息《现场：记者前往济南“婴儿安全岛”进行调查》，真实记录了济南安全岛最后一夜的生态，推送之后反响强烈，有的粉丝留言“直接在办公室里就看哭了”。《1/7》微信在新媒体表达的有益尝试，是栏目的王牌核心内容在新媒体平台的扩张，确保了微信内容的独家性和原创性，使得有新闻价值的信息可以在第一时间被送达至用户手中。

10、看懂上海（上海广播电视台电视新闻中心媒体公众号：kankanews_sh）

推出时间　2013 年 10 月

定位　传播上海传统文化，宣扬上海城市精神。在这里，看懂上海这座城市。

订阅数　34264（截至 2014 年底的粉丝数）

<<<<< 案例

《看懂上海》创下了平均图文转换率 92% 的高活跃度。《闵行一条街》、《上海有趣的路名》、《小辰光的冷饮》等文章，阅读次数都在 50 万次以上。文章被其他微信、微博账号、网站大量转载和使用，在上海本地用户中引发了强烈的共鸣。

11、新闻坊（上海广播电视台电视新闻中心媒体公众号：stvxwf）

推出时　2014 年 7 月 20 日

定位　百姓生活的好帮手 上海人的网上弄堂

订阅数　38994(截至 2014 年底的粉丝数)

12、上海广播电视台新闻采访部（上海广播电视台电视新闻中心媒体公众号：smg_caifangbu）

推出时间　2014 年 12 月 3 日

定位　分享采访背后的故事、记者的所感所想、与观众互动提供服务。

订阅数　10300(截至 2014 年底的粉丝数)

13、smg 摄界（上海广播电视台电视新闻中心媒体公众号：smgshootworld）

推出时间　2014 年 11 月

定位　用镜头发现，用画面讲述，我们每天捕捉有温度的细节，记录你我身边的大城小事。

订阅数　3300（截至 2014 年底的粉丝数）

14、案件聚焦（上海广播电视台电视新闻中心媒体公众号：stvajjj）

推出时间 2013 年 6 月

定位 秉承“做有价值，有价值观的法制节目”宗旨，借微信这一新兴网络媒体之力，阐明案件法理，解析社会热点。

订阅数 15764(截至 2014 年底的粉丝数)

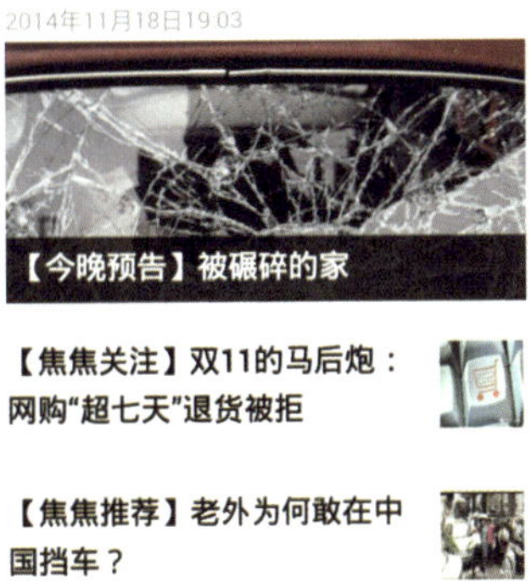

2014年11月18日19:03
【今晚预告】被碾碎的家
【焦焦关注】双11的马后炮：网购“超七天”退货被拒
【焦焦推荐】老外为何敢在中国挡车？

<<<<< 案例

微信“追逃”，嫌犯谌倩倩投案自首

2014年9月播出重阳节特别节目《闹市区的抽奖车》：老城厢惊现有组织的“抽奖车”犯罪团伙：从前期的搭讪，到上车之后的抽奖，再到最后的调包，嫌犯谌倩倩都是主要实施人，但她仍然在逃。节目播出后，微信平台“网络追逃”在社会上引起了极大反响。节目播出后的第三天，谌倩倩迫于压力主动投案自首。

15、新闻随手拍（上海广播电视台电视新闻中心媒体公众号：i-reporter）

推出时间 2013 年 3 月 27 号

定位 关注热点，以民生新闻突发新闻为重点。挖掘百姓身边点，拍出感动，拍出关心。

订阅数 5855(截至 2014 年底的粉丝数)

国内头条丨云南鲁甸地震遇难人数升至615人 仍有114人失踪
2014-08-08 新闻随手拍

<<<<< 案例

2013 年 4 月 20 日四川雅安地震，新闻随手拍在地震发生后没多久就收到了来自现场的视频短片，并通过平台优势运用到大直播中，收集线索，发布寻人启事。

16、宣克炅（上海广播电视台电视新闻中心媒体公众号：XUAN_KE_JIONG）

推出时间　2013年12月15日

定位　加强与受众沟通联系，深度分析新闻背后的新闻。

订阅数　80000+（截至2014年底的粉丝数）

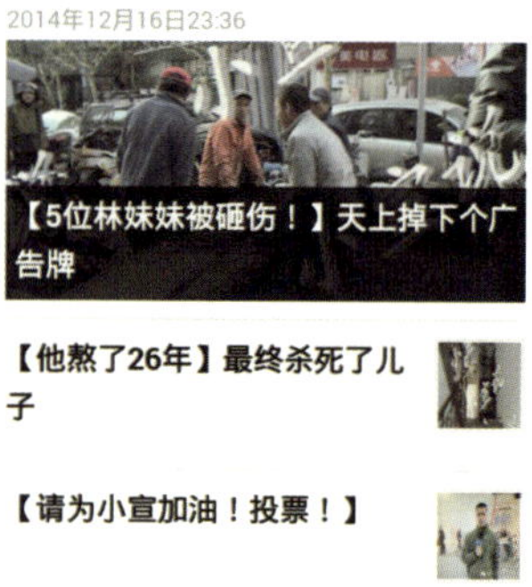

17、飞议于论（上海广播电视台电视新闻中心媒体公众号：yufei551）

推出时间　2013 年 4 月

定位　新闻评论

订阅数　40000（截至 2014 年底的粉丝数）

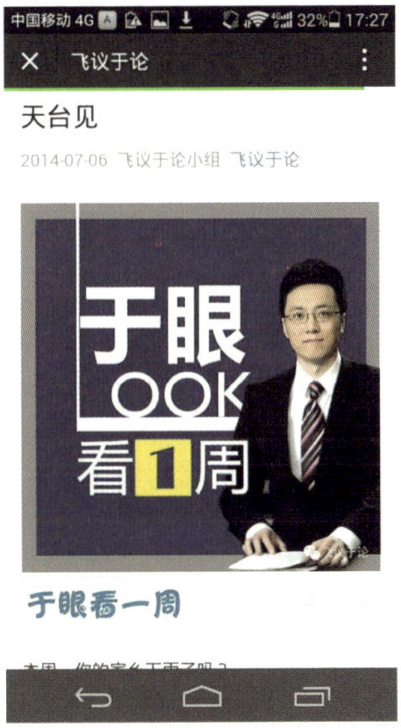

<<<<< SMG 电视新闻中心媒体创新与融合案例

1、《迅速反应　全媒联动　滚动播报　客观解析——电视新闻中心连续推出“MH17 事件追踪直播特别报道”》

2014 年 7 月 17 日晚，马来西亚航空公司一架客机在靠近俄罗斯边界的乌克兰东部地区坠毁，298 名乘客和机组人员全部遇难。电视新闻中心闻讯后，当晚第一时间在《子午线》栏目播发了事故消息。7 月 18 日，分别于 12:00—13:27 和 19:40—00:10，打破正常版面编排，在东方卫视推出两档总长为 357 分钟的《MH17 事件追踪直播特别报道》，持续关注事件最新进展，成为第一家推出关注 MH17 事件追踪直播特别报道的地方卫视，进一步凸显“中国立场、国际视野、东方表达”的东方卫视新闻发展定位，彰显主流媒体社会责任。与此同时，看看新闻网也对特别报道进行了同步直播，进一步扩大传播效应。

特别报道秉持客观、平衡、中立、严谨的原则，在确保与我国外交方针高度一致的前提下，围绕客机坠毁原因这一各方关注焦点，从军事、武器装备、乌克兰东部局势、大国博弈等方面展开报道，一气呵成，信息量大，解析中肯，再一次展现电视新闻应对突发事件直播报道的实力。

2、精心部署 深入调查 通力合作 全媒传播——电视新闻中心独家调查报道“食品工厂的黑洞”反响强烈

2014 年 7 月 20 日，电视新闻中心《东方新闻》、《新闻报道》、《1/7》推出调查报道“食品工厂的黑洞”，独家披露快餐巨头供应商工厂车间触目惊心的事实。随后的《新闻夜线》紧密联动跟踪后续，看看新闻网、中心官方微博微信同步推送，组合拳式的全媒体传播，使得这则事关百姓食品安全的重要新闻，引起社会各界广泛关注，以及央视、央广、新华社、人民日报、新浪微博、上海发

布、网易网、搜狐网等各大媒体的强烈聚焦和纷纷转载，彰显了主流媒体的责任感和影响力。

这起独家调查报道也获得了上海市领导的高度肯定。7月21日，中共上海市委书记韩正作出重要批示，指出这样的食品安全“黑洞”令人触目惊心，要求市食药监局、公安局、工商局共同彻查严处，依法一追到底。“食品安全关系群众的健康与安全，必须‘零容忍’。查处情况要及时向社会公布。”

在整个报道过程中，看看新闻网、电视新闻中心微博、官方微信等同步切分新闻画面，第一时间在网络上进行同步直播。特别是中心官网看看新闻网及时进行碎片化切分，做好网上视频及图文报道，推出滚动播报页，快速聚合各类报道。利用微博微信全面带动社交媒体传播，提前5分钟的预告和全程热点剖析吸引了大量微端用户关注此事，转发量与评论数出现井喷。

3、2014中国航展（珠海）全媒体直播

2014年11月11日至13日，电视新闻中心《防务新时空》栏目在中心各部门的配合和技术运营中心的大力支持下，联合看看新闻网和百视通，为网友度身打造了一档大型网络直播，推出了6场总计超过6小时30分钟的“2014中国航展（珠海）全媒

体直播”。这是电视新闻中心一次成功的全媒传播尝试，也是特别项目团队贯通网络大直播、电视新闻报道、专题制作的一次尝试。同时，也是中心携手技术运营中心在虚拟录播演播室成功进行的第一次新闻直播。整个直播对新技术、播出平台、制作流程等各个领域做了全新的探索，为中心全媒体转型再一次做了有益的探索。

此次以直播节目为主体，共产出 4 种不同的新闻产品，包括 6 场直播、2 集专题片、多次电视新闻实时连线与报道、微博微信图文报道，可以说充分利用了全媒体的各种平台全面报道本届航展。节目组特邀国内知名军事评论员杜文龙、宋忠平直击现场，后方由宋心之、陈坚坐镇，担任航展尤其是飞行表演直播的讲解，保证了节目内容的高质量和专业性，且让原本不为广大观众熟悉的专业军事知识变得通俗易懂。

直播间歇，节目组又多次与各档准点新闻进行实时连线，制作了精彩的现场报道，同时供给夜新闻和深夜档新闻。高质量的节目使得《防务新时空》微信订阅用户一天增长了近600人。

百视通将直播节目置顶IPTV新闻产品栏推送，并且动用了轨道交通、户外大屏等多种资源对节目进行全程直播。据不完全统计，除去收看节目直播流的观众之外，每天节目的点播次数超过一百万次。

<<<<< SMG 电视新闻中心新媒体获奖情况

（1）看看新闻网

2014 年 5 月，获上海市第六届优秀网站评选“最佳网站”、“上海市优秀网站”

2014 年 11 月，获上海市第三届安全网站评选“上海市 AAA 级安全网站”

2014 年 12 月，获“春天的蒲公英——小法官网上行活动”特别贡献奖

（2）七分之一

在由腾讯大申网、复旦数字与移动治理实验室等主办的 2014 年度“上海十大微信公众账号评选活动”海选 100 强中，《七分之一》获得大众媒体类第 29 名。

2014 年，《七分之一》微信号获“2014 年上海市主流媒体发展新媒体专项资金”支持

（3）宣克炅（微信号：XUAN_KE_JIONG）

2015 年 1 月 荣获 2014 年度上海市十大微信公众号

（4）飞议于论（微信号：keeeepflying）

2015 年 1 月 荣获 2014 年度上海市十大微信公众号

SMG 电视新闻中心新媒体主要数据一览表

网站：看看新闻网 (www.kankanews.com)

	页面点击量（PV）	单独访客数 (UV)	独立访问量 (IP)	网粘度	备注
2014 年度总量	223737 万	92178 万	85893 万	一般	
2014 年度月最高	28785 万	7979 万	7698 万	良好	
2014 年度日最高	1875 万	759 万	732 万	良好	
单篇最高（篇目，日期）	411 万	408 万	42 万	一般	
数据来源	国双	国双	国双	国双	

移动客户端名称	总下载量	2014 年度总发帖数	2014 年度原创帖文总数	2014 年度评论、跟帖总数	2014 年度总点赞数	2014 年度总转发、分享数	单篇最高阅读数（篇目，日期）	单篇最高评论、跟帖数（篇目，日期）	单篇最高点赞数（篇目，日期）	单篇最高转发、分享数（篇目，日期）
超级家长会	2.6 万	52	52	2	32	27	678（下一站 向着南北极出发，2014-12-02）		3（下一站 向着南北极出发，2014-12-02）	302（下一站 向着南北极出发，2014-12-02）
名医话养生	3.5 万	476	476							788（五色粥，2014-05-24)
数据来源	自有后台									

微信公众号	2014年度总阅读数	2014年度原创帖文总数	2014年度头条总阅读数	2014年度总篇数	2014年度总点赞数	2014年度总分享数	单篇最高阅读数（篇目，日期）	单篇最高点赞数（篇目，日期）	单篇最高转发、分享数（篇目，日期）	备注
快播上海	184.5万	1869	36.9万	1073	3048	26.2万	15.8万（日台南周末或袭上海高铁动车全部取消，2014-07-30）	16（上海最强免费景点攻略，2014-12-06）	9402（日台南周末或袭上海高铁动车全部取消，2014-07-30）	
微看天下	168万	1628	38.57万	2382	2989	9.3万	12.1万（一图看透“亚信峰会”，2014-05-16）	2418（清明蔗：毒过蛇甘蔗汁要慎喝，2014-04-13）	1.04万（清明蔗：毒过蛇甘蔗汁要慎喝，2014-04-13）	
SMG摄界	6.9万	78	6.9万	78	2500	3万	1.9万（今晚我们与上海一起倒计时，2014-12-31）	130（今晚我们与上海一起倒计时，2014-12-31）	3000（今晚我们与上海一起倒计时，2014-12-31）	2014年11月开始推送

续表

STV新闻坊	22.1 万	222	12.6 万	228	937	1 万	8027（这些生活常识，都错了！ 2014-12-04）	39（没人祝我新年快乐吗？2014-12-31)	411（这些生活常识，都错了！ 2014-12-04）	2014 年 7 月 21 日起开始推送
案件聚焦	66.4 万	16	50.4 万	357	2912	1.99 万	8357（一个法官的梦想，2014-12-20）	22（法，贵乎理性，2014-12-08）	697（一个法官的梦想，2014-12-20）	
七分之一	48.4 万	48.4 万	28.8 万	447	1210	1.67 万	8120（独家披露：医院不支持徐汇艺术幼儿园“针扎说”，2014-10-22）	314（《1/7》的小伙伴们，2014-04-11）	574（《1/7》年终盘点：纪实 2014，2014-12-31）	
超级家长会	1.2 万	60	7500	60	5000	3200	678（下一站，向着南北极出发，2014-12-02）	2（下一站，向着南北极出发，2014-12-02）	302（下一站，向着南北极出发，2014-12-02）	

续表

少年爱迪生	35.8万	132	14万	167	2747	1.3万	2.8万（小明滚出去第八季，全网尿性首发，2014-12-05）	2132（“搞笑微电影”快到碗里来，2014-11-25）	1175（未来1000年的世界，你可以想象吗？2014-11-11）	2014年10月开始推送
STV非常惠生活	11.6万	368	368	368		2505	39万（梦想改造家报名，2014-08-14）	8（装修季“零采光”的家，2014-11-09）	258（梦想改造家14平变身四室两厅三卫预告，2014-08-13）	
梦想改造家	22万	358	358	358	5076	5980	7747（时光逆转老房屋重获新生，2014-08-27）	346（梦想改造家报名，2014-08-14）	332（时光逆转老房屋重获新生，2014-08-27）	2014年6月开始推送
名医话养生	271.4万	476	1.4万	476	1.4万	1.07万	1.1万（这些名人都是患淋巴瘤早逝，2014-09-11）		788（五色粥，2014-05-24）	

续表

防务新时空	99.3万	480	41.9万	480	6240	1.3万	5859（杜文龙珠海航展近距离接触苏-35，2014-11-12）	34（杜文龙珠海航展近距离接触苏-35，2014-11-12）	219（杜文龙珠海航展近距离接触苏-35，2014-11-12）	
上海广播电视台新闻采访部	2.7万	59	1.9万	59	350	420	4333（嘘！走！上海中心地下挖宝藏去，2014-12-25）	27（五十块厨师，2014-12-28）	75（嘘！走！上海中心地下挖宝藏去，2014-12-25）	2014年12月3日开始推送
环球交叉点	28.4万	348	13.3万	348		1.01万	3195（点开看动图，2014-03-14）		609（斯诺登点评中国微信，2014-01-07）	
看懂上海	723.5万	264	692.4万	298	2.4万	34.5万	15.2万（上海滩最刮三的路名，2014-08-15）	6.9万（上海滩最刮三的路名，2014-08-15）	1.3万（上海滩最刮三的路名，2014-08-15）	

续表

宣克炅	500 万	1000	200 万	1000	3 万	1 万	16 万 +（昆山爆炸证明谁才是真正的英雄，2014-08-02）	600（昆山爆炸证明谁才是真正的英雄，2014-08-02）	1000（昆山爆炸证明谁才是真正的英雄，2014-08-02）	
飞议于论	13.7 万	252	9.3 万	324	9120	5796	7.9 万（天台见，2014-07-05）		4.5 万（天台见，2014-07-05）	
数据来源	以上数据均来自腾讯云分析	数据均为人工统计								

微博名称（属性：官微/部门/个人；平台）	2014年度总发帖数	2014年度原创帖文总数	2014年度总跟帖、评论数	2014年度总点赞数	2014年度总转发、分享数	2014年度总被提及/被@数	2014年度总粉丝数	单篇最高跟帖、评论数（篇目，日期）	单篇最高转发、分享数（篇目，日期）	单篇最高点赞数（篇目，日期）
SMGNEWS（官微/部门；新浪微博）	3538	3467	71		71	180	5.5万	132（一圆通快递仓库失火，2014-11-17）	72（高仓健逝世，2014-11-28）	12（奶茶妹妹与刘强东同居生活曝光，2014-11-03）
上海电视台案件聚焦（官微/部门；新浪微博）	340	146		1256	5292	3600	1.6万		1071（我们希望通过这场话题争论，能够让更多人在争论中普及法律，2014-12-08）	22（我们希望通过这场话题争论，能够让更多人在争论中普及法律，2014-12-08）
防务新时空（官微/新浪）	412	436	1279	779	1765	1845	3.7万	28（哈格尔参观辽舰，2014-04-08）	80（日本制定迫降中国军机手册，2014-02-15）	38（中俄东海军演，2014-06-03）

续表

新闻夜线	428		1.5 万	2807	1.8 万					
看看新闻网官微 / 新浪	4156	4059	11 万	9.1 万	30.7 万	39.2 万	14.1 万	670（回不了家的出租车司机，2014-12-07）	3115（回不了家的出租车司机，2014-12-07）	460（回不了家的出租车司机，2014-12-07）
宣克炅官微 / 新浪微博	380	100	2.2 万	10.5 万	16.5 万	1500	76 万 +	4225（赞！上海城管，文明执法！给力奥！2014-07-04）	2.1 万（赞！上海城管，文明执法！给力奥！2014-07-04）	1.2 万（赞！上海城管，文明执法！给力奥！2014-07-04）
数据来源	新浪微博后台	平均值均为人工计算								

第二章 SMG东方广播中心

截至2014年底，SMG东方广播中心已经形成包括东方广播网、广播APP、官方微博、微信公众号等诸多产品组成的新媒体矩阵，具体包括——官方网站“东方广播网”，广播APP客户端“阿基米德”、“市民政务通”，以及“东方广播”、“上海新闻广播”、“动感101”在内的微信公众号、官方微博账号共计近百个。

概　况

2011年开始，东方广播中心通过网站开发、移动终端推广等方式，有效延伸广播产业链，实现广播的外延盈利，培养受众新的广播媒体使用习惯。

2011年2月，东方广播中心就开通了官方微博“东方广播”，各频率、栏目组、主持人也先后开通微博账号。同年，中心（时为“东方广播公司”）还与腾讯微博在上海签署独家战略合作协议，由腾讯为中心及旗下上海交通广播、东方都市广播、动感101、LOVE RADIO103.7、经典947、戏剧曲艺广播、上海故事广播等7个频率开通官方微博，百位知名主持人入驻腾讯微博，多档热播节目与腾讯微博进行内容深度合作。截至 2014 年底，粉丝总数近 300 万，为听众了解广播、参与互动提供更多渠道选择。

2011 年 4 月，第一财经广播 APP 正式上线，成为上海广播首款移动客户端。2011 年 9 月，作为沪上第一款音乐广播的移动客户端软件，动感 101 移动 APP“小移”正式发布，不仅可以让受众随时随地收听节目，更融合了录音、歌曲查询、一键互动、在线评论、热点活动等一系列实用并且个性化的功能。APP 发布短短 5 天，下载量就突破万次。

东方广播网群在 2012 年完成全面升级，以“9+1”的形式展现在听友面前。以东方广播网主站为主导的 10 个网站集群，串联起包括动感 101、LoveRadio103.7、经典 947、上海交通广播、东方都市广播、上海戏剧曲艺广播、上海故事广播、E 工坊和上海少儿广播合唱团（含上海少儿广播剧团）等旗下网站，形成一个受众多元、内容丰富、形象生动立体的网站集群。在全新的网站系统下，每个频率官网都特设了实时广播节目收听和节目回听功能，突破广播的线性传播模式，让听众不再错过好声音；明星 DJ 齐齐亮相，在“主持人”板块里和网友、听众零距离接触。通过登陆东方广播网，用户不仅可以在线浏览信息，还能通过下载中心、视频集合、微博互动和会员中心等功能，完成与传统广播在新媒体平台的交互。

截至 2014 年年底，东方广播中心及下属各频率、节目部门共开通微信公众号近 40 个，包括东方广播中心官方微信公众号“东方广播”、上海新闻广播、东广新闻台、动感 101、五星体育广播等频率官方微信公众号，以及《直通 990》、《星期广播音乐会》、《早安新发现》等一批广受听众、用户喜爱的栏目微信公众号，总粉丝数逾百万。

2014 年 7 月，上海广播电视台重点打造的广播互动 APP“阿基米德”正式立项。经过 3 个月的精心筹备，10 月 10 日“阿基米德”手机客户端正式在安卓与 iOS 平台上架。

“阿基米德”是一个能够提供个性化服务的广播社交平台。在音频内容方面，上海广播 282 档节目全部植入其中，建立起 282 个节目社区。在此基础上，还相继导入了中央广播电台、国际广播电台、北京、江苏、山东、浙江等电台数千个节目，并建立千余个节目社区。在产品功能方面，实现了广播节目收听、24 小时内回听、快进快退、社区发帖与回复、节目排行、搜索等多样化功能，用户可以依照自己喜好，定制专属服务。

产品上线后迅速引发目标用户关注，活跃度超出预想。上线两周，用户数量就突破了 10 万，两个月达到了 50 万，2014 年底实现了百天百万的目标。市场专业评估工具显示，就全国市场而言，“阿基米德”日新增用户、日活跃用户、日启动用户数据指标均位于前 10% 之列。

一、网站

全称　东方广播网

域名（链接）　www.eastradio.com

创建日期　2012 年 5 月

公司（单位）性质　国有事业单位

法人代表　王治平

团队架构

网站采编共 1 人

学历：大学本科

性别：男

年龄：31–40 岁

专业岗位：新闻采编

内容定位　以东方广播中心各频率节目在线收听、活动信息、公司新闻为重点，同时关注热点新闻事件。

内容板块　东方广播中心介绍、所属频率、品牌活动、广告业务、演绎业务、下载中心、最新消息、活动专区、视频集合等。

传播力　日均浏览量700左右

技术升级、进步概况　内容管理系统具有突破和创新之处，更加便于内容编辑发布和管理。

二、移动客户端

1、阿基米德FM

推出时间　2014年10月10日

平台　iOS，Android

版本　2014年共更新迭代10次，12月15日发布1.1.0版本。

内容　截至2014年底，“阿基米德”已经实现2600档广播节目及围绕节目形成的社区，同时邀请300多位包括上海专业主持人在内的全国广播主持，加入“阿基米德”与用户一起聊天，一起玩。随着“阿基米德”的到来，用户可以随时找到全国最优秀的电台节目，与主

持人零距离在线互动，发现身边有共同爱好和话题的朋友。

功能　截至 2014 年底，产品已经实现了直播节目收听、24 小时内回听、快进快退、社区发帖与恢复、初期管理后台、发图私信等功能。

下载量　500000（截至 2014 年底）

技术升级、进步概况　对比移动互联网市场上所有音频类产品，“阿基米德”自主研发的独特音频播放技术居于领先地位。

<<<<< 案例

2014 年，“阿基米德数据实验室”成立，成功地推动联通与广播的联手，与华为等 IT 企业的联手使得传统广播有机会靠近大数据，通过联通华为的大数据挖掘，使得广播捕捉人群的趋势与变化，进而做出行为分析成为可能。

2、市民政务通

推出时间　2013 年 9 月

平台　iOS，Android

版本　2.0.3

内容　下设“问事，办事，工具，我的”四大板块。

功能　方便易用的政务咨询类移动终端产品

下载量　36000（截至 2014 年底）

<<<<< 案例

市民政务通手机客户端是针对所有生活在上海的人群，方便易用的政务咨询类移动终端产品，定位于为个人提供定制的匹配政策、生活信息。每位市民都可以通过《直通 990》来获取与自身利益相关的政务信息。

三、微博

名称　东方广播（新浪微博）

推出时间　2011 年 2 月

定位　东方广播中心官方微博

粉丝量，转发量 + 跟帖量　截至 2014 年底，粉丝量 43064；全年转发量 10706，跟帖量 4082。

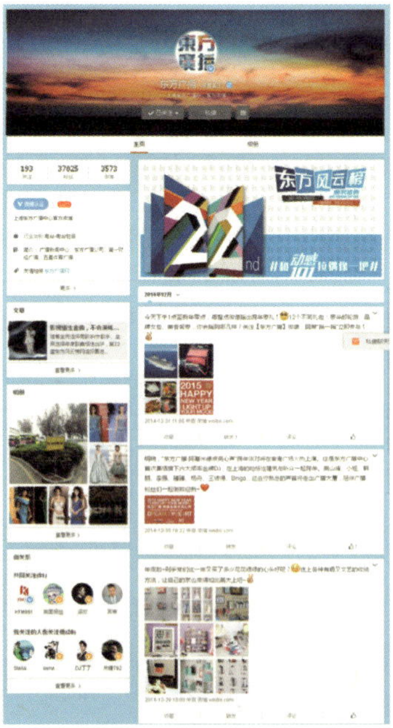

四、微信公众号

1、东方广播（东方广播中心官方微信公众号：dongfanggaungbo1376）

推出时间　2012 年 8 月

定位　扩大东方广播各下属频率及各大品牌活动的知名度，搭建广播资讯集结、听众互动、合作咨询的平台。

订阅数　43064（截至 2014 年底的粉丝数）

技术升级、进步概况　与 Radio8 合作，使用微信电台助手后台，为订阅用户提供便捷的自助查询、资讯推送以及线上互动服务。

<<<<< 案例

东方广播·阿基米德，点亮心声

2014年末，东方广播中心集合13套频率及主持人资源，在香港广场举办“东方广播·阿基米德，点亮心声”跨年倒计时活动。活动实现了线上线下同时互动，借助微信摇一摇、商场互动大屏等新媒体互动手段，配合广播宣传，进一步提升上海广播的品牌形象。2014年12月，东方广播微信粉丝数净增2625人。

2、上海新闻广播（上海新闻广播官方微信公众号）

推出时间　2013 年 4 月

定位　影响中国十大广播电台旗下的官方微信，以全球视野、表达上海观点。

订阅数　13000（截至 2014 年底）

3、东广新闻台（东广新闻台官方微信公众号）

推出时间 2013 年 1 月

定位 新闻、资讯、服务。

订阅数 5955（截至 2014 年底的粉丝量）；年度总阅读数：663294。

2014年12月8日20:51
居保少儿长居外省市如何办理就医关系转移手续?
有微友咨询：两岁的孩子参加了本市城镇居民基本医疗保险，现在要带孩子去外地一段比较长的时间，如果在外地生病了，如何就医？医药费如何报销呢？
阅读原文
2014年12月2日21:43
上海低收入困难家庭 可申请专项救助

4、直通 990（上海新闻广播《市民政务通－直通 990》官方微信公众号）

推出时间

定位　上海人民广播电台《直通 990》节目官方微信。一周七天时时在线，全年无休，是一个助人自助的空中社区。节目里实时与听众互动，解读最新政策。助人自助的空中社区。

订阅数　19035（截至 2014 年底）

5、话匣子（广播新闻中心采访部官方微信公众号）

推出时间　2014 年 12 月 21 日

定位　新闻，娱乐，时尚。

订阅数　1000+（截至 2014 年底的粉丝数）

6、上海交通广播（上海交通广播官方微信公众号）

推出时间　2014 年 1 月

定位　服务上海交通广播的受众听众，发布热点新闻、交通、生活服务信息等热门资讯，打造一个在直播时间段和在线性节目之外与主持人交流的平台。

订阅数　129000（截至 2014 年底）

7、动感 101（动感 101 官方微信公众号）

推出时间　2013 年

定位　娱乐资讯上海本地

订阅数　300000（截至 2014 年底）

8、loveradio1037（LOVE RADIO 官方微信公众号）

推出时间　2013 年

定位　节目的推送、宣传和互动。

订阅数　17885（截至 2014 年底）

9、KFM981（KFM981官方微信公众号）

推出时间 2014年8月

定位 年轻、时尚、热爱欧美文化与音乐。

订阅数 6945（截至2014年底）

10、上海故事广播（上海故事广播官方微信公众号）

推出时间　2012 年

定位　推介故事广播形象

订阅数　6659（截至 2014 年底）

11、第一财经广播（第一财经广播官方微信公众号）

推出时间　2014 年 10 月

定位　第一财经广播节目内容的呈现、互动，深度财经新闻报道的互联网延伸平台。

订阅数　500（截至 2014 年底）

12、五星体育广播（五星体育广播官方微信公众号）

推出时间　2012 年 11 月

定位　即时的赛事资讯，主要针对两方面内容进行推送，一是最快速的即时新闻，另一是频率宣传活动及与听众互动。

订阅数　年度净增 5000 人

13、阿基米德 FM（阿基米德 APP 官方微信公众号）

推出时间　2014 年 10 月

定位　阿基米德 APP 推广及内容扩展

订阅数　30000（截至 2014 年底）

阿基米德 FM 微信账号可以搜索用户喜欢的节目，随时收听，实时互动。最新的活动放置在微信中，能够让用户快速了解并进行参与，找到好玩的声音、好玩的人。

14、899 驾车调频（899 驾车调频官方微信公众号）

推出时间 2013 年 5 月

定位 不定期发布相关活动及特别节目的预告等信息

订阅数 8350（截至 2014 年底）

15、浦江之声电台（浦江之声官方微信公众号）

推出时间　2014 年 2 月 1 日

定位　两岸三地最新资讯分享

订阅数　8896（截至 2014 年底）

16、上海少儿广播合唱团

推出时间 2013 年 5 月 11 日

定位 发布少儿广播合唱团、广播剧团、广播舞蹈团招生、培训、演出、出访等各类最新消息。

订阅数 5747（截至 2014 年底）

17、活到 100 岁（上海新闻广播《活到 100 岁》节目官方微信公众号）

推出时间　2013 年 7 月 16 日

定位　“活到 100 岁”，您身边的健康顾问。推送包括医疗、疾病、保健、医药等方面的科普文章和知识；公布《活到 100 岁》节目活动通告和列出听众关心的专家介绍、专家门诊时间；与听众实现实时互动，答疑解惑。

订阅数　6300（截至 2014 年底）

18、星期广播音乐会（经典 947《星期广播音乐会》节目官方微信公众号）

推出时间　2013 年 4 月

定位　宣传经典文化、优秀文化，普及古典音乐，推送《星期广播音乐会》的台前幕后。

订阅数　7000（截至 2014 年底）

19、东方大律师（899 驾车调频《东方大律师》节目官方微信公众号）

推出时间　2013 年

定位　法律知识宣传普及、节目互动平台、发布线下活动消息等。

订阅数　4484（截至 2014 年底）

20、梦晓时间（899 驾车调频《梦晓时间》节目官方微信公众号）

推出时间　2013 年

定位　为都市人的繁忙生活解压、疏导。

订阅数　4000（截至 2014 年底）

<<<<< SMG 东方广播中心媒体创新与融合案例

1、动感 101 全媒体打造跨年金曲倒数 完满收官 2014

“最动感 101 金曲跨年倒数”大直播特别节目是动感 101 每年年底举办的大型线上活动，通过听众投票、电台歌曲播放频次等指数，选出 101 首年度最热金曲。该活动已连续举办 11 年，成为动感 101 最具知名度的年度品牌活动。2014 年 12 月 31 日的跨年倒数活动，动感 101 结合广播 + 新媒体 + 平面媒体 + 户外媒体等多种方式展开传播，扩大活动的影响力。22：45，阿基米德全新开设的专区粉丝数即破万，成为阿基米德最短时间关注破万的节目专区。动感 101 大规模的线上推广宣传，还使阿基米德登上了苹果 app store 当天的热门搜索。活动的热度随着 2015 年零点钟声的敲响带来又一波高潮，新开社区的粉丝数累计达到 11453 人。

据阿基米德提供的数据，12 月 31 日动感 101 当天增加用户 18000 人次，社区发帖 60000 条，总收听时长 24000 小时。同时，活动带动动感 101 所有节目社区用户的增长，其中《音乐早餐》节目活跃用户数由日均 3200 上涨到 9100，一跃成为阿基米德用户数最多的节目社区，而《101 人来疯》节目社区也成为动感 101 又一个“万人粉丝俱乐部”的成员。

动感 101 的微信公号也在这次活动的带动下新增了 10684 个新

用户，再次刷新纪录，成为有史以来单日涨粉最高纪录。12 月 31 日当天共有 28672 人次参与互动，刊载 2014 年度 101 首金曲歌单的微刊阅读量在短短半天内即突破 10 万。

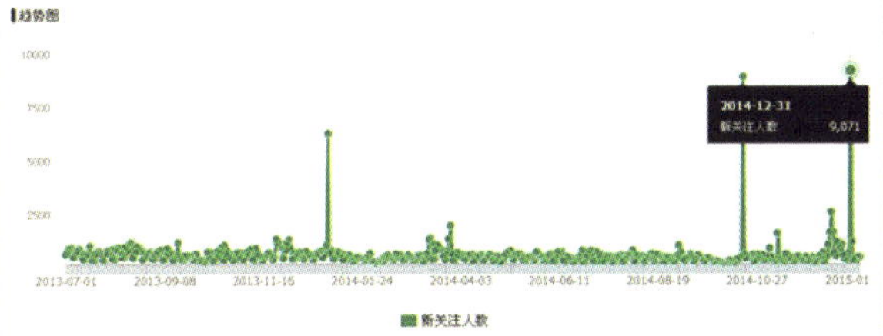

详细数据

时间	新关注人数
2015-01-07	382
2015-01-06	371
2015-01-05	341
2015-01-04	153
2015-01-03	205
2015-01-02	220
2015-01-01	1, 080
2014-12-31	9, 071
2014-12-30	533

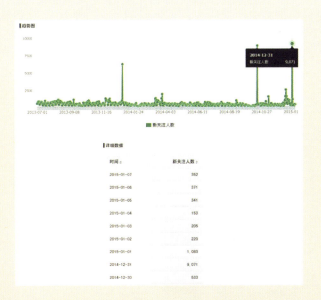

2、东广新闻台多平台分发报道“马航 MH370 失联”事件

“马航 MH370 失联”事件发生后，广播新闻中心第一时间派出记者赶赴第一线采访并发回报道。东广新闻台对这些信息进行筛选整合后，第一时间在当时拥有 46 万粉丝的官方微博平台上发布，以求最新、最快报道事件进展。

从 2014 年 3 月 8 日事发当天开始，东广新闻台官方微信就结合前方特派记者发回的图文、音频、视频，第一时间进行整合梳理并发布。

在喜马拉雅网络电台的东广新闻台专区，最新消息持续更新、滚动发布，手机用户可以随时随地通过移动终端了解时间最新进展。内容丰富、更新及时也让东广新闻台“马航事件滚动报道”在喜马拉雅网络电台上位列首页推荐、热门推荐首位以及新闻频道推荐首位，播放次数高达 43.6 万次。

“马航失联”事件的追踪报道，东广新闻台还在“爱奇艺－东广新闻台专区”创新尝试视频报道。3 月 9 日发布相关内容后，24 小时点击量达 213 万次，截止 3 月 11 日中午 12 点，网友点击播放次数更是突破 508 万次；其中“马来西亚总理就马航失联事件首次举行新闻发布会”视频报道，两分钟内在“爱奇艺”专区的点击播

放数突破 3 万，打破了“爱奇艺”原创新闻报道内容的点击播放纪录。

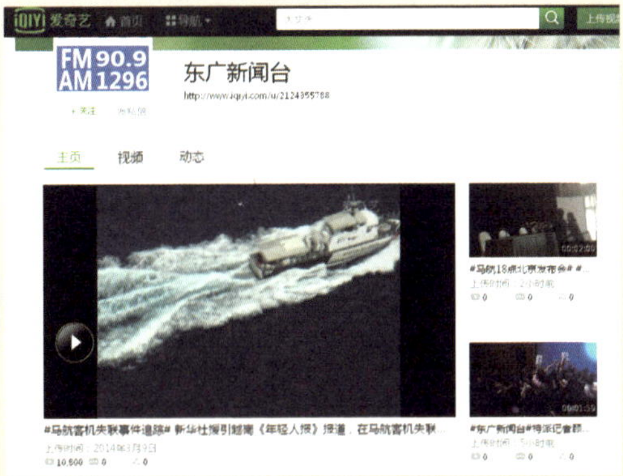

“马航 MH370 失联”事件的报道在多平台上的分发，打破了东广新闻台作为传统广播媒体的传播限制，进一步彰显主流新闻广播媒体的影响力。10 天，21 条视频报道，播放总次数超过 1280 万，最高达到单条 186 万次的播放记录。

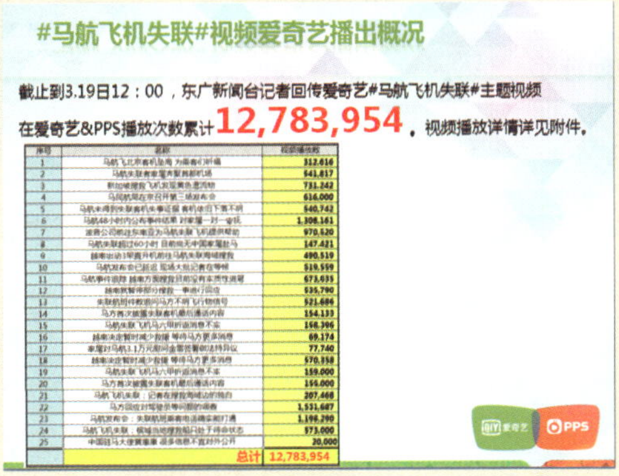

3、广播记者冬奥会之旅：全媒体报道初体验

2014年冬奥会于2月7日至24日在俄罗斯索契举行。东方广播中心创新尝试跨媒体制作、全媒体报道相结合的方式，在广播平台和微博、微信、网站平台推出“东游冬奥”专栏，报道冬奥盛况。

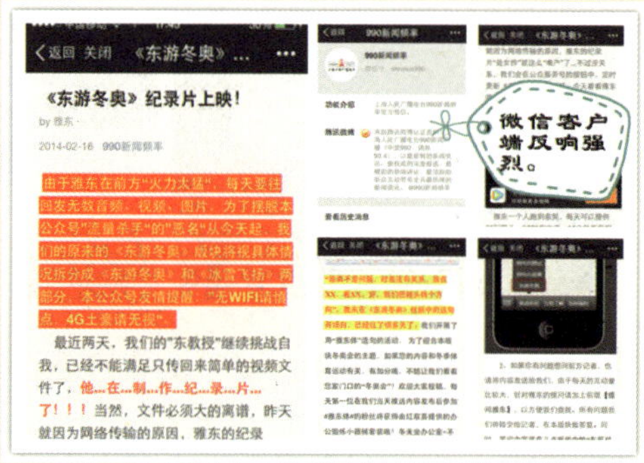

第一种模式：“跨媒体制作”。运动会开幕式历来都是焦点之一。在开幕式之前，组委会召开新闻发布会，但如何点燃主火炬，发布会上并未提及。为了使这新闻更加丰富，记者赶往主会场附近，远眺主会场拍摄视频，进行介绍、分析，用镜头带领受众预测点火仪式，及时将文字、视频通过网络，在微博、微信等平台发布，利用速度优势抢占第一落点，而后用视频来补充和延伸报道。

第二种模式：“全媒体报道”。奥运会等大型赛事对采访有详细划分，广播记者被严格限制使用摄像设备，无法拍摄到比赛及赛后采访内容，基于此不得不开始挖掘赛场之外的更多花絮，同时，赛事报道又必须保障。因此会出现广播录音报道专注于比赛，视频及

图片报道专注于赛外的现象。于是，就积极尝试融合与改变，其中关于冬奥会火炬、奥运徽章、索契冬奥会形象标识等报道，属于典型全媒体报道。

“奥运徽章”报道就是走遍了奥运场馆群，找到一个相对集中的徽章集散地，一边进行音频采访一边进行视频录制。

冬奥会的采访让广播记者尝试搭建起一个集文字、音频、图片、视频于一体的全媒体工作站，为日后更全面、更深度的报道打好坚实基础，提供宝贵经验。

<<<<< SMG 东方广播中心新媒体获奖情况

《市民政务通 - 直通 990》项目组获得 2010–2014 年度“上海市劳模集体”称号

SMG 东方广播中心新媒体主要数据一览表

网站：东方广播网					
	页面点击量（PV）	单独访客数（UV）	独立访问量（IP）	网粘度	备注
2014 年度总量	25.1363 万	14.6392 万	13.3506 万		
2014 年度平均	2.0946 万	1.22 万	11.1256 万		
2014 年度月最高	1.3589 万	8323	8070		
2014 年度日最高	1571	679	630		
数据来源	量子统计				

移动客户端名称	总下载量	2014 年度总发帖数	2014 年度原创帖文总数	2014 年度评论、跟帖总数	2014 年度总点赞数	2014 年度总转发、分享数	单篇最高阅读数（篇目，日期）	单片最高评论、跟帖数（篇目，日期）	单片最高点赞数（篇目，日期）	单片最高转发、分享数（篇目，日期）
市民政务通	5 万	5000		9 万						
阿基米德	50 万									
数据来源										

微信公众号	2014年度总阅读数	2014年度原创帖文总数	2014年度头条总阅读数	2014年度总篇数	2014年度总点赞数	2014年度总分享数	单篇最高阅读数（篇目，日期）	单片最高点赞数（篇目，日期）	单片最高转发、分享数（篇目，日期）	备注
东方广播	229.5万	358	100.3万	787	1090	18.1万	12.3万（周杰伦要结婚了，来看看方文山为他写过最美的16句歌词，2014-06-25）	22（老师别闹！网友评选的最经典“老师语录”，2014-09-10）	8446（周杰伦要结婚了，来看看方文山为他写过最美的16句歌词，2014-06-25）	
上海新闻广播	7.2万	114	3万	127	614	681	5.7万（上海大雨中的那些奇葩事，2015-06-17）	890（上海大雨中的那些奇葩事，2015-06-17）	1860（上海大雨中的那些奇葩事，2015-06-17）	

续表

东广新闻台	66.3 万	1531	33.2 万	1351		5.1 万				
直通 990	1.8 万	96	1.8 万	96	240	600	1.2（今后，这些职业资格证书你考了也没用了！2014-09）	31（我们在做一个巨牛的产品，还缺一个巨牛的你！2014-08-12）		
阿基米德 FM	30000	84	30000	84	240		3744（阿基米德还能这样玩，你造吗？2014-10-24）	57（给阿基米德 APP 好评，送奶券啦！求好评啊，亲！2014-11-20）		

续表

动感 101	2060 万	412	1442 万	412	3080	7068	26.2 万（柯震东吸毒被控制，2014-08-18）	598（柯震东吸毒被控制，2014-08-18）	1873（柯震东吸毒被控制，2014-08-18）	关注数 27 万 +
KFM981	7.8 万	351	52011	130	346	498	2081（那么问题来了：KFM 究竟是个什么神秘组织？2014-10-04）	19（《国家地理》杂志公布 2014 年度照片候选，震撼人心！2014-11-02）	22（男演员啊，小心这帮叫 Chris 的男人！，2014-10-24）	
Love Radio	5.6 万	122	5.4 万	107	19	2904				
五星体育广播	16 万	160	7186	160	2560	1745	7186（苏亚雷斯咬人事件，2014-06-26）	39（上海男篮，2014-11-27）	431（苏亚雷斯咬人事件，2014-06-26）	关注数 25 万 +

续表

经典 947	6.04 万	102	14.9 万	102	2114	1.4 万				
899 驾车调频	180.5 万	150	8.3 万	1365		20.2 万	3734（盘点饭后不应该做的 9 件事，2014-03-10）		388（盘点饭后不应该做的 9 件事）2014-03-10	关注数 1 万 +
上海交通广播	38.6 万	231	34 万	120	1243	9900	5.5 万（在街头，遇见最美的童话，2014-11-20）	363（在街头，遇见最美的童话，2014-11-20）	2869（在街头，遇见最美的童话，2014-11-20）	关注数 12 万
浦江之声电台	450	40	3228	60	121	98				
上海故事广播	500	1200	60	1460						

续表

第一财经广播	8000	150	416	412	322	418	2601（散户疯，散户疯，2014-12-04）		202（散户疯，散户疯，2014-12-04）	
话匣子	258万	500+	80万	518		6.7万				关注数1.2万+
上海少儿广播合唱团	5.1万	37	3.4万	63	150	2159				
早安新发现	154.4万	365	136.2万	365	16	1.8万				关注数12万+
娱乐正当时	274789	365	267781	365	2	3021				关注数4万+
阿彦和他的朋友们	2745	245	2115	245	4	203				关注数6000+
最爱K歌	3021	365	2715	365	2	215				关注数18000+

续表

DJ 奥特曼	2733	198	2012	198	4	185				Love Radio DJ 阿峻官方微信公众号
星期广播音乐会	26.9 万	180	23.7 万	183	673	1.7 万				
东方大律师	17.7 万	365	9030	365	108	1080				关注数 4484
梦晓时间	94.5 万	48	93.1 万	338	6634	8.4 万	10 万 +（无声的尊重，2014-07-27）	2348（无声的尊重，2014-07-27）	903（等待半世纪的婚礼，2014-11-04）	关注数 4000+
野营开放区	1200	240	480	240	120	65				
活到 100 岁	2.8 万	64	2.2 万		184	2486				
990 教子有方	1.9 万	30	1.9 万		96	1227				

续表

股市大家谈	3100	27	322	32	42	101	997（什么样的股票能上涨10倍，2014-12-18）	14（阿基米德新年音乐会照片，2014-12-30）	90（什么样的股票能上涨10倍，2014-12-18）	
早安上海	35万	220	31万	180	1200	7300	5000（早安上海，全新改版，2014-12-29)	680（和四季约会，2015-01-11）	158（早安上海，全新改版，2014-12-29)	关注数1.8万
欢乐早高峰	35.5万	210	32万	198	1100	8900				关注数10万
汽车世界	20万	180	18万	57	980	7500				关注数6000
1057车管家	21万	330	21万	218	440	8800				关注数9000
汽车大玩家	17万	59	15万	66	350	2900	7400（比斯开蓝，2014-05-24）	598（斯巴鲁性能升级，2014-12-29）	450（斯巴鲁性能升级，2014-12-29）	关注数3.8万

续表

吃遍上海滩	21 万	200	17 万	138	1000	3500	3200（暑期特价来了，2014-07-28）			关注数 1.8 万
消费直通车	25.4 万	350	25 万	310	160	980		9800（鉴别手机真假，2014-10-09）	210（鉴别手机真假，2014-10-09）	关注数 6000
欢乐晚高峰	29.1 万	210	29 万	220	850	9100				关注数 5000
数据来源	数据来源为腾讯微信后台数据支持及人工统计									

微博名称（属性：官方微博/部门/个人）	2014年度总发帖数	2014年度原创帖文总数	2014年度总跟帖、评论数	2014年度总点赞数	2014年度总转发、分享数	2014年度总被提及、被@数	2014年度总粉丝数	单片最高评论、跟帖数（篇目，日期）	单片最高点赞数（篇目，日期）	单片最高转发、分享数（篇目，日期）
东方广播	222	200	4082	8055	1.07万	1.5万	4.3万	530（第21届东方风云榜颁奖盛典：最佳新锐歌手@华晨宇yu来到新闻中心接受媒体采访，2014-03-31）	1052（第21届东方风云榜颁奖盛典：最佳新锐歌手@华晨宇yu来到新闻中心接受媒体采访，2014-03-31）	1311（第21届东方风云榜颁奖盛典：十大金曲获奖者@张杰表示，在《我是歌手》中，会献上最精彩、最完整的表演，2014-03-31）
上海新闻广播	1368	204	4968	972	3780	1.5万	20.4万	105（主持人沪语大赛，2014-12-17）	432（主持人沪语大赛，2014-12-17）	51（主持人沪语大赛，2014-12-17）
五星体育广播	257	240	7710	1280	1799	1729	17.1万			
浦江之声电台	4332	3774	2952	968	1539	1849	20.3万			

续表

第一财经广播	2万	300	6000	3000	3000	3000	63.2万			
东广新闻台	7098	7098	4.3万	1万	10.3万	629	57万	614（寻梦上海——2014区县旅游系列访谈直播贴，2014-05-30）	125（被绑架的上海女游客获释，2014-04-24）	29.6万（亚航客机失联，2014-12-28）
市民政务通－直通990	50	35	400	70	210	100	3.2万	97（空中社区活动预告，2014-10-31）	7（美食制作方法，2014-10-29）	23（反穿衣骑车很危险，2014-10-28）
阿基米德FM	40	27	80	50	34	40	350	32（阿基米德互动，2014-12-17）	8（阿基米德新版即将上线，2014-12-12）	11（阿基米德新版即将上线，2014-12-12）
动感101	983	890	58.9万	3453	60.2万	4.6万	11万	1874（东方风云榜抢票，2014-03-27）	356（东方风云榜抢票，2014-03-27）	5893（东方风云榜抢票，2014-03-27）

续表

KFM 981	911	765	3466	547	5041	1033	7514	448（“带我去格莱美”规则出炉，2014-12-24）	135（“带我去格莱美”规则出炉，2014-12-24）	1151（“带我去格莱美”规则出炉，2014-12-24）
Love Radio 1037FM	193	193	5892	34	331	796	7.9 万			
上海交通广播	1.2 万	9521	20.1 万	2384	5.7 万	2.4 万	62 万	19.2 万（上海交通广播明星主持人和1057位听众与跑步爱好者畅跑10.57公里，迎2015年交通广播新版面，2014-12-31）	926（上海交通广播明星主持人和1057位听众与跑步爱好者畅跑10.57公里，迎2015年交通广播新版面，2014-12-31）	4182（上海交通广播明星主持人和1057位听众与跑步爱好者畅跑10.57公里，迎2015年交通广播新版面，2014-12-31）
上海故事广播	480	40	1.3 万	20	3		7789			
899 驾车调频	2194	1729	913	1282	2941	2941	33 万			

续表

上海少儿广播合唱团	310	271			39		5296			
E 工坊	79	58	820	653	1906	582	3159			
星期广播音乐会	1086	760	3689	2566	5400	1496	38 万 +		13（947 跨年大直播，2014-01-01	
星期戏曲广播会	68	68	34	72	120	43	6070	6（舟山市小百花越剧团演出预告，2014-03-20）	5（吴双艺、吴国庆父子合作，2014-10-05）	24（星戏会 892 期庆祝上海戏校建校 60 周年青年教师演出专场预告，2014-05-02）
星期广播阅读会	42	12	180	6	16		1920			
萌动 60 分	140	10	60	30	40		2275			
书市排行榜	48	4	3	5	3		203			

101 爱电影	48	40	589	1415	523	589	2681			
早安新发现	10	10	17	16	3	1	1 万 +			
阿彦和他的朋友们	432	432	50	21	11	10	2 万 +			
G 速车世界	125	90	403	108	96	10	7492			
FM940 篮球嘉年华	48	48	560	80	96	96	904			
体坛怡佳壹	264	264	9240	792	396	396	9364			
海波热线	380	380	14.06 万	5.7 万	1.9 万	1.14 万	1.2 万			
上海电台法眼看天下	360		7200	1800	1800	720	3104			
990 教子有方	360		1.4 万	1800	3600	1080	1640			
数据来源										

第三章 第一财经传媒有限公司

截至2014年底，第一财经传媒有限公司（简称第一财经）已经形成包括网站、手机网站、移动终端、门户新闻客户端订阅产品、微博账号和微信账号等较为完整的新媒体产品矩阵，具体包括——

2个网站：一财网、第一财经周刊；

3个移动客户端：第一财经客户端、第一财经周刊 iPad 经典版、第一财经周刊 Android 版；

3个官方微博：第一财经、第一财经日报、第一财经周刊；

11个微信公众号：第一财经资讯、第一财经谈股论金、今日股市、第一财经公司与行业、第一财经、第一财经周刊（订阅号）、第一财经网、第一财经周刊（服务号）、第一财经理财、第一财经（CBNGroup）、第一财经理财指数 CBX。

概　况

第一财经的数字化转型工作起步较早，早在2010年，即建立了一财网这一垂直财经门户，致力于提供实时、严谨、专业的财经新闻和信息服务。经过4年耕耘，一财网日均访问量早已达到百万级别，旗下财经微博社区同乐坊网罗了40万中高端投资者。

在2014年这一年，第一财经开拓出一条“4D（报纸、电视、网站、手机客户端）联动，整体合力”的转型之路，将原有仅限于内部的“第一财经数字化平台项目”拓展升级为既可内用、又可外联的“第一财经云媒体平台”，基本形成了全方位、多元化、立体化的数字化转型格局。其中，新媒体包括网站、客户端、微博、微信公众号等，更是取得了质和量的长足进步，全媒体融合取得了明显的阶段性成果。

2014年初，即进一步明确了数字化转型必须坚持“报网融合”、“以网为魂”、“技术先行”的指导思想和实现“一个平台”、“一个用户”、“一个云端”的战略构想。

所谓一个平台，是指采编流程都应通过“第一财经数字化平台”来完成；一个用户则是指无论用户登录“一财网”、“同乐坊”、“电子报”，还是登录“第一财经新媒体客户端”，都使用同一账号和密码，无需重复注册和反复登录；一个云端，则是指第一财经旗下的报纸、杂志、网站、电视、广播等不同的媒体形态，可以通过同一云端取用资源，实现资源共享。

明确的数字化转型指导思想、战略构想和实现路径，较好地消除了员工原有的困惑和迷惘，充分发挥了目标引领的作用，为坚定不移推进数字化转型打下了坚实的基础，有效推动了数字化转型工作的迅速发展。

在明确了数字化转型的指导思想、战略构想和实现路径的基础上，为有序有效有力推进数字化转型发展，提升核心竞争力，制定了《第一财经日报社创新激励实施办法》，探索与员工利益共享、风险共担的新机制，调动创新激情，开发创新潜能，形成鼓励创新的正确导向。设立了1000万元专项奖励资金，鼓励全体员工积极发挥创造力，在“投资类”、“运营类”、“创意类”等方向上积极探索。

同时，对采编团队进行系统性改革，将其化整为零，成立12个采编小组。每个小组既有编辑也有记者，白天负责网站对应频道的稿件更新、修改、采写，晚上负责报纸对应版面的出版。重要稿件一律先上网、上手机客户端，然后才是晚上再次编辑，在次日报纸上呈现。

目前这一探索进一步拓展，第一财经建立了内容聚合中心，将电视、日报记者编辑整体合并，仍按小组管理，统筹采编合作。同时，改革内部考核机制，统一了网络稿件和日报稿件的打分标准。对稿件的考核增加了互联网表现和新闻品质的标准，要求网络稿件必须达到日报要求，日报稿件必须适应互联网需要。每天统一考核、统一打分。考核制度的变革，有效地改变了记者应付网稿的情况，使记者采写网稿的积极性和主动意识明显提高。同时，网稿容易把关不严的问题也得到了较好解决。记者编辑对待网稿像对待每条日报稿件一样认真，从而使得网稿的质量明显提升，成就了一个双赢的良性循环。

经过上述改革，第一财经日报每天的文字新闻产出量从过去的六七十条，提升到每天100条左右。每天在各个商业门户网站的新闻首页和财经频道首页中都有大量的转载第一财经的报道，点击排名前20中经常会出现三到四条来自第一财经的报道。在一些重大策划中，已经可以实现以网站为核心来生产和发布内容。

为更好地完成“第一财经数字化平台”的建设工作，第一财经于2014年3月组织了来自网易、携程、大众点评、沪江网等知名互联网公司的技术专家对“第一财经数字化平台”的建设方案做进一步论证。6月，“第一财经数字化平台”开发完成，经过采编人员的试用和反馈意见，经过技术人员的进一步修改完善，于8月1日正式投入试用。报纸的采编人员和网站的采编人员通过同一技术平台进行生产，一篇新闻素材可以根据报纸、网站、移动端的不同要求而被加工生产为不同版本的新闻，再通过技术平台迅速分发到不同终端。

在“第一财经数字化平台”基础上，进一步打造出了“第一财经云媒体”平台。该平台旨在借鉴国际经验，结合传统媒体实际，汇聚各地方媒体及合作伙伴生产的内容到一个平台共同发布，立足财经但不局限于财经，扩充至有市场需求和前景的相关领域，形成“财经云”、“视频云”、“电商云”、“互联网金融云”等多种云终端形式；依托“第一财经”强大的品牌影响力和网站、电视、广播、报纸、杂志、通讯社、研究院等全媒体优势来对传统媒体信息进行整理分析和推广，进而为传统媒体转型助力。

“第一财经云媒体平台”目前开发进展顺利，除了CMS系统已经投入使用之外，CRM系统、电商系统、互联网金融系统正在紧张开发之中。

2014年以来，第一财经进一步加强了官方微博、微信等创新媒体的运营和推广。第一财经日报微博粉丝增长了30%（总计达397万），手机客户端累计下载增加了近20%（总计达411万）。

第一财经持续在移动端发力：2月，一财网WAP版和触屏手机版上线；3月，问股客户端开发完成并上线；7月，第一财经新媒体客户端完成IOS版的升级和安卓版的开发，于各大电子市场上线；8月，第一财经——财商手机客户端上线；9月，第一财经日报iPad版》完成升级改造工作；第一财经数字报发行平台、用户中心、订阅中心一并上线。

公司旗下的几大微信公众账号在2014年内获得了极大的关注度。第一财经资讯关注人数达到27万，证券三大账号（今日股市、谈股论金、公司与行业）也分别以10万、23万、10万，成为微信大号。另外，集结人气嘉宾、分析师和草根明星全新移动互动应用App阿财于5月19日上线，一经推出获得观众追捧，截至2014年底已有下载用户数16万，9月9日起尝试会员服务，已获得订阅金额165万元。

第一财经周刊积极拓展新媒体传播渠道，最早的App“第一财经周刊iPad经典版”于2010年12月正式在App Store上线，是唯一一个长期跻身总畅销榜前50名的杂志App。2012年6月，第一财经周刊Android版上线，同月，第一财经周刊官网正式上线，官网整合第一财经周刊旗下所有内容，是一个集内容生产、付费阅读、杂志销售为一体的在线阅读平台，也是国内唯一在线付费阅读原创商业新闻杂志的阅读和出版平台，已有25万个网站注册用户数，350万次网站月均浏览量。

一、网站

1、一财网（隶属第一财经传媒有限公司）

域名（链接） www.yicai.com

创建日期 2012年12月12日

公司（单位）性质 国有企业

法人代表 李蓉

资质 第二类增值电信业务中的信息服务业务

团队架构

一财网（含网站微信号、官方微博）采编共22人

学历：大学专科3人 大学本科16人 硕士以上3人

性别：男9人 女13人

年龄：30岁以下12人 31—40岁8人 41岁以上2人

专业岗位：新闻采编13人 视频编辑5人 社区编辑4人

内容定位　做中国最好的财经新闻

内容板块　宏观、时政、全球、金融、股市、商业、消费、科技、思想、人文、图集、专题、视频、社区（同乐坊）等。

传播力　日均浏览量 220 万

技术升级、进步概况　网站管理后台进行全面升级，实现了报网融合统一平台稿件系统。CMSS 系统增加稿件审核环节，增强了系统权限管理并新增了后台搜索功能，确保了后台系统安全稳定性。

2、第一财经周刊

域名（链接）　www.cbnweek.com

创建日期　2012 年 6 月

公司（单位）性质　国有企业

法人代表　李蓉

团队架构

第一财经周刊新媒体团队共 11 人

学历：大学本科 9 人　硕士研究生 2 人

性别：男 3 人　女 8 人

年龄：30 岁以下 8 人　31—40 岁 3 人

专业岗位：管理 1　新闻采编 8 人　技术支持 2 人

内容定位　以生动方式洞悉商业世界，致力于成为华人世界中最专注于公司人群、发行量最大，轻松、好看、有用、时尚的新一代商业读本。

内容板块　分为封面故事、特别报道、专题、大公司特写、大公司新闻、技术、环境、炫公司、营销、设计、快公司、创业、公司人、新产品、职场、话题、新一线报告等。

传播力　月均浏览量 350 万次

技术升级、进步概况　《第一财经周刊》新版上线采用的内容管理系统与传统的内容管理产品相比，新一代具有更多突破和创新之处，包括一次付费，同步阅读权益，iPhone/iPad/Android/Web 版通用，优化了购买流程，为用户提升了体验。

二、移动客户端

1、第一财经

推出时间　2010 年 5 月正式运行（iOS 版）

平台　iOS；Android

版本　iOS 5.0；Android 2.0

内容　以第一财经全媒体平台的优质多媒体内容为主，专注于投资、股票、理财、宏观经济等新闻报道领域，提供最理性、最客观、最及时的分析，让投资者信息平等。

功能　自选股、转发、评论、收藏、点赞、分享等。

下载量　250 万（截至 2014 年底）

技术支持　第一财经 APP 技术团队

推广营销　报纸、电视、网站硬广告，应用市场推广、活动合作等。

技术升级　第一财经客户端在视觉、内容等多方面进行了全面革新：为了更加符合互联网读者的阅读需求，在保持原有专业性强和有深度的同时，打造更强的视觉冲击力，全新采用大图加瀑布流方式，更好看，更耐看；电视、文字和广播直播，强化了第一财经作为全媒体平台的优势，用户可随时随地看第一财经

提供的最新新闻分析；更迅速地直击现场，充分利用第一财经新的管理后台，及时将各路记者报道进行推送；更人性化操作体验，全面引入社交平台分享，在标题处即可分享到微信、微博、朋友圈，支持微博、qq 联合登录。

<<<<< 案例

系列连载——高通中国危局

针对高通反垄断案推出了系列连载——《高通中国危局》。

这场围绕反垄断的博弈吸引了全球的关注。一方是全球通信专利及芯片研发领域的老大，另一方则是经历了 5 年蛰伏的中国反垄断当局。第一财经客户端独家连载深度报道，为大家还原高通遭受反垄断调查的全过程。该系列共 7 篇，包括：《高通在中国陷危局》、《谁举报了高通》、《令人恐惧的高通》、《反垄断大势难违》、《定罪高通（上）》、《定罪高通（下）》、《高通的罪与罚》。整个报道获取了共计 30 余万点击量，并通过微博、微信朋友圈等手段广泛传播。

2、第一财经周刊（iPad 经典版）

推出时间　2010 年 12 月

平台　iOS

版本　iOS 2.3

内容　以生动方式洞悉商业世界，致力于成为华人世界中最专注于公司人群、发行量最大，轻松、好看、有用、时尚的新一代商业读本。

功能　转发、收藏、分享等。

下载量　平均每期杂志下载量15万，累计下载数量300万台次（截至2014年底）。

3、第一财经周刊（Android版）

推出时间　2012年6月

平台　Android

内容　以生动方式洞悉商业世界，致力于成为华人世界中最专注于公司人群、发行量最大，轻松、好看、有用、时尚的新一代商业读本。

功能　转发、评论、收藏、分享等。

下载量　付费用户6万人，累计下载数量 > 110万台次（截至2014年底）。

三、微博

1、第一财经（新浪微博）

版本　5.1.3

推出时间　2010 年 3 月

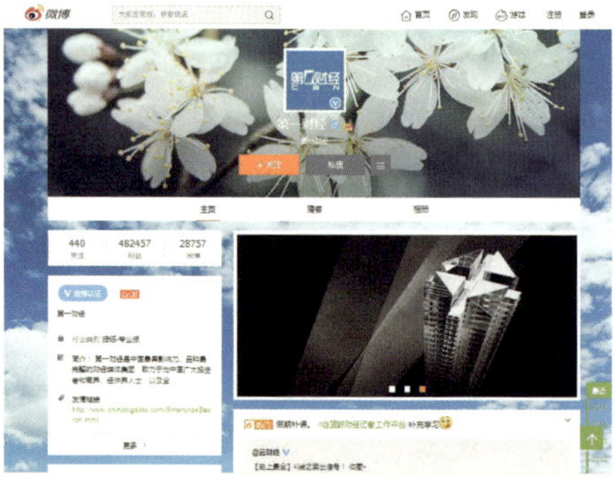

定位　第一财经原创财经资讯发布、公司品牌形象维护、公司重大活动及动态发布。

粉丝量，转发量 + 跟帖量　粉丝量：427139，转发量 36712，跟帖量 15763。

2、第一财经日报（新浪微博）——隶属第一财经日报

版本　5.1.3

推出时间　2011 年 4 月

定位　第一财经日报与读者互动、交流的窗口，第一时间向微博用户群推送重大新闻。

粉丝量，转发量 + 跟帖量　截至 2014 年底，粉丝量 3970000，其中，2014 全年新增粉丝数为 110000；2014 全年微博转发量 213384，跟帖量 65353。

<<<<< 案例

“十年都去哪儿了”引爆新浪微博话题榜

首次以微博、微信等移动社交为主要传播阵地策划的项目。

从生活方式、消费方式、投资理财方式、社交方式、价值观念等方面进行话题集中引导，通过“国民之选”投票、抽奖、话题故事征集等丰富多彩的互动方式，与网友共同回顾过去十年，企业、地标、城市、娱乐、电影、国家事件、时尚潮流等涉及衣食住行、各行各业以及传播方式更迭诸多方面的变迁。

活动于 2014 年 9 月 1 日启动，一周时间，登上新浪微博话题榜，阅读量突破 1000 万，讨论量突破 1000 条，日报官微粉丝数增加 5 万。这是第一财经日报数字化转型与全媒体融合改革的一次探索实践。

3、第一财经周刊（新浪微博）——隶属第一财经周刊

版本　5.1.3

推出时间　2009 年 10 月 14 日

定位　发表第一财经周刊内容，让更多用户读到周刊的深度报告。扩大第一财经周刊的影响力。

粉丝量，转发量　截至 2014 年底，粉丝数 333 万；全年转发量 138672。

四、微信公众号

1、第一财经资讯（隶属第一财经频道）

推出时间　2012 年 12 月

定位　为受众提供有价值的财经资讯和有价值观的评论，打造财经信息传播及互动社区。

订阅数　307300（截至 2014 年底）

技术升级、进步概况　公号以传播有价值的图文和有个性的音视频内容为主，并与用户进行有效互动举行线下活动增强用户黏性，志于打造财经信息传播及互动社区。

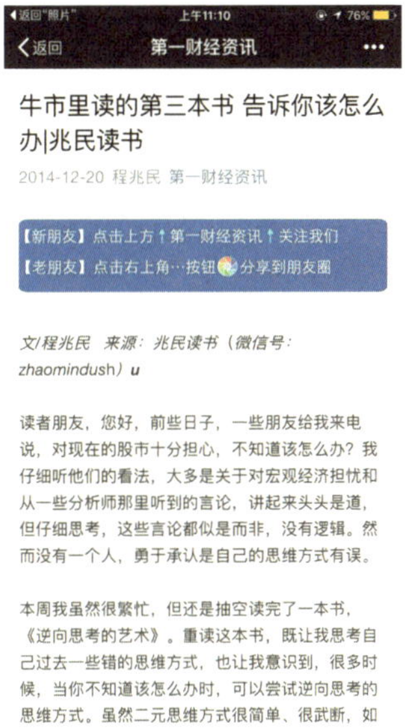

2、第一财经谈股论金

推出时间　2013年7月23日

定位　第一财经《谈股论金》节目衍生互动交流平台

订阅数　275357（截至2014年底）

技术升级、进步概况　微信拥有指令回复、菜单点击以及每日推送等多种功能的投资者互动交流平台。节目直播时，观众可以通过微信平台留言给节目组，节目组有选择地挑选留言进行播出，回馈观众，与观众互动交流。

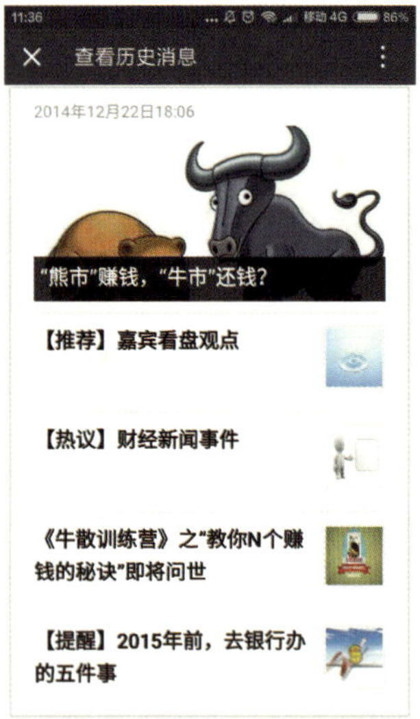

3、今日股市（隶属第一财经频道）

推出时间 2013年8月

定位 服务投资者，与主持人、嘉宾互动，形成一个沟通平台。

订阅数 135907（截至2014年底）

技术升级、进步概况 每日推送以节目内容为主，也与节目的线下活动“睿投顾”结合。节目直播时，观众可以通过微信平台与节目组互动交流。后台功能每日更新最新行情。

11:25
78%
今日股市
你吃到A股糖果了么?
2014-12-25 今日股市
【新朋友】点击标题下面蓝色字"今日股市"关注。
【老朋友】点击右上角，转发或分享本页面内容。
一路一带又卷土重来了，不单单带动了板块更是带动了大盘。早盘颤颤巍巍在波动，随着金融股，基建股的崛起，大盘也渐渐有了起色，直到收盘前一路一带个股的拉升大盘直线往上跑了起来。沪深两市强劲反弹，上证指数大涨3.36%，收报3072.54点。中小板指涨1.2%，创

4、第一财经公司与行业

推出时间　2013 年 7 月

定位　围绕节目，服务节目，扩大节目受众面，为观众提供一个与节目、其他观众沟通交流的平台。

订阅数　120340（截至 2014 年底）

技术升级、进步概况　2014 年初，公众号全面改版升级为菜单式，开发了诸如阳子微言、精选公

中国移动
上午11:07
77%
返回 关闭 第一财经公司与行业
“牛市”中场休息 2015我们再出发
2014-12-25 第一财经公司与行业
第一财经公司与行业 微信号：yicaigshy
我们紧跟证券市场，发现新经济中行业和公司的未来亮点。每个交易日为您搜寻一个股票池，一家精选公司的基本面分析，一个热点产业链的个股梳理。发送1可获得近期节目的市场观点。
投稿、报料、新闻线索，可以通过电子邮件发到gsyhy@yicai.com.
随着近期权重股出现集体回调，从上周开始弥漫的

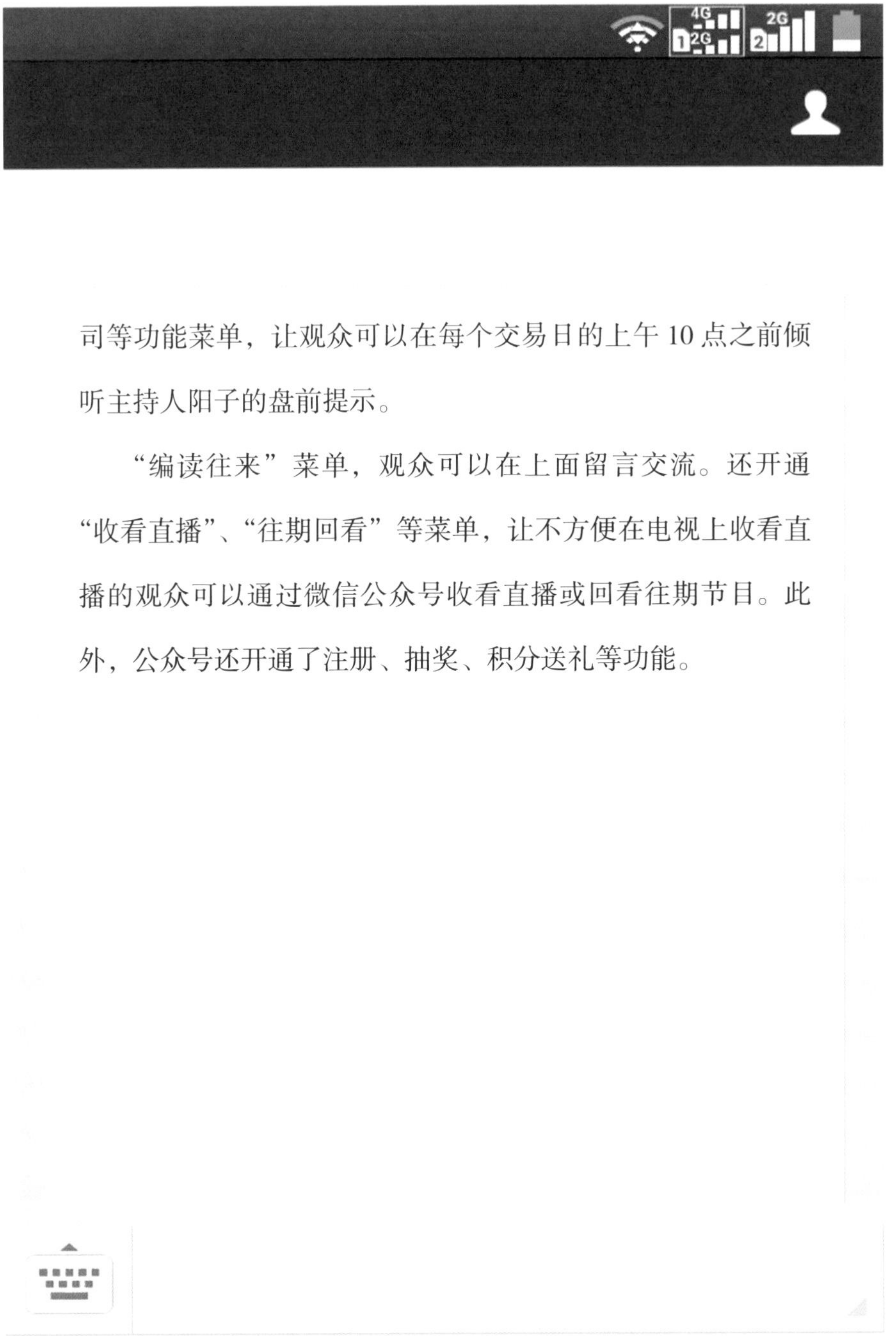

司等功能菜单，让观众可以在每个交易日的上午 10 点之前倾听主持人阳子的盘前提示。

“编读往来”菜单，观众可以在上面留言交流。还开通“收看直播”、“往期回看”等菜单，让不方便在电视上收看直播的观众可以通过微信公众号收看直播或回看往期节目。此外，公众号还开通了注册、抽奖、积分送礼等功能。

5、第一财经（公众号：cbnnetwork）

推出时间 2013年12月

定位 为对财经类信息有需求的人群提供新鲜、有趣、专业的内容。

订阅数 125100（截至2014年底）

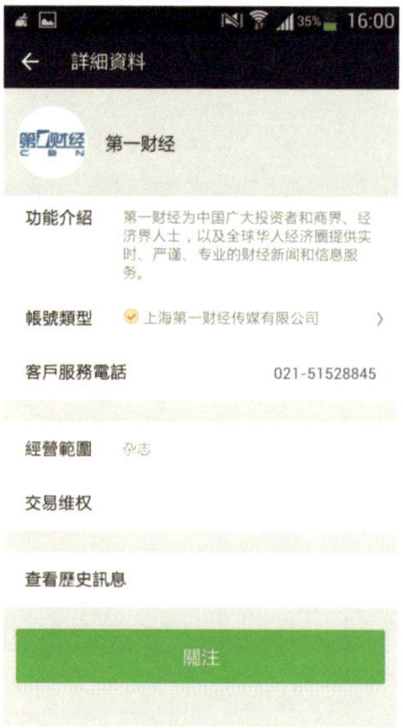

6、第一财经周刊（订阅号）

推出时间　2013年9月

定位　发表第一财经周刊内容，让更多用户读到周刊的深度报告。扩大第一财经周刊的影响力，增加用户黏性，建立粉丝俱乐部。

订阅数　96102（截至2014年底）

7、第一财经网（隶属第一财经网站）

推出时间　2012 年 12 月

定位　为对财经类信息有需求的人群提供新鲜、有趣、专业的内容。

订阅数　87011（截至 2014 年底）

8、第一财经周刊（服务号）

推出时间　2014 年 9 月

定位　发表第一财经周刊内容，让用户获得更好的订阅服务。

订阅数　71653（截至 2014 年底）

9、第一财经理财

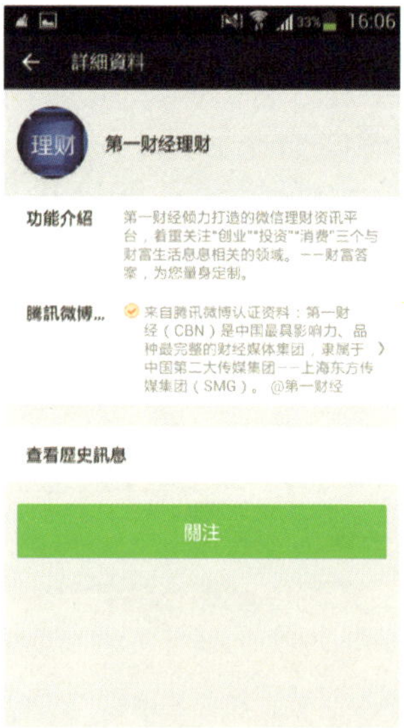

推出时间　2013 年 4 月

定位　满足第一财经受众对理财资讯、理财指导的需求。同时与权威理财指数 CBX 合作，每日发布动态跟踪。

订阅数　51298（截止 2014 年底）

10、第一财经（公众号：CBNGroup）

推出时间　2014 年 1 月

定位　第一财经各平台财经资讯聚合平台，每日推送尾市盘点及热点财经咨询。同时用于公司品牌活动发布及招募，公司动态发布。

订阅数　26609（截至 2014 年底）

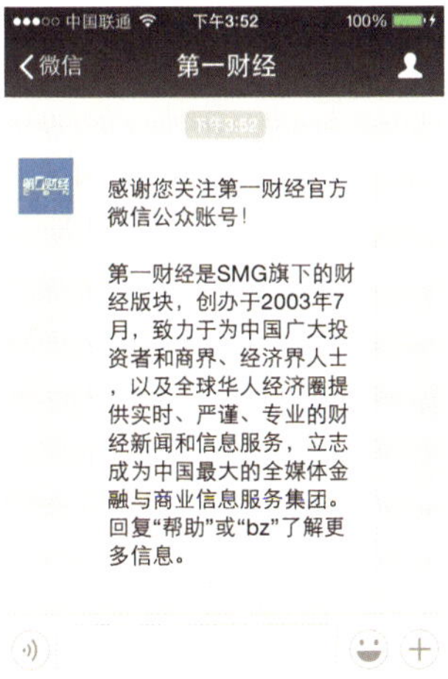

11、第一财经理财指数 CBX（公众号：licaizhishu_cbx）

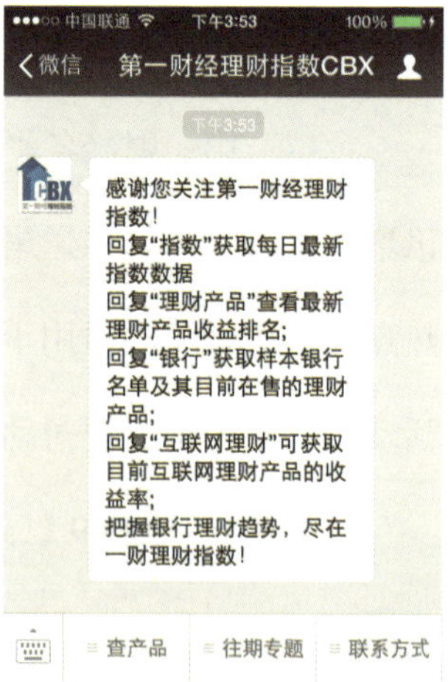

推出时间　2013 年 7 月

定位　国内首个反映银行理财产品收益率趋势的指数。理财指数每日集取样本银行理财产品数据，以指数形式实时向公众发布，反映理财产品收益率的变化趋势，为投资者购买理财产品提供指导和帮助。

订阅数　81060（截至 2014 年底）

<<<<< 第一财经媒体创新与融合案例

第一财经在重大报道方面建立了统筹机制，明确重大稿件要在网站、手机客户端、微博、微信统一规划，集中时间推广，事前事中事后都有明确传播安排。

1、“两会”报道

2014 年年初，在报网融合背景的推动下，第一财经在全国“两会”报道筹备阶段，即成立了涵盖报纸、网站、新媒体移动端等多位一线采编骨干的报道小组，确定了报道策略及目标，并根据以往采访资源整理出《两会报道手册》，对报道细节作出详尽部署，帮助每一位记者明确了所有条线的基本采访要求。

“两会”期间，上会记者、外围记者与区域记者通力合作，围绕“民生领域”、“公共政策”、“金融市场热点话题”等多个领域推出专题报道，完成对多名省部级高官的访问，还每天为第一财经频道提供 2~3 分钟两会现场报道，并为广播提供现场连线。

平台之间协同作战，日报与频道互相支持，移动端与读者形成互动，网站对日报的时效性、全面性进行补充，形成了报纸、电视、网络、移动端平台互动的良好局面。在独家报道上，一财网配合日报和频道记者，及时做好对周小川等的采访视频推荐和处理，将“山西省长回应反腐”等话题内容及时置顶推荐，扩大了在“两会”报道中的影响力

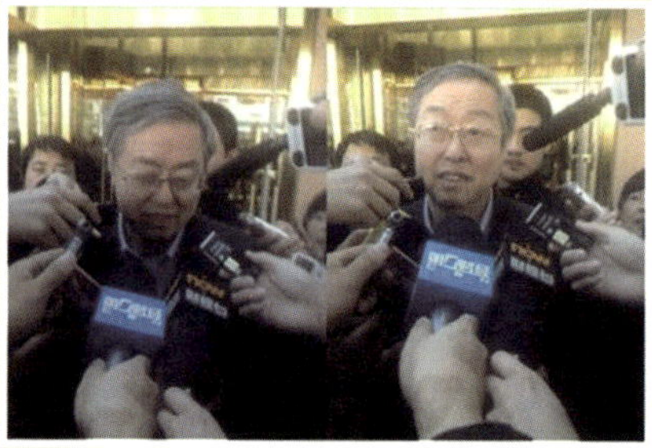

“两会”期间，一财网日均刊发超过20余篇原创稿件，其中13篇原创稿件被中国政府网站第一时间转载收录；网站开设微博、微信互动平台，开辟“两会天天读”、“两会热点吐槽”相关互动栏目，推出内容深受读者喜爱。

2、阿里巴巴纽交所成功上市

2014年9月19日，阿里巴巴正式在纽交所挂牌上市。为此，第一财经在前期就筹建了36人的报道团队，涵盖了电视、日报、网站、手机客户端，建立了记者集中供稿、各终端分别采用的机制。

在这场长达12小时的直播报道中，先是电视、网站、手机客户端、微博四端同步直播，记者既提供给电视直播连线，又为网站、手机客户端等提供文字和图片资料。在电视直播结束后，新媒体部门又持续直播了将近8个小时，成为国内唯一直播12小时的财经媒体。

手机客户端更是首次创新，在直播页面中引入电视直播信号，同时加入了文字和图片直播流，让受众在一个页面上边看电视，边看文字直播。

面对这样重型的报道，第一财经统筹了各种资料，网站、手机客户端、微信，分别制作了不同的专题和HTML5页面，提早一天就在网上预热，让受众能从各个维度关注到第二天的直播。这些页面和专题适应新媒体传播规律，互动性很强。例如，微信编辑和技术人员制作的视频《光环背后的马云》、手机网页“芝麻开门：马云的首富之路”，在电视和网络直播开始前就群发给用户，获得了超过10万的浏览量。电视直播时段结束时，阿里巴巴的交易还在漫长的询价过程中。微信编辑又与网站编辑合作，及时将开盘的最新情况与其他相关文章、音频制作成一组微信刊发出来。

此次大型报道策划获得了极大的网络访问量，突破了传统媒体传播介质、传播时间的限制，使得受众能更方便、更及时地获取第一财经的报道。

3、直击“沪港通”

2014年11月17日9时30分，“沪港通”交易正式开启。从开通仪式策划执行到全媒体传播，第一财经通过电视、报纸、网站等各种渠道，对启动仪式进行了全面报道，全程描绘中国资本市场这一历史时刻。

对于此次“沪港通”开启的直播报道，第一财经采取多种方法对其进行预热。除了先期投放大量宣传片，还专门制作了一组近10分钟的“一财搜”系列短片，在频道滚动播放。第一财经移动端也提前发布了“沪港通怎么玩”的策划。第一财经资讯微信公众号17日当天开盘前及时推送投资操作指南《沪港通交易首日须知》，一天之内获超过10万点击量。一财网通过投票、话题等多种互动形式，在专题、微信等多平台进行互动报道，吸引了大量的网友参与互动。

<<<<< 第一财经新媒体获奖情况

2014 年 6 月，获上海市优秀网站称号；

2014 年 11 月，获上海市 AA 级安全网站称号。

第一财经新媒体主要数据一览表

网站：一财网				
	页面点击量（PV）	单独访客数 (UV)	网粘度	备注
2014 年度总量	26000 万	20000 万	良好	
2014 年度月最高	3100 万	2200 万	良好	2014 年 3 月
2014 年度日最高	200 万	120 万	良好	2014 年 7 月 3 日
单篇最高（篇目，日期）	220 万	65 万	良好	政协委员“战”记者百态
数据来源	谷歌分析	谷歌分析	谷歌分析	

网站：第一财经周刊					
	页面点击量（PV）	单独访客数 (UV)	独立访问量 (IP)	网粘度	备注 v
2014 年度总量	324 万	180 万	175 万	一般	
2014 年度月最高	30 万	19 万	19 万	一般	
2014 年度日最高	1 万	1 万	1 万	良好	
单篇最高（篇目，日期）	15 万	10 万	3 万	一般	

移动客户端名称	总下载量	2014年度总发帖数	2014年度原创帖文总数	2014年度评论、跟帖总数	2014年度总点赞数	2014年度总转发、分享数	单篇最高阅读数（篇目，日期）	单篇最高评论、跟帖数（篇目，日期）	单篇最高点赞数（篇目，日期）	单篇最高转发、分享数（篇目，日期）	备注
第一财经客户端	411万+	7.2万	2.9万	26.9万		360万+	150万+（香港十问，2014—08—28）			100万+（香港十问，2014—08—28）	
第一财经周刊	15.2万	1968	1968	3万	3万	100万+					
第一财经周刊iPad经典版	177.7万	1968	1968								
第一财经周刊Android版	68.1万	1968	1968								
第一财经财商	3.6万	7000	6000	2600			2419（投资精华汇总：小白必看，2015-03-26）			因以收费阅读为主，大部分文章转发分享功能关闭，无最高转发等统计数。	
数据来源	自有后台										

微博名称（属性：官微/部门/个人；平台）	2014年度总发帖数	2014年度原创帖文总数	2014年度总跟帖、评论数	2014年度总点赞数	2014年度总转发、分享数	2014年度总被提及/被@数	2014年度总粉丝数	单篇最高跟帖、评论数（篇目，日期）	单篇最高转发、分享数（篇目，日期）	单篇最高点赞数（篇目，日期）
第一财经日报（官微/新浪）	1.1万	8100	22.5万	2.7万	3.6万	3.6万	397万	475（不要问丧钟为谁而鸣，它就为你而鸣！2014-05-31）	1937（不要问丧钟为谁而鸣，它就为你而鸣！2014-05-31）	418（不要问丧钟为谁而鸣，它就为你而鸣！2014-05-31）
第一财经（官微/新浪）	5049	3538	15763	2万	3.7万	1.5万	42.7万			
第一财经周刊	3650	1568	1.3万	1.6万	3.9万	1.1万	300.3万		500(新一线！武汉，2014-02-14）	40(夜太美，得刷！2014-04-28
数据来源	新浪公司微博后台									

微信公众号	2014年度总阅读数	2014年度原创帖文总数	2014年度头条总阅读数	2014年度总篇数	2014年度总点赞数	2014年度总分享数	单篇最高阅读数（篇目，日期）	单篇最高点赞数（篇目，日期）	单篇最高转发、分享数（篇目，日期）
第一财经网订阅号	535.1万	1460	153.3万	1825	2万	27万	8.3万（诺基亚的最后一天：致敬！2014-07-19）	1165（诺基亚的最后一天：致敬！2014-07-19）	2.5万（诺基亚的最后一天：致敬！2014-07-19）
第一财经（cbnnetwork）	170万	240	38.3万	240	4.4万	12.3万	3万（第二批自贸区来了！哪些股票将受益？2014-12-14）	298（土豪，你有“黑卡”吗？2014-11-09）	676（第二批自贸区来了！哪些股票将受益？2014-12-14）
第一财经（CBNGroup）	143.5万	1055	38万	1193	3075	5.2万			
第一财经理财	173.5万	966	41.5万	1178	4123	8.6万			
第一财经公司与行业	925.5万	32	310.5万	279	2.7万	21.5万	2.7万（腾讯发布报告：哪些行业将被颠覆，2014-09-12）	139（牛儿啊你慢些走！崔总又来了！2014-12-04）	1908（腾讯发布报告：哪些行业将被颠覆，2014-09-12）

续表

今日股市	882.1 万	750	424.4 万	856	7040	14.4 万	3.9 万（十大牛股十大熊股名单？2014-12-31）	88（丢掉哭死拿着吓死的股票，2014-12-26）	1502（一位良心操盘手的内心独白，2014-05-06）
谈股论金	992.7 万	802.4 万	496.4 万	1204	7360	13.1 万	8.9 万（终于有人把O2O、C2C、B2B、B2C的区别讲透了，2014-10-09）	145（《牛散训练营》之“教你N个赚钱的秘诀”即将问世，2014-12-18）	8456（终于有人把O2O、C2C、B2B、B2C的区别讲透了，2014-10-09）
第一财经资讯	1643.3 万	1460	225.1 万	1460	4.7 万	13.4 万	21.8 万（周永康是谁？2014-07-29）	441（周永康是谁？2014-07-29）	
第一财经周刊	150 万	1080	20 万	1080	6 万	10 万	16.2 万（情比金坚？旅个游试试……2014-05-18）	1 万（情比金坚？旅个游试试……2014-05-18）	1.3 万（情比金坚？旅个游试试……2014-05-18）
第一财经《财商》	350 万			641		31 万			
CBX 理财指数	285.6 万	500	60.4 万	1250	8238	12.5 万	7.5 万（人民币利率将继续走低 买理财产品选长期锁定利率，2014-11-03）	300（人民币利率将继续走低 买理财产品选长期锁定利率，2014-11-03）	3249（人民币利率将继续走低 买理财产品选长期锁定利率，2014-11-03）
数据来源	腾讯								

截至2014年底，东方卫视中心已形成包括东方卫视、新娱乐、中国梦之声等诸多微博和微信公众号等产品的新媒体矩阵，具体包括——

1个官方微博：东方卫视番茄台；

1个官方微信公众号：东方卫视，另有东方卫视中心开办的4个微信公众号，2个官方微博账号。

第四章 东方卫视中心

概况

2014年是东方卫视中心的媒体融合元年。这一年，东方卫视中心不仅积极维护新媒体传播渠道，更努力在中心资源整合的背景下，打通东方卫视、新娱乐、星尚及艺术人文新媒体渠道，促进东方卫视中心新媒体的融合与发展。

东方卫视是上海广播电视台最重要的播出平台之一，收视以都市人群为主，全国有线网覆盖位居省级卫视第一，位列中国最具品牌价值和影响力的综合频道前列。据美兰德公司（CMMR）发布的2013年度全国有线电视公共网调查结果显示，东方卫视获评“2013 年度全国观众最喜爱的省级卫视”、“省级卫视网络视频点击量前 10 名”及“覆盖传播成就奖”等奖项。此外，东方卫视频道在欧洲、亚洲、南美、非洲、大洋洲等区域成功落地，广泛覆盖全球华人市场，全球可收视人口逾 10 亿。

早在 2011 年，东方卫视就在新浪网推出了官方微博“东方卫视番茄台”，截至 2014 年底，粉丝数超过 350 万。微博围绕“梦想的力量，你我同在”的口号，以王牌综艺和影视剧为重要依托，以国内外重要新闻为主要关注点，联动娱乐大事件，形成了对综艺、影视和新闻等内容的全覆盖，为东方卫视品牌建设与宣传推广助力。

2014 年，东方卫视王牌综艺节目全面繁荣，《笑傲江湖》、《妈妈咪呀》展现平凡人的梦想，收视稳居全国前三；相亲交友类节目《百里挑一》与《谁能百里挑一》发挥联动效应，创立市场独有品牌。此外，东方卫视引进海外模式加以本土化运作，《中国达人秀》、《中国梦之声》等节目皆创收视佳绩。“东方卫视番茄台”微博借力发力，依托平台优势和粉丝基础，在品牌节目启动、招募阶段，发挥大号优势，为《笑傲江湖》和《中国梦之声》等节目的预热与宣传发挥积极作用，并成功带动节目子微博活跃度的提升。

2014 年，“东方卫视番茄台”开启电视节目制播“台网合一”的新局面。3 月 8 日马航 MH370 航班失联后，“东方卫视番茄台”密切关注事件最新动态，及时发布相关搜救信息和救援情况。3 月 9 日，紧急调整版面，全天关注马航客机失联事件，“东方卫视番茄台”作为官方发布平台，第一时间联动，获得网友好评和点赞。3月9日与3月24日发布的微博《马航370，祈福回家》和《亲人已逝！我们，依然等待真相》，转发数1103，评论1106，阅读量91.3万多。

2014年1月，东方卫视推出了官方微信公众号，以王牌综艺、热门剧集、娱乐大事件、粉丝互动等为重点，获得极高关注度，为东方卫视品牌推广及节目预热起到了良好的宣传作用。

2014年，东方卫视中心整合下属东方卫视、新娱乐、星尚及艺术人文等各具特色的微信公众号，扩大东方卫视中心品牌影响力和公信力。如《中国梦之声》节目推出的“中国梦之声”微信公众号在2013年5月正式开通，截至2014年12月底，订阅数已超过13万。2014年初开通的“星养生”微信公众号，推出不久即广受关注，截至2014年12月底，粉丝量已达48152人，日平均阅读数超过1.5万，成为上海地区“养生类”微信公众平台中的佼佼者。

一、微博

1、东方卫视番茄台（新浪微博）——隶属东方卫视中心

版本　5.1.3

推出时间　2011年

定位　东方卫视品牌建设、信息服务窗口。

粉丝量，转发量+跟帖量　截至2014年底，粉丝量3504261，其中，

2014 全年新增粉丝数为 105211；2014 全年微博转发量 218452，跟帖量 132105。

<<<<< 案例

2014 年 3 月 8 日，马航 MH370 航班失联后，“东方卫视番茄台”第一时间关注事件进展，实时发布官方动态。在近一个月时间里，重点关注马航搜索、救援、善后处理等各方面信息，及时更新马航最新消息。同时，紧急调整版面，暂停娱乐节目的播出，并对重大新闻发布会、实时搜索进行大版面直播，获得网友好评。

附：微博 & 网友评论

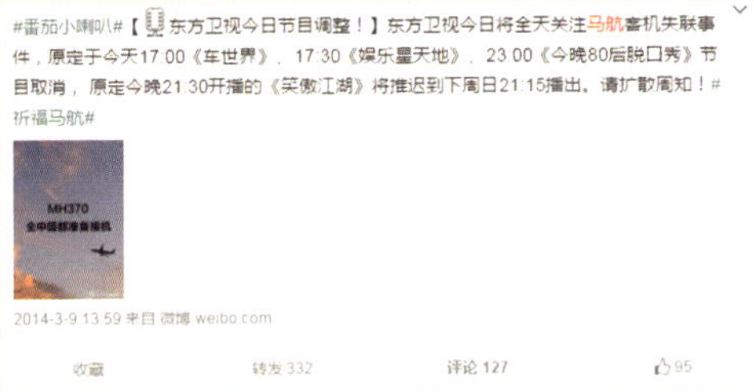

网友留言评论积极，并对东方卫视予以肯定，摘抄如下：

@晨兮雾兮：大台风范！［威武］

@MidioYeah：业界良心。。

@F1F1FerrariAlonso都是我的爱：最美的图最好的期愿［飞机］早点回家［心］

@连炤：番茄台赞！希望都平安归来。

@曾湖仙：停播其他节目，关注失联客机！我相信会增聚一份能量，为他们祈祷带来平安！

2、中国梦之声（新浪微博）——隶属东方卫视中心

版本　5.1.3

推出时间　2013年3月

定位　《中国梦之声》节目宣传、互动平台，粉丝聚集地。

粉丝量，转发量＋跟帖量　截至2014年底，粉丝量747653，其中，

2014全年新增粉丝数为32154；2014全年微博转发量32184，跟帖量47952。

3、新娱乐（新浪微博）——隶属东方卫视中心

版本 5.1.3

推出时间 2010年12月

定位 就是要开心！真正具有强大内心力量的人，总能找到让自己开心的方法。新娱乐就是那个能让你获得开心能量的电视频道。

粉丝量，转发量+跟帖量 截至2014年底，粉丝量256766，其中，2014全年新增粉丝数为10245；2014全年微博转发量682，跟帖量1186。

二、微信公众号

1、东方卫视（东方卫视主媒体公众号：sh_dragontv）

推出时间　2014 年 1 月

定位　东方卫视品牌建设、信息服务窗口。

订阅数　113400（截至 2014 年底）

2、中国梦之声（节目公众号：chinese-idol）

推出时间　2013 年 3 月

定位　为观众提供最直接的交流平台，激发热爱音乐的青年“为梦想歌唱”，勇于追梦的氛围。

订阅数　144350（截至 2014 年底粉丝数）

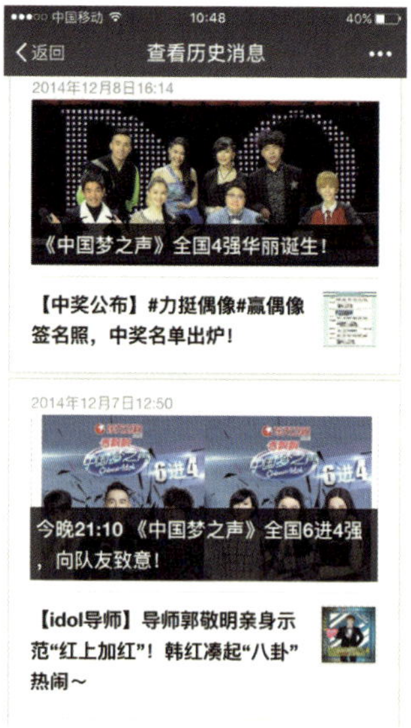

3、妈妈咪呀（节目公众号：dfwsmamamiya）

推出时间 2014 年 1 月

定位 以舞台上的妈妈们为主角，以图文、视频以及小游戏的方式，讲述励志妈妈们的真人真事，为她们提供展示自成一派、令人惊叹的才艺，传递具有人生启示的社会正能量。

订阅数 5390（截至 2014 年底粉丝数）

4、星养生（公众号：xingyangsheng）

推出时间　2014 年 1 月

定位　为电视观众与网友提供实用、权威、科学的健康资讯与线上线下健康交流平台，与养生专家进行零距离交流，汲取健康新知。

订阅数　48152（截至 2014 年底粉丝数）

5、新娱乐（公众号）

推出时间　2013 年 8 月

定位　娱乐频道品牌建设、信息服务窗口。

订阅数　40586（截至 2014 年底粉丝数）

SMG东方卫视新媒体主要数据一览表

微信公众号	2014年度总阅读数	2014年度原创帖文总数	2014年度头条总阅读数	2014年度总篇数	2014年度总点赞数	2014年度总分享数	单篇最高阅读数（篇目，日期）	单篇最高点赞数（篇目，日期）	单篇最高转发、分享数（篇目，日期）
东方卫视	123.6	485	55.8万	1115	5689	4.6万			
中国梦之声	200.2万	473	140.2万	307	954	1.9万	4.4万（《中国梦之声》全国四强华丽诞生，2014-12-08）	35（郑兴琦夺冠！登顶年度“中国梦之声”，追梦之旅永不停歇！2014-12-15）	2174（“梦之声”首季六强有望重聚总决赛舞台！偶像回归“星光起点”！2014-12-09）
妈妈咪呀	144.1万	234	100.9万	545	791	1.2万			
星养生	720万	322	439.2万	718	4231	7万		115（分解脂肪吃洋葱好处多，2014-07-26）	8897（立秋 轻松排出暑热之毒，2014-08-7）
新娱乐	186.2万	237	100.6万	930	1021	1.8万	2万（看姿势就知道，都是亲爹啊！2014-06-17）	86（谁家小女初长成，2014-08-13）	1420（看姿势就知道，都是亲爹啊！2014-06-17）

微博名称（属性：官微/部门/个人；平台）	2014年度总发帖数	2014年度原创帖文总数	2014年度总跟帖、评论数	2014年度总点赞数	2014年度总转发、分享数	2014年度总被提及/被@数	2014年度总粉丝数	单篇最高跟帖、评论数（篇目，日期）	单篇最高转发、分享数（篇目，日期）	单篇最高点赞数（篇目，日期）
东方卫视番茄台	6322	5754	2.5万	3.9万	1.5万	2.5万	350万	1万（东方卫视跨“我心中的男神，2014-12-26）	1.2万（东方卫视跨“我心中的男神，2014-12-26）	4567（东方卫视跨“我心中的男神，2014-12-26）
中国梦之声	1788	248	9754	1.2万	6794	1.1万	74万	1101（“中国梦之声”欢乐男孩《张三的歌》2014-09-21）	2194（“冰皮派”王小北&“五仁派”文卓@文卓文卓，2014-09-08）	341（“梦之声”921开播预告，2014-09-21）
新娱乐	1460	1274	1186	1536	682	557	25万			
数据来源	新浪微博后台									

第五章 SMG纪实频道

截至2014年底，纪实频道已形成包括官方网站、官方微信号和微博等3项产品的新媒体发展矩阵，具体包括——

官方网站：纪实频道

官方微信号：纪实频道

新浪官方微博：纪实频道

概 况

纪实频道自2002年成立以来一直走在媒体融合前沿。2014年6月，纪实频道成为全国专业卫星频道之后，加快了新媒体融合的步伐。

官方网站于2006年6月正式上线。网站设计简洁、明亮，内容以介绍纪实频道各栏目情况为主。2014年6月，借纪实频道上星成为全国卫视的契机，对官方网站进行了改版，增加了若干板块。首先，将频道最新动态第一时间告知网友；其次，将国际纪录片行业的新闻呈现给受众；此外，融合视频网站资源，在网站中嵌入了优秀节目视频节选；同时，专门开辟了 Q&A 板块，解答网友的提问。

2010 年微博兴起，纪实频道作为最早注册微博 ID 的专业机构之一，落户新浪微博。微博不仅对当日频道播出的节目进行预告，更时常更新美图、美言；推荐经典图书、优秀纪录片，将大美世界分享给粉丝。粉丝们也就纪实频道播出的节目内容、优秀纪录片、文化界的话题进行提问。微博编辑不间断地在后台积极帮助粉丝。目前，纪实频道的新浪微博 ID 共发微博 26996 条，粉丝量 46033。

后微博时代，公众将注意力转移到新的新媒体产品——微信公众号上。纪实频道也在第一时间“抢占高地”，于 2013 年 6 月正式开通了纪实频道微信公众号，内容主要有纪实频道的最新动态、热点节目的编导手记、纪念日的相关纪录片推荐，以及与沪上其他文化品牌的联动。此外，微信公众号编辑也常常解答粉丝在后台发出的问题，还定期组织粉丝聚会，让志同道合的朋友面对面地进行交流。至 2014 年底，纪实频道微信公众号订阅数为 18745，并以平均每天 30 人的数量增长。

一、网站

名称　纪实频道（官方网站）

域名（链接）　www.docuchina.tv

创建日期　2006 年 6 月

公司（单位）性质　国有企业

法人代表　陈梁

团队架构

网站编辑 1 人，学历：大学本科；性别：女；职称：中级。

二、微博

名称　纪实频道（新浪微博）

版本　5.1.3

推出时间　2010 年

定位　预告频道当日节目；分享经典图书、经典纪录片；分享美图、美言。

粉丝量　46033（截至 2014 年底）

发帖数量　26996（截至 2014 年底）

三、微信公众号

名称 纪实频道（纪实频道主媒体公众号：jishipindao）

推出时间 2013 年 6 月

定位 关注文艺界最新动态；推荐经典纪录片；预告频道节目。

订阅数 18745（截至 2014 年底）

SMG 纪实频道新媒体主要数据一览表

微信公众号	2014 年度总阅读数	2014 年度原创帖文总数	2014 年度头条总阅读数	2014 年度总篇数	2014 年度总点赞数	2014 年度总分享数	单篇最高阅读数（篇目，日期）	单篇最高点赞数（篇目，日期）	单篇最高转发、分享数（篇目，日期）
纪实频道	66 万	104	64.4 万	130	1940	2.4 万	2.5 万（祝天下有情人……2014-02-14）	469（祝天下有情人……2014-02-14）	4468（祝天下有情人……2014-02-14）

微博名称	2014 年度总发帖数	2014 年度原创帖文总数	2014 年度总跟帖、评论数	2014 年度总点赞数	2014 年度总转发、分享数	2014 年度总被提及 / 被 @ 数	2014 年度总粉丝数	单篇最高跟帖、评论数（篇目，日期）	单篇最高转发、分享数（篇目，日期）	单篇最高点赞数（篇目，日期）
纪实频道	1400	900	714	3920	6614	840	4.6 万			

第六章 SMG外语中心（ICS 上海外语频道）

至 2014 年底，ICS 上海外语频道已形成包括 ICS 上海外语频道网、上海外语频道微博和微信公众号等诸多产品的新媒体矩阵，具体包括——

1 个官方网站：ICS 上海外语频道网

2 个 APP 客户端：ICS 上海外语频道、FineDining 享宴

1 个官方微博：ICS 上海外语频道及 12 个官方栏目微博

1 个频道官方微信公众号：上海外语频道及 13 个栏目官方微信公众号

概　况

ICS 在 2008 年开台初始，频道官网即同步上线。初期，ICS 官网仅作为栏目介绍、节目预告及推介 ICS 频道之用途。2009 年，ICS 利用自身优势与腾讯联合推出 ICS-QQ 视频网站（ICS.QQ.COM），集合 ICS 部分栏目视频推上网络进行试点。上线节目受欢迎程度远超预期，每天拥有十几万的节目点播数，数以万计的观众光顾此网站。2010 年，网站契合上海世博

会改版，在充分调研基础上，重新制定网站功能、内容分类与版面设计。官网世博版获得国务院新闻办颁发的《世博网络传播最佳专题优秀奖》和《世博网络传播最佳信息服务优秀奖》。

在运营网站的同时，ICS 新媒体开始向 SNS 平台（社会性网络服务）发展，先后在 Twitter、Facebook 及新浪微博、腾讯微博、开心网开设频道帐号，将内容主动送进这些平台，从而覆盖更多受众。2011 年，为弥补 ICS 官网视频内容的不足，引入了 7 天回看系统，类似于 IPTV 的网页版，收录 7 天内频道所播放的节目，供观众随意点播和回看。

ICS 新媒体多箭齐发，百花齐放，发挥自身视频资源优势

ICS 每周播出 13 个小时的自制版权节目，目前已将节目整体上网，观众通过访问 ICS 网站就能够点播、回看任意一期已播出过的节目。ICS 的后台系统按照预定设置，自动收录 ICS 播出的自制节目，进行编目后自动录入后台数据库，经由编辑审核后发布至用户终端，观众通过 ICS 网站及 ICS 苹果 iOS 应用程序即可对任意一期节目进行点播或回

看。这使 ICS 网站在节目保有量上比 7 天回看系统又有了长足进步，视频一经收录将永久在线。

登陆移动互联网

已经推出的 ICS 苹果 iOS 应用程序免费为观众提供在线直播、自制节目点播、节目预告、播出时间表等内容，为无暇在首播时间观看节目的观众提供了无限点播服务。新增的直播流功能，使观众可以在 Wi-Fi 或 3G 信号覆盖的地方，在 iOS 设备上实时观看 ICS 频道。即使身处异国，亦能处于同一块荧屏前观看到 ICS 节目内容。带有 EPG 显示模式的节目时间表为观众带来更为直观的收视指南体验。Push Notifications 收视提醒功能，可以通过 ICS 苹果 iOS 应用程序来提醒观众，并引导收视。

拓展社交媒体市场

ICS 始终持续与社会化交友网站加强交流合作，拓展节目覆盖力度。目前 ICS 在新浪微博、腾讯微博、搜狐微博、开心网、土豆网等国内新兴社交媒体上开设了同步更新账号，覆盖 8 万粉丝。

为了进一步扩大节目的国际影响力，ICS 把网络平台拓展到了国际三大知名互联网应用上，努力把 ICS 的节目推向 Twitter、Facebook、Youtube 等国际

平台。

加强与 SNS 分享整合，观众可以通过 ICS 苹果 iOS 应用程序或 ICS 网站来分享他们所喜欢的节目到 SNS 平台，为 ICS 拓展传播渠道。

2014 全面出击，强势融合

2014 年，ICS 网站首页改版，着重突出上海资讯，使 ICS 网站逐步转型为展示上海的窗口。

ICS APP 于 2014 年 12 月升级适配 iOS8 系统，给果粉们最新、最酷的收视体验。据对在沪外籍人士所作的一项调查显示，ICS 手机 APP 的使用率居高榜首，82% 知道 ICS APP 的受访人士表示，会每天或每周几次使用这款应用，目前 ICS APP 的装机量为 5 万。

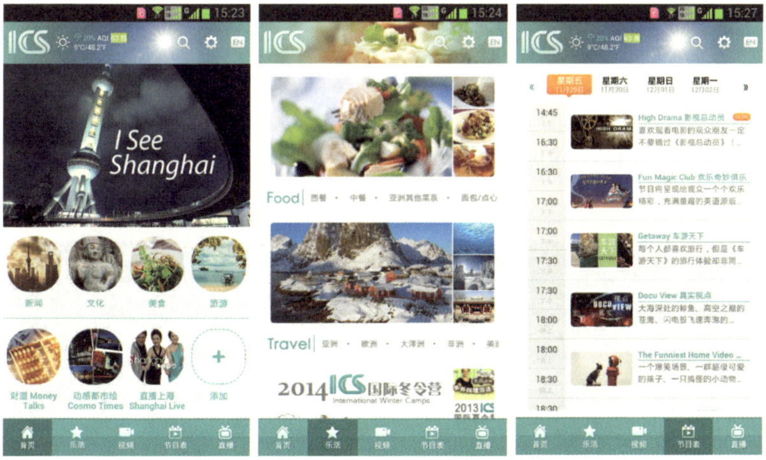

ICS 官方微信账号成为各栏目推送信息的发布通道。目前频道拥有 12 个微信公共号，每天主动推送优质内容增强与观众的黏性与互动。

ICS 拥有 1 个频道微博及 12 个栏目微博，每日发布节目信息并与观众互动，回复观众咨询。

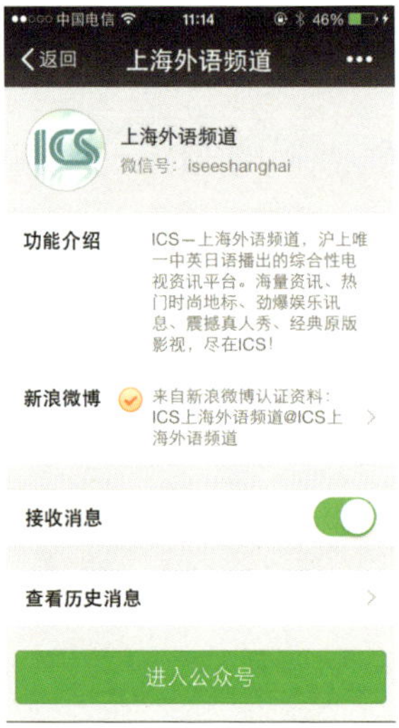

ICS 新媒体海外传播平台关注率持续增加，Youtube 观看次数、Facebook 按赞次数、Twitter 关注次数上年相比均有着显著提升。

跨界融合 FineDining 享宴

FineDining 享宴是 ICS 推出的首个具有“跨界”意义的全媒体项目。它专注于推介中西美食和美食礼仪文化，并通过“美食”这个世界大同的文化载体，传播优秀文化和上海海纳百川的城市精神。

一、网站

全称　ICS 上海外语频道网

域名（链接）　www.icshanghai.com

创建日期　2008 年 1 月 1 日

公司（单位）性质　国有

法人代表　王建军

资质　互联网视听节目服务

团队架构

编辑共 3 人，其中微博 1 人（由网站编辑兼），微信 1 人（由网站编辑兼）。

学历：大学本科 3 人

性别：男 1 人　女 2 人

年龄：30 岁以下 1 人　31–40 岁 2 人

职称：初级 3 人

岗位：新闻采编 2 人　技术支持和保障 1 人（网站采编兼）　运营推

广 1 人（网站采编兼）

内容定位　向世界展示当下的上海、真实的上海、让世界理解并喜爱上海。

内容板块　直播、节目表、新闻、财经、文化、娱乐、美食、旅游等。

传播力　日均浏览量 5 千左右

技术升级　将逐渐向多平台自适应 HTML5 演进

二、移动客户端

1、ICS 上海外语频道

推出时间　2011 年 12 月

平台　iOS，Android

版本　3.0/1.0

内容　直播、节目表、新闻、财经、文化、娱乐、美食、旅游。

功能　直播、点播、节目表、正在播出。

下载量　5.6 万

技术升级、进步概况　统一两个操作平台的用户体验

2、FineDining 享宴

推出时间 2014 年 10 月

平台 iOS，Android

版本 1.0

内容 美食推介及在线购买

功能 订购、支付

下载量 2 万

经营情况 通过用户订购从餐厅收取提成

三、微博

名称 ICS 上海外语频道（新浪微博、腾讯微博）

推出时间 2010 年 6 月

定位 向世界展示当下的上海、真实的上海、让世界理解并喜爱上海。

粉丝量 54466

四、微信公众号

1、上海外语频道（上海外语频道主媒体公众号：iSeeShanghai）

推出时间　2013 年 8 月

定位　向世界展示当下的上海、真实的上海、让世界理解并喜爱上海。

订阅数　13978（截至 2014 年底）

2、FineDining（公众号：FineDining）

推出时间 2014 年 7 月

定位 享美食，宴亲朋——享宴，为你找到舌尖上的上海。

订阅数 5725（截至 2014 年底）

3、上海英语新闻（公众号：icsnews）

推出时间　2014 年 1 月

定位　肩负中国大陆首档英语新闻的重托，也期盼提供公正、客观的新闻视角。

订阅数　5321（截至 2014 年底）

4、ICSVoices · 观点（公众号：icsv-oices）

推出时间 2014 年 2 月

定位 以中外社会价值观碰撞为亮点，围绕中国社会争议热点，展开观点交锋的中英双语时事辩论类节目。

订阅数 3222（截至 2014 年底）

5、财道 Moneytalks（公众号：icsm-oneytalks）

推出时间　2013 年 8 月

定位　做中国最好的双语财经节目 The best bilingual finance and business TV program in China.

订阅数　1296（截至 2014 年底）

6、ICS 中日新视界（公众号：ics_bridgetojapan）

推出时间　2013 年 8 月

定位　集中日政治、经济、文化、科技等内容于一体的周播新闻专题类日语节目，也是全国唯一省级电视台自制新闻专题类日语节目。

订阅数　2871（截至 2014 年底）

7、ICS 养生东西方（公众号：waystowellness）

推出时间　2013 年 1 月

定位　关注白领健康，旨在比较传统中医和现代西医的观点与诊疗方案。

订阅数　8154（截至 2014 年底）

8、ICS 说东道西（公众号：ics_culture-matters）

推出时间 2013 年 7 月

定位 聚焦东西方文化热点，邀请千余位中外嘉宾各抒己见。

订阅数 7022（截至 2014 年底）

9、Getaway（公众号：getaway-fromics）

推出时间　2013 年 12 月

定位　提供时下最酷最炫最 IN 的旅游资讯，推荐最实用最便捷的出游线路，紧跟时尚潮流的旅游爱好者和自驾达人们。

订阅数　510（截至 2014 年底）

10、ICS 访客陈蕾（公众号：talktolei）

推出时间　2013 年 7 月

定位　跳脱以往固有谈话模式，采用开放多样的“访客”形式，一同分享人生感悟。

订阅数　864（截至 2014 年底）

11、ICS 海外路路通（公众号：icsgoa_broad）

推出时间　2014 年 2 月

定位　海外名校实地拍摄，分享第一手资料。

订阅数　5999（截至 2014 年底）

12、城市节拍（公众号：icscitybeat）

推出时间　2014 年 12 月

定位　提供城市最新最热的时尚文化生活名人资讯，让你不出门就掌握全城资讯。

订阅数　596（截至 2014 年底）

13、ICS 洋厨房（公众号：ICSChef）

推出时间　2014 年 12 月

定位　星级大厨每天教你一道菜，助你迅速成为一名人见人爱的料理小当家。

订阅数　15355（截至 2014 年底）

<<<<< SMG 外语中心媒体创新与融合案例

FineDining 享宴

享美食，宴亲朋——享宴，为你找到舌尖上的上海。

FineDining 享宴，是由 ICS 上海外语频道 2014 年 7 月推出的一款高端美食应用软件。“享宴”项目依靠频道自有的电视制作力量和沪上知名美食家资源，以 O2O（线上营销、线上购买带动线下经营和线下消费）模式，融合电视栏目与移动互联网 APP，结合传统媒体与新媒体，带动合作商户进行跨媒体营销。目前 FineDining 享宴 APP 已经登陆 iOS 和 Android 两大手机平台。

ICS 适时推出全新的 FineDining 享宴 APP，已成为中外中高端商户了解目标客户的窗口，沟通商户与食客之间的桥梁，形成良好的美食交流、互动。FineDining 享宴 APP，籍由不同语言版本推送不同的饮食文化指引，不仅帮助老外品尝地道的中国菜，了解中餐文化，也能让中国人学会如何更好地享用环球美食，学会西餐礼仪，了解法、意、日等各地餐饮文化。

享宴 APP　　享宴微信

ICS 上海外语频道新媒体主要数据一览表

网站：ICS 上海外语频道					
	页面点击量（PV）	单独访客数 (UV)	独立访问量 (IP)	网粘度	备注
2014 年度总量	400 万	400 万	33 万	一般	
2014 年度月最高	41 万	41 万	3.8 万	一般	
2014 年度日最高	4 万	4 万	0.7 万	一般	
单篇最高（篇目，日期）	0.8 万	0.8 万	0.4 万	一般	
数据来源	谷歌分析	谷歌分析	谷歌分析	谷歌分析	

移动客户端名称	总下载量	2014 年度总发帖数	2014 年度原创帖文总数	2014 年度评论、跟帖总数	2014 年度总点赞数	2014 年度总转发、分享数	单篇最高阅读数（篇目，日期）	单篇最高评论、跟帖数（篇目，日期）	单篇最高点赞数（篇目，日期）	单篇最高转发、分享数（篇目，日期）
ICS 上海外语频道	5.6 万 +	9855	9855							
数据来源	自有后台									

微信公众号	2014年度总阅读数	2014年度原创帖文总数	2014年度头条总阅读数	2014年度总篇数	2014年度总点赞数	2014年度总分享数	单篇最高阅读数（篇目，日期）	单篇最高点赞数（篇目，日期）	单篇最高转发、分享数（篇目，日期）	备注
上海外语频道	3946745	1460	3041910	1824		305140	10813（令人捧腹的邮件自动回复神作？2014-05-28）	245（英语段子书：我只是对人生过敏，2014-12-27）	8334（英美两国意思完全不同的词汇，2014-01-19）	
数据来源	以上数据均来自腾讯云分析	数据均为人工统计			点赞数为人工统计					

微博名称（属性：官微/部门/个人；平台）	2014年度总发帖数	2014年度原创帖文总数	2014年度总跟帖、评论数	2014年度总点赞数	2014年度总转发、分享数	2014年度总被提及/被@数	2014年总粉丝数	单篇最高跟帖、评论数（篇目，日期）	单篇最高转发、分享数（篇目，日期）	单篇最高点赞数（篇目，日期）	备注
ICS上海外语频道（官微/部门；平台：新浪）	新浪无法提供超过30天以上的微博数据										
数据来源	新浪微博	平均值均为人工计算									

第七章 SMG 五星体育传媒有限公司

截至 2014 年底，五星体育传媒有限公司已形成包括东方体育和弈棋耍大牌官方网站、五星斗地主和欢乐三打一移动客户端、五星体育官方微博、五星体育官方微信和五星体育互动微信公众号等诸多产品的新媒体矩阵，具体包括——

1 个官网：东方体育

2 个微博：五星体育、五星足球

3 个微信公众号：五星体育互动、五星体育、弈棋耍大牌

1 个官方游戏网站、2 个游戏移动客户端

概　况

2014 年是五星体育新媒体内容大幅变革、新产品全面出击，形成规模的一年。之前，五星体育虽然有自己的官网、官微，但规模较小、内容单一，基本只限于对节目的简单预告。借 2014 世界杯的契机，五星体育在新媒体内容方面主抓互动性，和观众的互动、活动取得突破。

2014 年 5 月，“五星体育互动”微信公众号开通，成为五星体育各档节目的互动平台。“五星体育互动”最初是为2014巴西世界杯相关节目《夜问@世界杯》服务的，菜单具有《夜问@世界杯》答题功能。在巴西世界杯赛事转播期间，观众可以通过“五星体育互动”，和赛事直播直接对话，还有机会直接上屏。这样的互动力，大大激发了观众的参与热度，在7月巴西世界杯落下帷幕时，公众号已经拥有近5万名粉丝。2014年下半年，通过中超、英超等赛事直播，“五星体育互动”粉丝人数逐渐提高到9万多，目前已经成为五星体育第一大号。

同时期，五星体育《弈棋耍大牌》节目也开设了同名微信公众号，主攻目标明确：能够让观众，特别是有一定年纪、不特别擅长新媒体的中老年观众方便、快捷地融入节目。借助节目的亲民性和高收视率，“弈棋耍大牌”微信公众号粉丝数增加相当稳定，目前已接近7万人。

2014年中，五星体育对官方微博和官方微信进行改版。官方微博主要进行节目、赛事直播的预告；官方微信则在预告的基础上，对公司相关活动进行推广、介绍，并设立了一个官方报名平台。

2014年，“五星足球”微博借助世界杯之势，重装上阵，加强了和观众的互动，同时与“五星体育互动”联合出击，以两大微博、微信公众号的覆盖力，整合出全新品牌“中超‘大嘴’吧”，在《五星足球》和中超比赛直播中，创立全新板块，将观众的互动原汁原味搬上电视荧屏，让节目成为所有人参与的舞台。

《弈棋耍大牌》官方网站（www.17dp.com）创立于2013年5月，通过界面改版，2014年5月达到200万访问量，同年创造总收入1455万元。

网站成功开设了两届万人棋牌大赛报名页面，最终约有 1 万多名观众参与报名角逐。

2014 年 5 月,《五星斗地主》通过半年多的开发，正式上线手机客户端，吸引约 1 千多用户同时在线，全年下载量达到 14 万次，收入也达到 5 万多元。手机端的上线丰富了整个游戏平台的连通性。同年 11 月《欢乐三打一》上线，两个月下载量达到 1.5 万次，创收 3 万元。这两款游戏分别可以通过安卓系统手机、苹果手机、苹果 iPad 体验，实现全系统覆盖。

五星体育在 2014 年对整个公司的节目制作部门进行了重新构建，成立了节目中心，下辖新媒体板块，由专门团队进行各微平台的开发、制作，并由五星体育传媒有限公司控股的项目公司——五星网络科技有限公司负责运营《弈棋耍大牌》官方网站和相关游戏移动客户端产品。

一、网站

1、五星体育官网

域名（链接） www.wa5.com

创建日期 2006 年 1 月 1 日

公司（单位）性质 国有企业

法人代表 李辉

资质 信息网络传播视听节目许可、广播电视节目制作经营许可、增值电信业务经营许可。

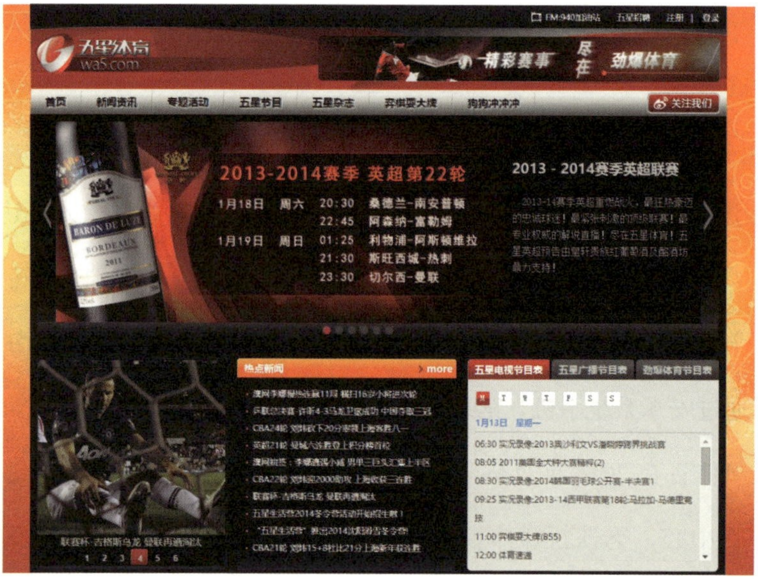

团队架构

内容部共 6 人

学历：大学本科 5 人　硕士研究生 1 人

性别：男 6 人

年龄：30 岁以下 3 人　31–40 岁 3 人

岗位：新闻采编 3 人　技术支持（保障）1 人　运营推广 2 人

内容定位　以体育赛事为重点，同时关注教育、传媒等各领域新闻。

内容板块　英超专题、中超专题、五星生活营等

传播力　日均浏览量 6 万左右

技术升级　新版上线采用的内容管理系统与传统的内容管理产品相比，新一代具有更多突破和创新之处，包括服务器更新，机房升级等。

2、弈棋耍大牌官网

域名（链接） www.17dp.com

创建日期 2013 年 5 月 1 日

公司（单位）性质 国有企业

法人代表 李辉

内容定位 棋牌网络游戏海选平台

传播力 2014 年页面点击量 1737.75 万，独立访问量 450.73 万。

经营情况 虚拟货币发行，2014 全年游戏收入 1455 万。

二、移动客户端

1、五星斗地主

推出时间 2014 年 4 月

平台 iOS，Android

内容 棋牌游戏三人斗地主

功能 与 PC

账号同步，为《弈棋耍大牌》节目输送电视选手。

下载量　14 万次

经营情况　2014 年收入 5.3 万元

2、欢乐三打一

推出时间　2014 年 11 月

平台　iOS，Android

内容　棋牌游戏四人斗地主

功能　与 PC 账号同步，为《弈棋耍大牌》节目输送电视选手。

下载量　1.5 万次

经营情况　2014 年收入 3 万元

三、微博

1、五星体育（新浪微博）——隶属五星体育传媒有限公司

版本　5.1.3

推出时间　2010 年 11 月

定位　对五星体育频道、劲爆体育频道的节目、赛事直播时间进行预告。

粉丝量、转发量 + 跟帖量　截至 2014 年底，粉丝量 138760，其中，2014 全年新增粉丝数为 22641。

2014 全年微博转发量 18000，跟帖量 10800。

2、五星足球（新浪微博）——隶属五星体育传媒有限公司

版本　5.1.3

推出时间　2010 年 11 月

定位　提高《五星足球》节目影响力，提供给观众互动平台。

粉丝量，转发量 + 跟帖量　截至 2014 年底，粉丝量 15169，其中，2014 全年新增粉丝数为 3121。2014 全年微博转发量 12000，跟帖量 9870。

四、微信公众号

1、五星体育（五星体育微信公众号：fs_sport）

推出时间　2014 年 2 月

定位　推广五星体育节目直播节目、赛事、线下活动。

订阅数　1.7 万 +（截至 2014 年底）

2014年04月18日

蒙卡赛-纳达尔次盘遇考验 横扫晋级收红土三百胜

五星体育《极速F1中国大奖赛》特别节目

五星体育4月18日节目单

2、五星体育互动（五星体育节目、赛事互动主公众号：GLIVE_on_WECHAT）

推出时间　2014 年 5 月

定位　五星体育各档节目、直播赛事观众互动平台；《夜问 @ 体育》等节目答题平台。

订阅数　9.7 万 +（截至 2014 年底）

3、弈棋耍大牌（弈棋耍大牌节目公众号：YQSDP20110308）

推出时间　2014 年 5 月

定位　五星体育最亲民节目《弈棋耍大牌》和观众的桥梁公众号，让观众更便捷的参与节目、进行互动。

订阅数　6.8 万 +（截至 2014 年底）

SMG 五星体育传媒新媒体主要数据一览表

网站：五星体育官网（www.wa5.com）					
	页面点击量（PV）	单独访客数 (UV)	独立访问量 (IP)	网粘度	备注
2014 年度总量	203.5203 万	105.3454 万	104.6884 万	21.59%	
2014 年度月最高	20.7483 万	14.7949 万	14.6547 万	26.53%	2014 年 6 月
2014 年度日最高	9.0535 万	4.0181 万	3.91 万	21.81%	2014 年 10 月 5 日
单篇最高（篇目，日期）	2913	2553	330	20.55%	
数据来源	百度统计	百度统计	百度统计	百度统计	

网站：弈棋耍大牌官方网站 www.17dp.com					
	页面点击量（PV）	单独访客数 (UV)	独立访问量 (IP)	网粘度	备注
2014 年度总量	1737.7491 万	515.2181 万	450.7344 万	20.76%	
2014 年度月最高	207.6775 万	59.2849 万	52.7705 万	19.05%	2014 年 5 月
2014 年度日最高	9.0879 万	2.3278 万	1.9975 万	23.11%	2014 年 4 月 28 日
数据来源	百度统计	百度统计	百度统计	百度统计	

移动客户端名称	总下载量	2014年度总发帖数	2014年度原创帖文总数	2014年度评论、跟帖总数	2014年度总点赞数	2014年度总转发、分享数	单篇最高阅读数（篇目，日期）	单篇最高评论、跟帖数（篇目，日期）	单篇最高点赞数（篇目，日期）	单篇最高转发、分享数（篇目，日期）
欢乐三打一	1.6万	这两个游戏类APP，无上述数据								
五星斗地主	14.3万									
数据来源	自有后台									

微博名称（属性：官微/部门/个人；平台）	2014年度总发帖数	2014年度原创帖文总数	2014年度总跟帖、评论数	2014年度总点赞数	2014年度总转发、分享数	2014年度总被提及/被@数	截至2014年底总粉丝数	单篇最高跟帖、评论数（篇目，日期）	单篇最高转发、分享数（篇目，日期）	单篇最高点赞数（篇目，日期）
五星体育（官微/新浪）	1800	720	10800	3600	18000	10800	138724			
五星足球（官微/新浪）	540	480	9870	1845	12000	5620	15151			
数据来源	新浪微博后台									

微信公众号	2014年度总阅读数	2014年度原创帖文总数	2014年度头条总阅读数	2014年度总篇数	2014年度总点赞数	2014年度总分享数	单篇最高阅读数（篇目，日期）	单篇最高点赞数（篇目，日期）	单篇最高转发、分享数（篇目，日期）	备注
五星体育互动	102万	900	50.2万	900	3548	9213				
五星体育	96.2万	485	29万	485	4850	4370	1398（西甲－赛季至今0负0失球 宇宙队该如何称呼？ 2014-10-05）	50（西甲－赛季至今0负0失球 宇宙队该如何称呼？ 2014-10-05）	88（抛弃国家队！乔治断腿疑似吓退雷霆当家，2014-08-08）	
弈棋耍大牌	76.5万	480	24万	480	2400	2617				
数据来源	以上数据均来自腾讯云分析	数据均为人工统计								

第八章 SMG上海炫动传播股份有限公司

截至2014年底，炫动传播已形成包括官方网站、官方微博、微信公众号以及作品专属网站、媒体融合平台等诸多新媒体渠道的产品矩阵，具体包括—

4个官方网站：炫动传播、哈哈少儿频道、炫动卡通、中国国际动漫游戏博览会

1个专属作品网站：京剧猫

3个官方微博：哈哈织围脖、炫动卡通卫视频道、中国国际动漫游戏博览会

4个微信公众号：哈哈少儿频道、炫动卡通、小荧星艺校艺术团、中国国际动漫游戏博览会

2个媒体融合应用：哈哈探宝器、荧星棒

概　况

2014年是炫动传播进行媒体融合尝试的一年：制定了“加强新媒体与传统媒体协同与融合”的建设方针；贯彻“在播－在场－在线”原则，对下属网站和微博、微信的渠道进行积极革新，在形式和内容上与自有频道之间形成协同和配合，互补其短，互展所长，架构起以传统电视频道、动

画作品及其他儿童业务为基础，以新媒体渠道为呈现手段和互动方式的融合型新媒体架构。

网站建设情况

2004年11月22日，“炫动卡通卫视官网”正式上线，这是上海卡通卫视第一次在网络上与观众见面。10年来，网站多次改版，2014年全年点击量逾24万次。

2005年3月23日，“哈哈少儿频道官方网站”作为上海少儿频道官网正式上线，2014年全年点击量已达30万次。

2014年11月22日，“炫动传播官网”上线，着重于公司理念、新闻公告发布、企业文化、整体公司架构等介绍，将炫动传播作为一个整体推出，填补了炫动只有内容网站没有企业形象网站的空缺，自上线一月余，网站点击量已超过10万次。

《京剧猫》是一部以京剧为元素、以猫为主角的功夫奇幻动画故事。2013年6月8日，《京剧猫》官网上线，经不断完善和建设，2014年底网站已包含京剧猫的剧情、人物、合作等完整的IP内容，同时拥有中英文两个版本。

微博、微信建设情况

自2011年1月开始，炫动已开通“哈哈织围脖”、“炫动卡通卫视频道”两个新浪微博，截止2014年底，粉丝数近3万人。“哈哈少儿频道”、

"炫动卡通"微信公众号分别在 2013 年 2 月正式上线，至 2014 年底粉丝数已过万人，平均每月发布 30 条以上的原创内容，年度总阅读数达 70 万次。

媒体融合平台建设

2014 年，公司基于哈哈画报及节目资料库为基础的跨媒体平台项目建设进入高潮期。除继续完善国内首款儿童科普杂志 AR 互动 APP"哈哈探宝器"外，平台为中福会出版社儿童时代杂志开发了 AR 互动应用"儿童时代号"。

子公司媒体融合概况

炫动子公司积极探索传统业务与新媒体的结合。如作为中国国际动漫游戏博览会（CCG）的运营机构，上海炫动汇展文化传播有限公司的"中国国际动漫游戏博览会"官网、"CCG_EXPO 中国国际动漫游戏博览会"微博、"CCG"公众微信号分别在 2012 年 2 月、2011 年 5 月、2013 年 9 月上线，在 2014 年间分别获得 136 万点击、2 万次评论、42 万阅读量。

一、网站

1、哈哈少儿频道

域名（链接） www.hahatv.com.cn

创建日期　2005 年 3 月 23 日

公司（单位）性质　国有

法人代表　徐浩

团队架构

编辑：1 人（兼），学历：大学本科　性别：女　年龄：31–40 岁。

内容定位　“哈哈少儿频道”官方网站，宣传频道节目及线上线下活动，并设置了节目、活动报名的功能及互动板块，方便观众参与频道的节目和活动，并与之交流。

内容板块　新闻栏目、报名专区、节目单、投票、留言、视频、下载等。

技术升级　2014 年下半年改版，主打报名功能，设置了严格的报名流程和统一的信息填写表单，用户可以通过网站报名哈哈俱乐部和常规节目、活动。

2、炫动卡通

域名（链接） www.toonmax.com

创建日期 2004 年 11 月 22 日

公司（单位）性质 国有

法人代表 徐浩

资质 信息网络传播视听节目许可，广播电视节目制作许可，互联网出版许可，增值电信业务经营许可。

团队架构

采编：1 人（兼），学历：大学本科 性别：男 年龄：30 岁以下。

内容定位 炫动卡通卫视官方网站。以“炫动卡通”节目的新闻资讯、活动资讯、节目档案介绍为重点，同时有主持人介绍、互动板块等。

内容板块 新闻资讯、活动资讯、炫动档案、炫动剧场等。

3、炫动传播

域名（链接） www.toonmaxmedia.com

创建日期 2014 年 11 月 22 日

公司（单位）性质 国有

法人代表 徐浩

团队架构

编辑：1 人（兼），学历：大学本科 性别：男 年龄：30 岁以下。

内容定位 上海炫动传播股份有限公司官网。展示公司形象，让业内人士、广告客户、受众等了解公司企业文化，并及时获悉公司动态。

内容板块 新闻动态、企业文化、成员单位、公司出品、联系我们等。

4、京剧猫

域名（链接） www.beijingoperacats.com

创建日期 2013 年 6 月 8 日

公司（单位）性质 国有

法人代表 徐浩

团队架构

编辑：1 人（兼），学历：大学本科 性别：男 年龄：30 岁以下。

内容定位 专属作品网站，以宣传《京剧猫》动画片为主要目的，以该动画片的相关新闻为重点宣传内容，并介绍电影故事、人物等。

内容板块 新闻、视频、故事、人物。

5、中国国际动漫游戏博览会

域名（链接） www.ccgexpo.cn

创建日期 2012 年 2 月 17 日

公司（单位）性质 国内合资企业

法人代表 鱼洁

团队架构

采编：5 人

学历：大学本科 4 人 其他 1 人

性别：男 3 人 女 1 人

年龄：30 岁以下 1 人　31–40 岁 3 人

岗位：新闻采编 2 人　技术支持（保障）1 人　运营推广 1 人

内容定位　第一时间报道展会最新动态，原创或转发海内外其它动漫游戏展会新鲜资讯，旨在成为网罗行业新闻资讯的信息集成平台；面向专业观众，提供在线商务配对、交流等专业服务，力求成为业内人士社区化对接交流的商务平台。

内容板块　展会介绍、参展指南、新闻中心、展会活动、吉祥物等。

传播力　月平均独立访问量约 1.7 万

技术升级、进步概况　自 2012 年上线以来，采用自主研发的内容管理系统，分布式存储及缓存机制，针对部署环境进行深度优化，并不断与时俱进，吸收最新技术并升级软件体系。几年来，在没有增加硬件投入的条件下，通过深挖软件优化潜力，从容应对不断增长的平时访问量及活动推广阶段的爆发性峰值流量。2014 年，推出 SaaS 架构的商务配对平台，为专业商务观众提供在线沟通、协助、交互平台，将线下商务会展变成 24x7 的网上展厅和会务中心。

二、微博

1、哈哈织围脖（新浪微博）——隶属哈哈少儿频道

版本　5.1.3

推出时间　2011 年 1 月

定位 扩大哈哈少儿频道电视影响力，为受众服务。

粉丝量，转发量+跟帖量 截至2014年底，粉丝量20878，其中，2014全年新增粉丝数为8678。2014全年微博转发量950，跟帖量780。

2、炫动卡通卫视频道（新浪微博）——隶属炫动卡通卫视频道

版本 5.1.3

推出时间 2011年6月

定位 扩大炫动卡通卫视电视影响力，为受众服务。

粉丝量，转发量+跟帖量 截至2014年底，粉丝量6736，其中，

2014 全年新增粉丝数为 2250。2014 全年微博转发量 720，跟帖量 420。

3、CCG_EXPO 中国国际动漫游戏博览会（新浪微博）

版本　5.1.3

推出时间　2011 年 5 月

定位　即时报道中国国际动漫游戏博览会最新动态，原创或转发大量海内外动漫游戏类展会最新资讯，成为了解行业资讯的优质渠道。

粉丝量、转发量 + 跟帖量　截至 2014 年底，粉丝量 20321，其中，2014 全年新增粉丝数为 8947。2014 全年微博转发量 59422，跟帖量 2318。

<<<<< 案例

CCGEXPO 于 2014 年首度联手沪上十大商业影院，推出涵盖国内、国外两大板块的升级版“精品动画电影展映”。组委会在获取院线排片信息后，连夜制作图文消息，于 2014 年 7 月 4 日凌晨通过微博这一网络平台，即时发布了影片排片信息以及购票方法。微博一经发出，短短数小时内，吸引了 8.5 万阅读量，并成功吸引多达 8 万用户跳转至购票页面。

三、微信公众号

1、哈哈少儿频道（哈哈少儿频道公众号：hahashaoerpindao）

推出时间　2013 年 2 月

定位　发布哈哈少儿频道节目、活动资讯以及育儿、教育信息，并提供节目和活动报名通道。

订阅数　12611（截至 2014 年底）

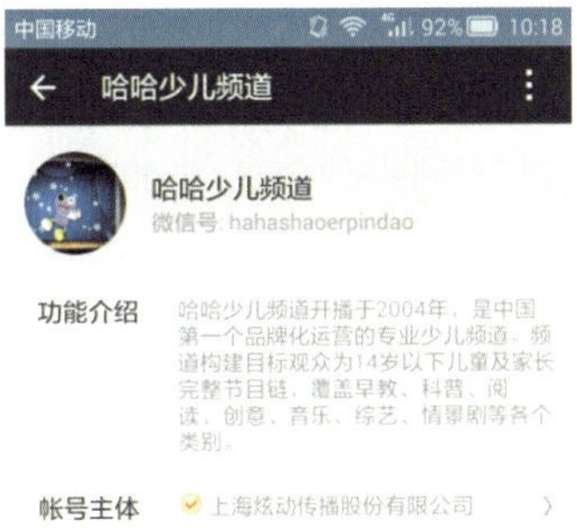

2、炫动卡通（哈哈少儿频道公众号：ToonmaxTV）

推出时间　2013 年 2 月

定位　发布炫动卡通卫视节目、活动资讯，同时推送音乐、动漫等信息。

订阅数　1043（截至 2014 年底）

<<<<< 案例

2014 年 10 月至 12 月，哈哈少儿频道举办“小苹果舞蹈大赛”，选拔“舞林高手”，并现场录制，在《欢乐蹦蹦跳》节目中播出。报名和宣传主要通过哈哈少儿频道微信公众号，及哈哈少儿频道官方微博进行。报名人数过万，微信宣传及微博宣传稿件阅读量屡破纪录。这是“在播－在场－在线”模式的有益尝试。

通过新媒体平台，在线征集观众的全家福照片、宝宝生日照片等，每天在哈哈少儿频道晚间时段滚动播出。特别出色的照片，还被制作成频道宣传短片，传递亲子家庭的幸福瞬间，提高了观众与电视、与节目的黏性。

3、小荧星艺校艺术团（小荧星公众号：shanghailittlestar）

推出时间　2013 年 8 月

定位　面向小荧星学员，推送艺校艺术团的演出、比赛、活动等最新资讯。

订阅数　15642（截至 2014 年底）

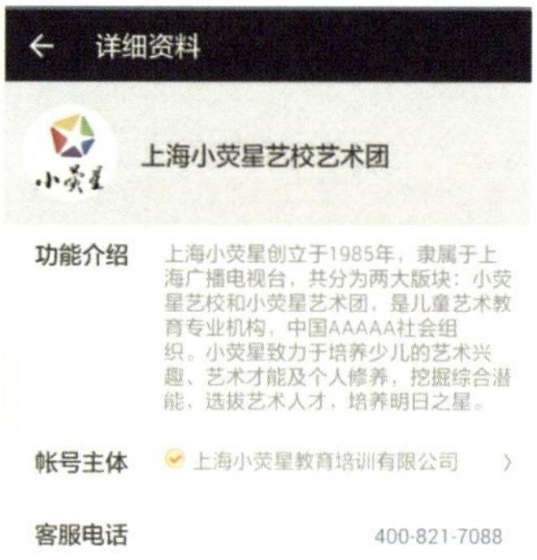
详细资料
小荧星
上海小荧星艺校艺术团
功能介绍
上海小荧星创立于1985年，隶属于上海广播电视台，共分为两大版块：小荧星艺校和小荧星艺术团，是儿童艺术教育专业机构，中国AAAAA社会组织。小荧星致力于培养少儿的艺术兴趣、艺术才能及个人修养，挖掘综合潜能，选拔艺术人才，培养明日之星。
帐号主体
上海小荧星教育培训有限公司
客服电话
400-821-7088

<<<<< 案例

2014 年 3 月 29 日发布小荧星“青梅竹马”组合版演绎的《来自星星的你》片段，获得了广泛关注。2014 年 10 月小荧星自制节目《荧星梦工厂》播出，作为全国首档以儿童成长、教育、梦想为背景的专题节目，也是为学员提供展示风采、实现梦想的优质平台，通过微信公众号推送每期预告，引发积极互动。

4、CCG（中国国际动漫游戏博览会微信公众号订阅号：CCG_EXPO）

推出时间　2013 年 9 月

定位　即时报道中国国际动漫游戏博览会最新动态，原创或转发大量海内外动漫游戏类展会最新资讯，成为了解行业资讯的优质渠道。

订阅数　5128（截至 2014 年底）

<<<<< 案例

2014 年度 CCG EXPO 借力微信公众号，在 2014 年 7 月 9 日发布《骚年，我们都准备好了！天亮见》图文消息，为展会进行预热。图文消息以大量图片的形式全方位地展示了展会前一天展位的布置情况，让翘首以待的观众们一饱眼福，同时也激发了尚未对 CCG EXPO 有所了解的观众们的好奇心。消息发出后，当天即获取了近 2000 的点击量及大量转发，极大程度地助力 CCG EXPO 的宣传推广。

炫动传播股份有限公司新媒体主要数据一览表

网站：炫动卡通卫视官网				
	页面点击量（PV）	单独访客数 (UV)	独立访问量 (IP)	网粘度
2014 年度总量	24.1039 万	8.631 万	8.4084 万	一般
2014 年度月最高	3.2504 万	1.0389 万	1.0065 万	一般
2014 年度日最高	1383	1013	991	一般
单篇最高（篇目，日期）	456	336	287	一般
数据来源	百度统计	百度统计	百度统计	百度统计

网站：哈哈少儿频道官网				
	页面点击量（PV）	单独访客数 (UV)	独立访问量 (IP)	网粘度
2014 年度总量	29.5038 万	8.8806 万	8.7278 万	一般
2014 年度月最高	2.7444 万	8724	8570	一般
2014 年度日最高	1034	972	933	一般
单篇最高（篇目，日期）	689	567	488	一般
数据来源	百度统计	百度统计	百度统计	百度统计

网站：京剧猫官网				
	页面点击量（PV）	单独访客数 (UV)	独立访问量 (IP)	网粘度
2014 年度总量	2578	1928	1853	一般
2014 年度月最高	534	351	340	一般
2014 年度日最高	56	44	41	一般
单篇最高（篇目，日期）	38	26	25	一般
数据来源	百度统计	百度统计	百度统计	百度统计

网站：炫动传播官网				
	页面点击量（PV）	单独访客数 (UV)	独立访问量 (IP)	网粘度
2014 年度总量	11.8743 万	6788	6659	一般
2014 年度月最高	873	607	591	一般
2014 年度日最高	107	86	81	一般
单篇最高（篇目，日期）	78	64	62	一般
数据来源	百度统计	百度统计	百度统计	百度统计

微信公众号	2014年度总阅读数	2014年度原创帖文总数	2014年度头条总阅读数	2014年度总篇数	2014年度总点赞数	2014年度总分享数	单篇最高阅读数（篇目，日期）	单篇最高点赞数（篇目，日期）	单篇最高转发、分享数（篇目，日期）
哈哈少儿频道	68.8万	360	29.2万	1080	2214	3.6万	1万（孩子不能错过的三个长高黄金期，2014-08-13）	33（孩子不能错过的三个长高黄金期，2014-08-13）	1322（孩子不能错过的三个长高黄金期，2014-08-13）
炫动卡通卫视	3623	240	2190	720	180	232	483（青春由我！重磅推出动漫资讯和音乐节目，2014-11-27）	6（青春由我！重磅推出动漫资讯和音乐节目，2014-11-27）	42（青春由我！重磅推出动漫资讯和音乐节目，2014-11-27）

微博名称（属性：官微/部门/个人；平台）	2014年度总发帖数均）	2014年度原创帖文总数	2014年度总跟帖、评论数	2014年度总点赞数	2014年度总转发、分享数	2014年度总被提及/被@数	2014年度总粉丝数	单篇最高跟帖、评论数（篇目，日期）	单篇最高转发、分享数（篇目，日期）	单篇最高点赞数（篇目，日期）
哈哈织围脖（官微/新浪）	1465	720	780	2040	950	2732	2万	21（“哈哈中秋送月饼”活动火热进行中，2014-09-04）	9（哈哈送福利，大电影《开心超人2》爆笑上映预告，2014-07-17）	30（哈哈芬达动力操校园行来到四川南路小学，2014-09-18）

续表

炫动卡通卫视频道（官微 / 微博）	360	1460	420	822	790	722	6736	15（炫动马年送大礼继续进行！2014-02-03）	51（3D 动画重磅巨制《英雄冯子材》播出预告，2014-10-31）	10（3D 动画重磅巨制《英雄冯子材》播出预告，2014-10-31）
数据来源	新浪微博后台									

网站：中国国际动漫游戏博览会				
	页面点击量（PV）	单独访客数 (UV)	独立访问量 (IP)	网粘度
2014 年度总量	135.9798 万	28.9251 万	20.0174 万	2:52（逗留时间） 4.7（平均访问页面数）
2014 年度月最高	81.2213 万	17.9232 万	12.8722 万	3:20（逗留时间） 5.93（平均访问页面数）
2014 年度日最高	10.6846 万	2.4286 万	2.0723 万	4:30（逗留时间） 7.08（平均访问页面数）
单篇最高（篇目，日期）	首页：38.3168 万 展会介绍：12.1289 万 参会日程：11.1407 万	首页：22.813 万 展会介绍：7.4198 万 参会日程：6.647 万	首页：2.2813 万 展会介绍：7.4198 万 参会日程：6.647 万	
数据来源	谷歌分析	谷歌分析	谷歌分析	谷歌分析

微信公众号	2014年度总阅读数	2014年度原创帖文总数	2014年度头条总阅读数	2014年度总篇数	2014年度总点赞数	2014年度总分享数	单篇最高阅读数（篇目，日期）	单篇最高点赞数（篇目，日期）	单篇最高转发、分享数（篇目，日期）
中国国际动漫游戏博览会	42.5万	336	5.9万	1277	4.1万	3.2万	1936（骚年，我们都准备好了！天亮见，2014-07-10）	287（骚年，我们都准备好了！天亮见，2014-07-10）	212（开票啦！CCG EXPO动画电影展映排片表出炉！2014-07-05）
数据来源	自有后台								

微博名称（属性：官微/部门/个人；平台）	2014年度总发帖数	2014年度原创帖文总数	2014年度总跟帖、评论数	2014年度总点赞数	2014年度总转发、分享数	2014年度总被提及/被@数	2014年度总粉丝数	单篇最高跟帖、评论数（篇目，日期）	单篇最高转发、分享数（篇目，日期）	单篇最高点赞数（篇目，日期）
中国国际动漫游戏博览会（官微/新浪）	2555	1095	2万	2万	2.2万	5840	2万	91（CCG EXPO动画电影展映开票啦，2014-07-04）	328（CCG EXPO动画电影展映开票啦，2014-07-04）	24（CCG EXPO动画电影展映开票啦，2014-07-04）
数据来源	新浪微博后台	自有后台								

第九章 SMG 影视剧中心

截至 2014 年底，影视剧中心的新媒体有 2 个官方微博：东方卫视电视剧和 SMG 电视剧频道；2 个官方微信公众号：东方卫视电视剧和电视剧频道。

概　况

2014 年是影视剧中心的媒体融合元年。在剧目推广上，中心启动全媒体宣传策略，充分开发、利用、推广自己的新媒体平台。

东方卫视电视剧微信公众号于 2013 年 1 月推出，定期推送电视剧宣传稿件、发布会活动、微信摇一摇、DIY 明信片、生活服务类信息，发起微信送礼活动、发布线下活动预告等。重点剧目《他来了，请闭眼》、《小爸妈》等，单篇稿件点击率破一千，粉丝活跃度较高。微信摇一摇成为电视剧宣传互动新模式，同时送礼活动亦得到广泛关注，参与度较高。

电视剧频道微信公众号于2014年10月推出，定期推送电视剧宣传稿件、生活服务类信息、发起微信送礼活动、发布线下活动预告等。重点剧目《孩子回国了》、《情满雪阳花》、《碧血书香梦》等，单篇稿件点击率破一千，粉丝活跃度较高。微信送礼活动亦得到广泛关注，参与度较高。

东方卫视电视剧官方微博于2011年1月推出，截止2014年底，粉丝量已超过百万人，定期发布电视剧预告、看点、发布会现场图文、粉丝互动抽奖等相关微博。重点剧目单条微博点击率破万，粉丝活跃度较高。

电视剧频道官方微博于2011年1月推出，定期发布电视剧预告、看点、发布会现场图文、粉丝互动抽奖等相关微博。

一、微博

1、东方卫视电视剧（新浪微博）

版本 5.1.3

推出时间 2011年2月

定位 面向关注东方卫视的所有人群

粉丝量 1273790（截至2014年底）

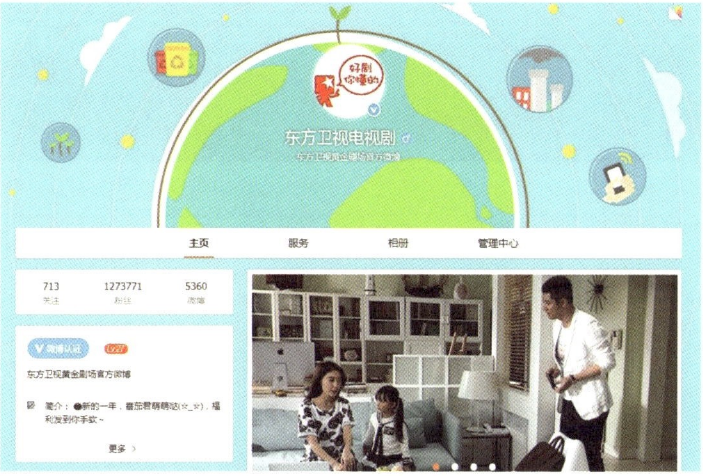

2、SMG 电视剧频道（新浪微博）

版本　5.1.3

推出时间　2011 年 1 月

定位　面向关注上海电视剧频道的所有人群

粉丝量　9018（截至 2014 年底）

二、微信公众号

1、东方卫视电视剧（dfws_dianshiju）

推出时间　2013 年 1 月

定位　面向关注东方卫视的所有人群

订阅数　126470（截至 2014 年底）

2、电视剧频道（shdianshiju）

推出时间　2014 年 10 月

定位　面向关注上海电视剧频道的所有人群

订阅数　90（截至 2014 年底）

SMG 影视剧中心新媒体主要数据一览表

微信公众号	2014 年度总阅读数	2014 年度原创帖文总数	2014 年度头条总阅读数	2014 年度总篇数	2014 年度总点赞数	2014 年度总分享数	单篇最高阅读数（篇目，日期）	单篇最高点赞数（篇目，日期）	单篇最高转发、分享数（篇目，日期）
东方卫视电视剧	126470	126470	126470	366	3600	2029	2679（看东方卫视《红高粱》抢滴滴红包啦！百万红包等你拿！2014-10-31）	300（看东方卫视《红高粱》抢滴滴红包啦！百万红包等你拿！2014-10-31）	267（看东方卫视《红高粱》抢滴滴红包啦！百万红包等你拿！2014-10-31）
电视剧频道	487	2	487	2	9	46	327（沪语情景剧《哈哈笑餐厅》有望走向全国收视口碑双报捷，2014-09-05）	9（沪语情景剧《哈哈笑餐厅》有望走向全国收视口碑双报捷，2014-09-05）	26（沪语情景剧《哈哈笑餐厅》有望走向全国收视口碑双报捷，2014-09-05）

微博名称（属性：官微/部门/个人；平台）	2014年度总发帖数	2014年度原创帖文总数	2014年度总跟帖、评论数	2014年度总点赞数	2014年度总转发、分享数	2014年度总被提及/被@数	2014年度总粉丝数	单篇最高跟帖、评论数（篇目，日期）	单篇最高转发、分享数（篇目，日期）	单篇最高点赞数（篇目，日期）
SMG电视剧频道（官微；新浪）										
东方卫视电视剧（官微；新浪）	1876	812	854	12441	12531	8726	127.4万			
数据来源	新浪公司微博后台	平均值均为人工计算								

第十章 上海东方明珠股份有限公司渠道营运事业群

上海东方明珠股份有限公司渠道营运事业群是以百视通网络电视技术发展有限责任公司（简称百视通技术）为载体成立的事业群，其主要业务是IPTV、手机移动视频和基于各渠道的广告业务。

截至2014年底，渠道营运事业媒群新体融合工作主要有两大部分，一是通过为当地广电、电信运营商提供贴身的“技术＋内容＋运营”一体化解决方案，开展本地化深度营销和运营服务，实现IPTV服务能级提升和用户规模进一步扩大；二是通过与三大运营商开展视频内容及自有产品服务，抢占日益激增的移动端用户市场。

概　况

IPTV

作为中国IPTV业务模式的开拓者与创立者，以及全国IPTV中央集成播控总平台运营商之一，公司与全国各省电信公司及各地广电播出机构紧密配合、优势互补，为用户提供高质量和全方位的IPTV服务。IPTV的功能已从直播、点播、回看、时移的基础功能发展到多画面、看吧门户、增值与便民服务为主的阶段，并通过驻地化运营，逐步建立起“技术 + 内容 + 运营”的服务体系，IPTV 业务的市场覆盖和用户规模不断增长。

2014 年，公司紧密与全国各省电信运营商合作，搭乘光纤入户、带宽升级的东风，大力发展高清 IPTV 业务，收视体验的全面升级。同时，在三网融合政策的促进下，加速推进与各地广电的融合，形成了标清、高清、增值业务合作三种产品服务并存的格局。

除了原有的首映、看大片、热剧、NBA 等经典增值业务，2014 年公司进一步细分受众市场，深度开发版权资源，先后上线了贝瓦乐园、新东方、摩音符等少儿教育和音乐产品。至此，IPTV 渠道已拥有 25 个增值产品包，覆盖电影、电视剧、体育、少儿、教育、纪实、音乐等多个门类。2014 年全国 IPTV 月均开机率达 83%，月均开机用户数达 1100 多万户；全年线上视频内容产生访次 500 多亿次，收视总时长达 129 亿小时。

移动视频

早在 2005 年，公司与中国移动上海分公司合作，“东方手机电视”中国手机流媒体第一品牌从此诞生。2007 年与 STAR TV、迪士尼等国外著名媒体进行内容合作。随着产品不断改版，内容不断推陈出新，已经拥有原创独家、全片电影、跟播热剧、综艺等。至 2014 年，东方手机电视最高峰时期的用户使用转化率达 48.71%。

2009 年，公司与 NBA 启动战略合作，拥有 NBA 多项赛事的播出版权，先后推出了“百视通 NBA”运营商产品和“百视通篮球”自有产品（安卓和 IOS 上均有下载）。经过多年的经验积累，百视通在 NBA 赛事的制作上已处于全球领先地位，每日多场比赛同时直播已成常态；发挥版权优势，服务亿万球迷，每日多场 NBA 直播登陆手机。截至 2014 年底，自有“百视通篮球”累计用户 542.2 万人。

2011 年，公司又成功接入中国移动、中国电信动漫基地业务，由此开始向广大手机用户提供更好看、更受孩子们欢迎的卡通动画片。2014 年强力推出“漫漫看”原创动漫系列短片。“漫漫看”系列片已登录百视通自有平台，并同时复用于多个联合播出平台。实现了以百视通为首，中国电信移动运营商以及优酷土豆等联合运营商为辅的全媒体推广，渐渐获得了固定收视人群，取得不俗点击率和收入。

2013 年，独家引入英超高清赛事直播版权，推出“百视通英超”安卓和 IOS 产品。目前百视通是唯一提供英超高清转播的内容服务商，用户可以在手机上直接观看英超每周的多场赛事，除此之外更有官方比赛数据、精彩进球集锦等。至 2014 年底，该款应用累计安装用户 19.5 万人。

渠道营运事业群团队架构

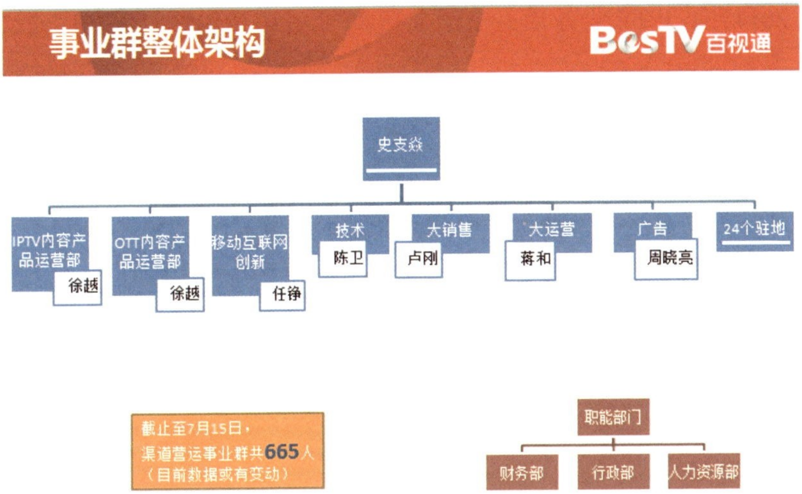

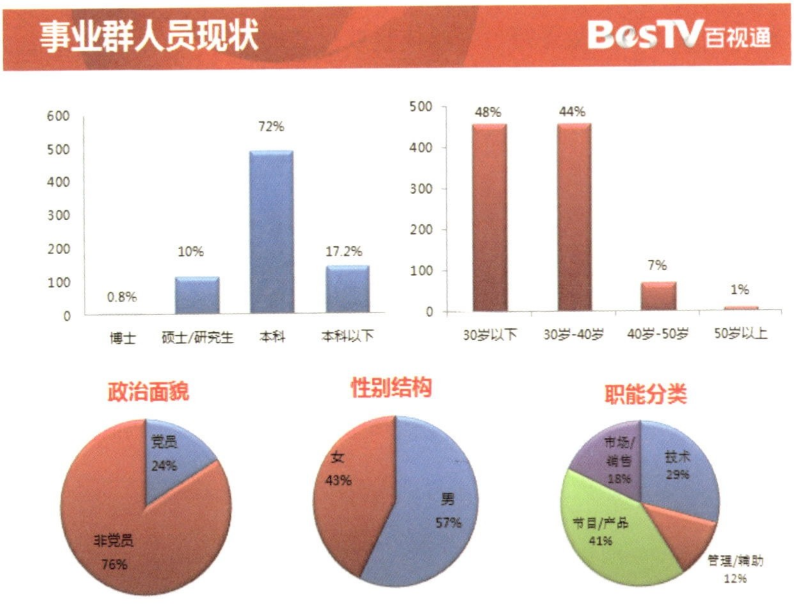

渠道营运事业群经营情况

2014 年，IPTV 业务覆盖中国大陆 25 个省市自治区，用户超过 2200 万户，其中收费用户超过 1500 万户，已发展成为全球最大的 IPTV 内容与技术服务商。

作为中国首张手机电视牌照运营商，已完成 3G 手机电视系统升级转换，并搭建了手机视频综合应用平台。2014 年又与中国移动、中国联通、中国电信等三大通讯运营商合作开展了手机电视、手机阅读、动漫、游戏等核心产品的合作，快速推进手机移动视频业务。2014 年，手机电视收费用户已超过 2000 万户。

已建立 IPTV、手机电视两大渠道的广告运营平台，包括自主投播、自主媒资适配、数据对接等符合新媒体投放模式的功能。依托该广告运营平台，为企业提供宣传推广、整合营销服务，扩大品牌知名度，为企业提升品牌价值，积累品牌资产。

一、电视端产品

1、首映专区

内容定位：紧跟内地院线 您的私人院线

在线时长（小时）：200

在线部数（部）：100

年度更新量（小时）：400

专题制作量（个）：50

年度访问次数（万次）：8000

年度收视时长（万小时）：58000

收费用户数（万户）：100

2、看大片专区

内容定位：紧跟北美院线 好莱坞直通车

在线时长（小时）：1000

在线部数（部）：500

年度更新量（小时）：700

专题制作量（个）：100

年度访问次数（万次）：7500

年度收视时长（万小时）：50000

收费用户数（万户）：80

3、动漫电影

内容定位：全球动漫嘉年华

在线时长（小时）：300

在线部数（部）：150

年度更新量（小时）：300

专题制作量（个）：60

年度访问次数（万次）：5000

年度收视时长（万小时）：45000

收费用户数（万户）：60

4、电视剧

内容定位：针对14岁以上人群，提供各大卫视热播剧。

在线时长（小时）：6800

在线部数（部）：310

年度更新量（小时）：25000

专题制作量（个）：420

年度访问次数（万次）：716268

年度收视时长（万小时）：373121

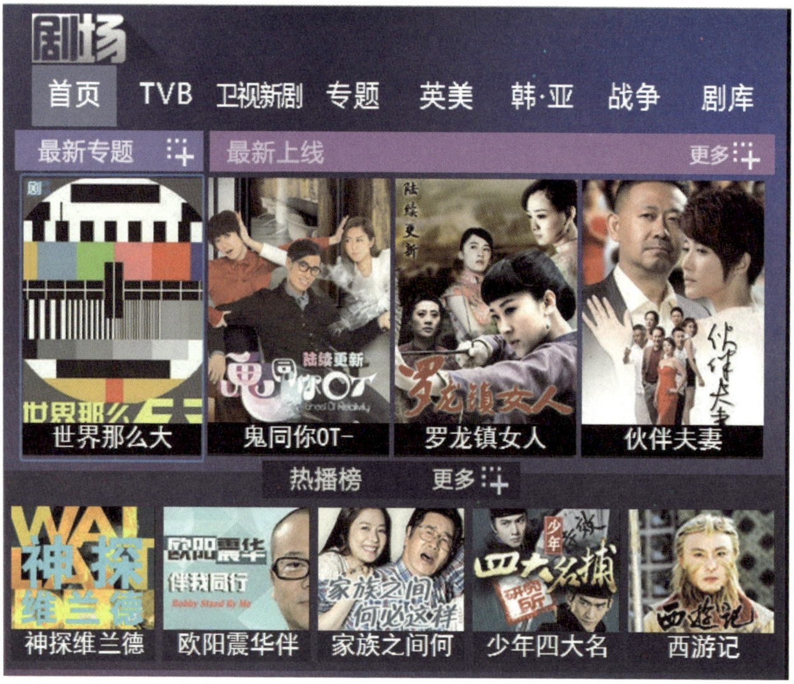

5、财经看吧

内容定位：聚焦财经热点事件，关注股市行情走势，传递收藏市场动态，为百姓理财提供权威、及时的资讯服务。

在线时长（小时）：900

年度更新量（小时）：2500

专题制作量（个）：120

年度访问次数（万次）：5000

年度收视时长（万小时）：1000

技术特点：看吧前台方面，采用 trailer 直播结合点播编排，加强及时性与深度性。后台方面，完善编辑功能，并增强了差异化运维功能。

6、纪实

内容定位：汇集大量优秀纪实节目，集纳国内各大频道纪录片资源，关注热点时事，科普寓教于乐，内容涵盖军事、历史、自然、人文等多重元素。

在线时长（小时）：1000

在线部数（部）：2000

年度更新量（小时）：2400

专题制作量（个）：80

年度访问次数（万次）：8200

年度收视时长（万小时）：4100

7、生活看吧

内容定位：贴近百姓生活的资讯类看吧

在线时长（小时）：5580

在线部数（部）：8160

年度更新量（小时）：4080

专题制作量（个）：220

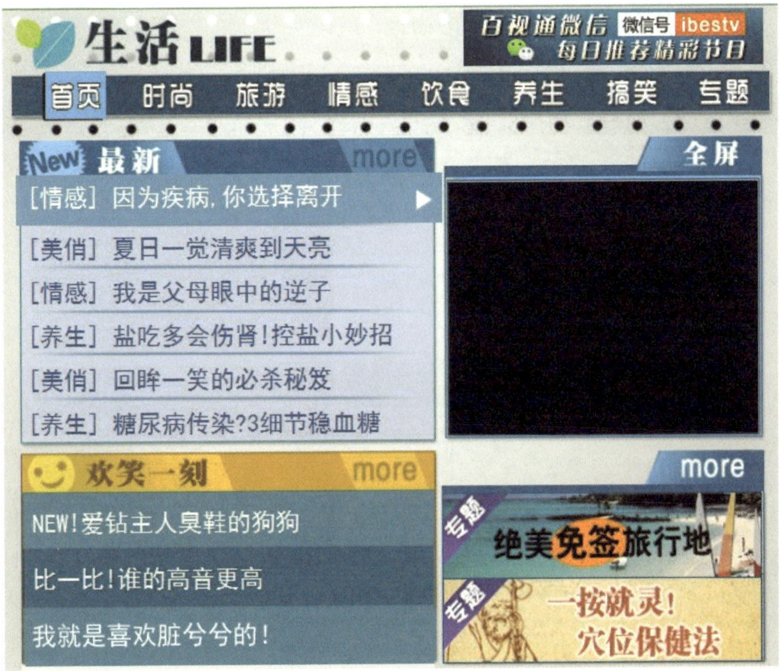

年度访问次数（万次）：55459

年度收视时长（万小时）：6588

8、超级体育

内容定位：提供国内外体育新闻资讯，足球、篮球、网球、赛车和大型体育赛事等直播、回看及点播，制作策划体坛热点专题等内容。

在线时长（小时）：1200

在线部数（部）：4300

年度更新量（小时）：2400

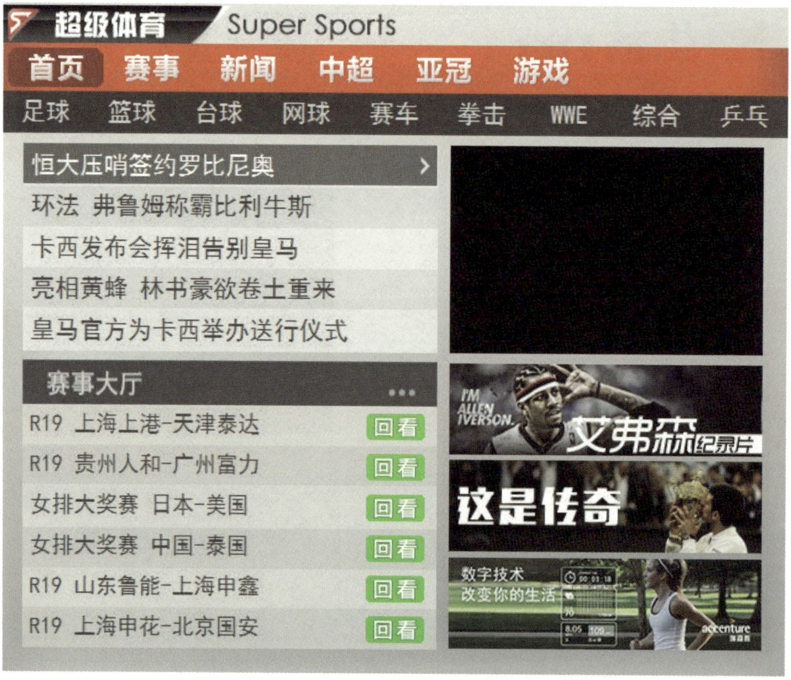

专题制作量（个）：200

年度访问次数（万次）：112000

年度收视时长（万小时）：1450

技术特点：超级体育将新闻和赛事最直接地呈现在前台界面，最大程度提升产品易操作性；同时配合大图推荐位，直观聚焦体坛焦点专题。后台方面，人性化设置内容批量处理及自动生效、失效等操作，使编辑在处理大量体育资讯和赛事时能更好发挥产品的高时效性特点。

9、NBA

内容定位：篮球爱好者

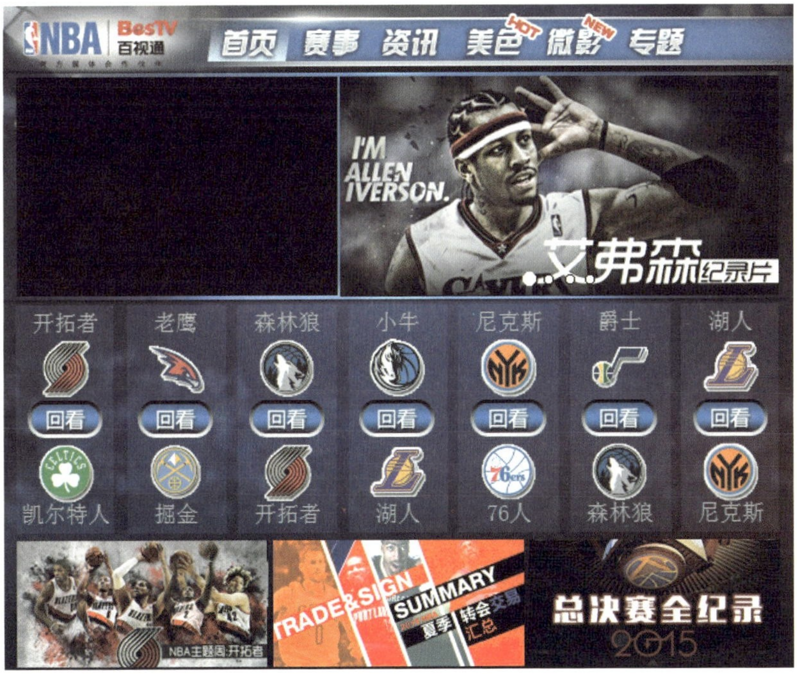

在线时长（小时）：1200 小时 / 月

在线部数（部）：1500 场比赛

年度更新量（小时）：10000 小时

专题制作量（个）：160

年度访问次数（万次）：4500

年度收视时长（万小时）：1000

收费用户数（万户）：13

技术特点：独家内容、自制战报、全高清转播。

10、英超

内容定位：国内最全最高清的英超赛事收视平台

在线时长（小时）：400

在线部数（部）：1200

年度更新量（小时）：1200

专题制作量（个）：80

年度访问次数（万次）：9443

年度收视时长（万小时）：216

收费用户数（万户）：4.3

技术特点：百视通英超是中国大陆电视端独家收看英超全高清、全赛事、全进球的内容产品；是收看英超全部赛程的唯一平台；累计转播场次已经超过 2000 场，是国内转播场数之最，拥有最丰富经验的英超转播团队。

11、娱乐

内容定位：主打国内热门综艺和最新娱乐资讯

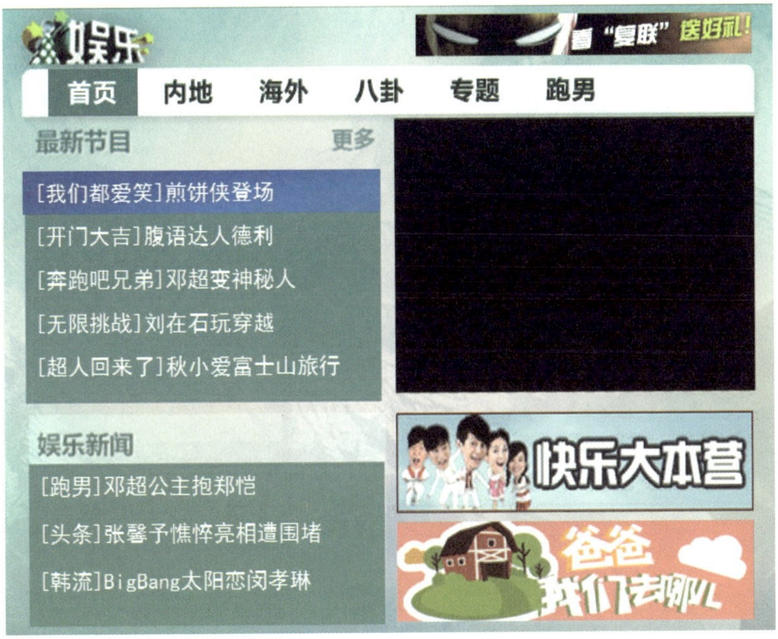

在线时长：3100小时

年度更新量：4000小时

专题制作量：50个/年

年度访问次数：30亿次

年度收视时长：4亿小时

12、新闻中心

内容定位：电视新媒体第一新闻门户，全年365天无休更新，最精选、最便捷的视频新闻连播平台。既适合全人群收看，又提供分众深度阅读内容。

在线时长（小时）：900

年度更新量（小时）：约2500

专题制作量（个）：178

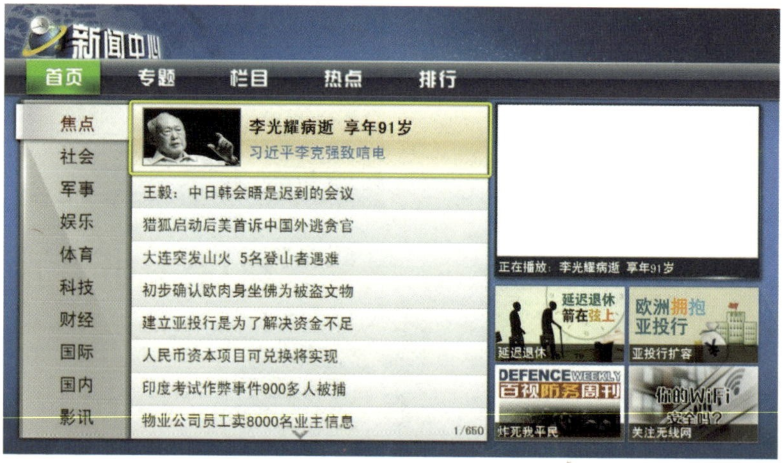

年度访问次数（万次）：约 470000

年度收视时长（万小时）：约 21000

13、法治看吧

内容定位：盘点社会法治热门事件，解读法律新规、剖析社会热点、提供普法教育。

在线时长（小时）：750

年度更新量（小时）：约 1500

专题制作量（个）：30

年度访问次数（万次）：约 11000

年度收视时长（万小时）：约 12300

14、尼克动画

内容定位：2–10 岁年龄段，涵盖尼克卡通频道内容。

在线时长（小时）：320

在线部数（部）：30

年度更新量（小时）：200

专题制作量（个）：40

年度访问次数（万次）：4680

年度收视时长（万小时）：1260

收费用户数（万户）：170

15、动漫剧场

内容定位：7–18 岁年龄段，涵盖经典人气动画，知名品牌内容。

在线时长（小时）：1700

在线部数（部）：140

年度更新量（小时）：1300

专题制作量（个）：40

年度访问次数（万次）：3202

年度收视时长（万小时）：1369

收费用户数（万户）：2

16、哈哈乐园

内容定位：3–15 岁年龄段，涵盖动画、幼教、儿歌、故事等动画内容。

在线时长（小时）：1400

在线部数（部）：140

年度更新量（小时）：2000

专题制作量（个）：50

年度访问次数（万次）：53000

年度收视时长（万小时）：7000

17、巧虎

内容定位：3–6 岁年龄段，儿童性格培养、游戏手工、基础学习等。

在线时长（小时）：43

在线部数（集）：104 集

年度更新量（小时）：24

专题制作量（个）：24

年度访问次数（万次）：1104

年度收视时长（万小时）：185

收费用户数（万户）：80

18、迪士尼

内容定位：3–18岁年龄段，经典动画、真人剧、电影，分宝贝迪士尼和青春迪士尼。

在线时长（小时）：726

在线部数（集）：1650

年度更新量（小时）：160

专题制作量（个）：48

年度访问次数（万次）：13376

年度收视时长（万小时）：2484

收费用户数（万户）：200

19、新东方 TV 学堂

内容定位：K12, 百视通与新东方教育集团联合出品。学前、小学、初中、高中、托福、雅思、新概念精品课程，与新东方名师面对面学习的电视教育平台。

在线时长（小时）：500

在线部数（条）：2000

年度更新量（小时）：500

专题制作量（个）：45

年度访问次数（万次）：200

年度收视时长（万小时）：100

收费用户数（万户）：20

二、移动客户端

1、东方手机电视

在运营商侧上线的拥有院线电影、卫视跟播热剧、上海卫视地方直播以及最新娱乐综艺、社会热点新闻的综合类手机电视品牌业务。

推出时间　2005 年

定位　适用喜欢新鲜事物追逐潮流的年轻群体，推陈出新各类新鲜好玩的的视频内容。

订阅数　680000（截至 2014 年底）

2、百视通篮球（原名百视通 NBA）

推出时间　2012 年 2 月 20 日

平台　iOS，Android

版本　4.0.1

内容　NBA 比赛直播回看，精彩视频集锦，篮球资讯新闻等。

功能　转发，评论、收藏、点赞、分享等。

下载量　收费用户 70000，下载用户 900000（截至 2014 年底）

技术支持　上海东方龙新媒体有限公司

推广营销　应用市场推广

技术升级　百视通篮球较之前的百视通 NBA，采用了全新的前台界面和内容更丰富的资讯平台。前台方面，采用更具赛场感的配色风格和更流畅的界面切换，同时增加了 NBA 季前赛和更丰富的篮球资讯。后台方面，资讯的获取已经从单一的局限于 NBA 扩展到了 CBA、世锦赛等世界范围的篮球信息，使用户可以更全面更及时的了解世界篮球。

3、百视通英超

推出时间　2013 年 10 月 9 日

平台　iOS，Android

版本　2.0.0

内容　英超比赛直播，英超数据，比赛精

彩集锦，新闻资讯等。

功能　转发、评论、收藏、点赞、分享等。

下载量　154000（截至2014年底）

技术支持　百视通网络电视技术发展有限责任公司

推广营销　应用市场推广

技术升级　采用全新的界面风格，配色更明亮。在比赛视频画质方面，全面采用了“自适应码率”技术，手机连接的无线网络速度越快，画质就会越清晰，最高可以达到2k的画质。除了保持之前版本能播放赛事直播、回看和比赛集锦等全部特色外，更将球队阵型图形化，较之前的球员列表更直观展现球员在球场上的位置。

4、体育汇

推出时间　2014年1月2日

平台　iOS，Android

版本　1.1.4

内容　五大联赛比赛直播回看，联赛数据，精彩集锦，新闻资讯等。

功能　转发、评论、收藏、点赞、分享等。

下载量（万）　1176（截至2014年底）

技术支持　上海东方龙新媒体有限

公司

推广营销　应用市场推广，渠道推广。

技术升级　体育汇新版本新增中超和 CBA 板块，至此，体育汇涉及的赛事包括：英超、NBA、意甲、世界杯、中超、CBA 等，真正实现了全年赛事不停的设计理念。同时增加了互动性，丰富评论和点赞功能。后台方面，可以动态配置前台侧栏中的栏目，新增栏目有英超肥皂圈、劲趣点、武汉网球公开赛等，避免了后台增加内容前台就要升级的烦恼。

三、微博

1、百视通 – 手机电视（新浪微博）

版本　5.1.3

推出时间　2010 年 7 月

定位　好看好玩的娱乐花边资讯，爆料最新的海内外实时消息、奇闻异事，了解最新的院线影片动态。

粉丝量，转发量＋跟帖量　截至 2014 年底，粉丝量 101863；2014 全年微博转发量 2400，跟帖量 310。

2、百视通－手机电视－NBA（新浪微博）

版本　5.1.3

推出时间　2010 年 7 月 9 日

定位　新鲜 NBA 资讯，热辣 NBA 视频每天送，为篮球爱好者服务。

粉丝量，转发量＋跟帖量　截至 2014 年底，粉丝量 6359；2014 全年微博转发量 171，跟帖量 406。

<<<<< 渠道营运事业群媒体创新与融合案例

新东方 TV 学堂项目

新东方 TV 学堂是百视通和新东方教育集团强强联手，为提升边远地区中小学义务教育质量，在互动电视平台推出的一套互动电视教育整体解决方案。其教学体系涵盖中小学教育、语言教育、学历考试、留学考试、职业教育等，课程总数超过 600 种，内容总时长现已超过 20000 小时。

2014 年底，新东方 TV 学堂试运营上线，在全国迅速引起了很大反响。目前，新东方 TV 学堂产品已在上海、广东、浙江、江苏、陕西、福建、甘肃、重庆、新疆、江西、湖北、海南等驻地上线，第一年预计可达 2000 万以上销售额。

新东方 TV 学堂项目运营组积极推进优秀名师走进用户的各种活动。2014 年底，《爱上英语》演讲在中山大学北校区校友会堂开讲，现场千人坐席爆满。

<<<<< 渠道营运事业群新媒体获奖情况

2014 年 12 月，“漫漫看系列片”节目获“弘扬社会主义核心价值观共筑中国梦”优秀原创网络视听节目。

第十一章 上海东方明珠新媒体股份有限公司互联网电视事业群

截至2014年底，百视通已形成官方网站、移动客户端、微博和微信公众号在内的官方新媒体矩阵，具体包括：

1个官方网站：百视通官网

1个移动客户端：bestv互联网电视

1个官方微博：百视通BesTV

1个官方微信订阅号：百视通

1个官方微信服务号：百视通微电视

概　况

互联网电视事业群依托主体为上海东方明珠新媒体股份有限公司，在上市公司中承担的主要业务角色为：⑴建设保障OTT播控平台，承接内容和应用商店的运营；⑵负责链接到OTT平台的各类终端的人机交互产品的管理和研发交付；⑶针对多个渠道落实OTT产品，负责对应的项目实施，产品定制工作；⑷针对OTT播控平台提供基础的平台运维保障和平台运营工作，提供基于平台的数据、售后、用户等运营服务。

百视通官网是公司新闻和节目信息发布的一个展示窗口，信息的权威和及时是官网的重要特征。

百视通官方微博起步较早，于 2010 年 9 月底正式开通，主要以节目宣传、活动推广和公司新闻发布为主，截至 2014 年底，粉丝数累计 18.6 万人。

早在 2012 年 11 月，百视通就推出了微信订阅号“ibestv”，以宣传版权节目和发布公司新闻为重点，截至 2014 年底，订阅数近 6 万。

2014 年 1 月，百视通又推出了微信服务号“ubestv”，以“打开微信看电视”为理念，打造一款创新型的移动互联网产品，在微信端为用户提供语音搜索、点播、直播回看、跨屏等功能和服务。优质的内容，加上流畅的视频观看体验很快获得了用户的欢迎和关注，截至 2014 年底，订阅数接近 50 万，一周访问量（PV）突破一百万，访问人数（UV）超过 10 万。

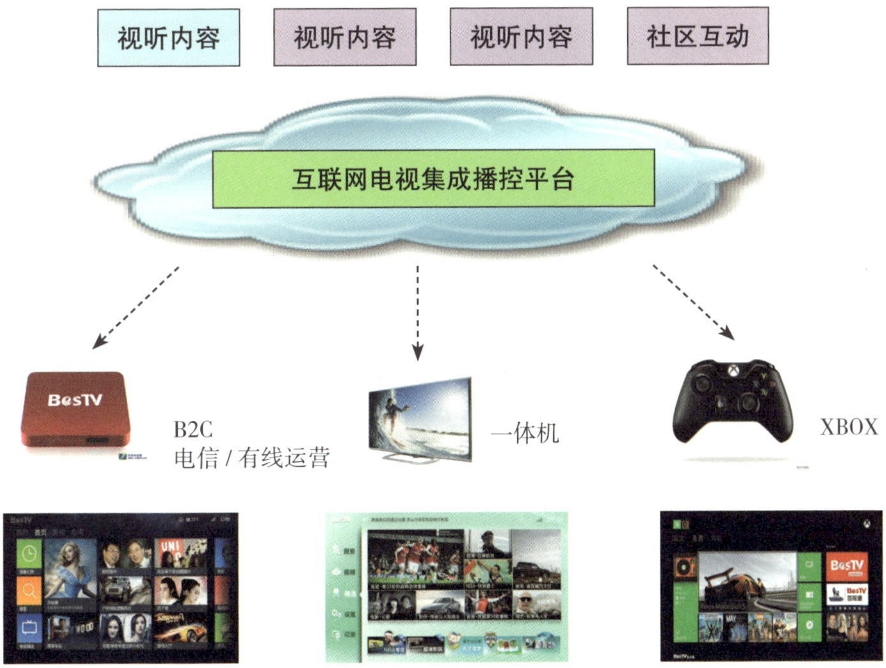

一、网站

全称　百视通官方网站

域名（链接）　www.bestv.com.cn

创建日期　2009 年 9 月

公司（单位）性质　企业事业部

资质　信息网络传播视听节目许可，广播电视节目制作经营许可，互联网出版许可，增值电信业务经营许可。

团队架构　百视通官网编辑共 3 人，技术 1 人，百视通微博 3 人（全部为网站编辑兼），微信 6 人（其中 3 人为网站编辑兼）。

学历：大学本科 8 人　硕士研究生 2 人

性别：男 2 人　女 8 人

年龄：30 岁以下 8 人　31–40 岁 2 人

专业岗位：内容编辑 7 人　美术编辑 2 人　技术支持（保障）1 人

内容定位　公司新闻和版权节目发布的权威窗口

内容板块　精品节目、明星产品、公司新闻、在线问答等。

传播力　日均浏览量 1–2 万

二、移动客户端

名称　bestv 互联网电视

推出时间　2010 年

平台　Android

版本　1.9.3，2.0，2.3

内容　电影、电视剧、综艺、少儿、教育、NBA、英超。

功能　视频点播

下载量　920000

三、微博

名称　百视通 BesTV（新浪微博）

版本　5.1.3

推出时间　2010 年 9 月

定位　公司新闻发布、节目宣传、与用户互动的平台。

粉丝量，转发量 + 跟帖量　截至 2014 年底，粉丝量 185860，其中，2014 全年新增粉丝数为 10251；2014 全年微博转发量 10935，跟帖量 6400。

四、微信公众号

1、百视通（百视通微信订阅号：ibestv）

推出时间　2012 年 11 月

定位　节目宣传推广和公司新闻发布渠道

订阅数　58401（截至 2014 年底）

2、百视通微电视（百视通微信服务号：ubestv）

推出时间　2014 年 1 月

定位　将自身内容优势与微信平台用户规模、社交等优势相结合，充分运用新技术、新应用创新传播方式，打造轻量级的移动互联网产品，为用户带来更便捷的收视体验。

订阅数　483187（截至 2014 年底的粉丝数）

中国移动 上午11:27 70%
返回
百视通微电视
百视通微电视
微信号：ubestv
功能介绍
提供40000小时高清片库，最新最热的影视剧点播、赛事直播，电视频道直播和3天回看，更有语音搜索、跨屏播放、手机遥控三大特色功能！
帐号主体
百视通网络电视技术发展有限责任公司
客服电话
4008600637
经营范围
综合商城
接收消息
查看历史消息
中国移动 下午3:45 100%
返回
百视通微电视
BesTV
首页 直播 栏目 搜索 我的 帮助
吴京最新特战大片《战狼》
院线首映
更多
战狼
咱们结婚吧
吉星高照2015
看大片
更多
NAME OF THE KING

上海东方明珠新媒体股份有限公司互联网电视事业群新媒体主要数据一览表

网站：百视通官网					
	页面点击量（PV）	单独访客数 (UV)	独立访问量 (IP)	网粘度	备注
2014 年度总量	554 万	167 万	150 万	一般	
2014 年度月最高	87 万	46 万	44 万	一般	
2014 年度日最高	6.8 万	4.3 万	4.1 万	良好	
数据来源	百度统计	百度统计	百度统计	百度统计	

微信公众号	2014年度总阅读数	2014年度原创帖文总数	2014年度头条总阅读数）	2014年度总篇数	2014年度总点赞数	2014年度总分享数	单篇最高阅读数（篇目，日期）	单篇最高点赞数（篇目，日期）	单篇最高转发、分享数（篇目，日期）	备注
百视通	217.23万	700	109万	1095	5200	84000	30704（6月上海国际电影节观影攻略，2014-05-31）	210（6月上海国际电影节观影攻略，2014-05-31）	344（6月上海国际电影节观影攻略，2014-05-31）	
百视通微电视	2500万	60	82万	66	3000	22407	78465（男人必看的10部特种兵电影，2014-10-22）	132（2014最佳20部中外影片，2014-12-24）	2697（世界杯48场小组赛完整赛程表，2014-06-12）	
数据来源	以上数据均来自腾讯云分析									

微博名称（属性：官微/部门/个人；平台）	2014年度总发帖数	2014年度原创帖文总数	2014年度总跟帖、评论数	2014年度总点赞数	2014年度总转发、分享数	2014年度总被提及/被@数	2014年总粉丝数	单篇最高跟帖、评论数（篇目，日期）	单篇最高转发、分享数（篇目，日期）	单篇最高点赞数（篇目，日期）
百视通BesTV（官微/部门；平台：新浪）	1742	1395	6400	3400	10935	2920	185860	491（百视通六一小画笔大梦想儿童嘉年华送礼）2014-05-26	1374（百视通六一小画笔大梦想儿童嘉年华送礼）2014-05-26	881（百视通日历华晨宇生日）2014-02-07
数据来源	人工统计									

第十二章 上海文广互动电视有限公司

截至2014年底，上海文广互动电视有限公司（简称：SiTV文广互动）已形成包括公司层面及下属不同板块层面的网站、手机客户端、微博、微信公众号等诸多产品的新媒体矩阵，具体包括：

1个官方网站：新视觉

1个官方微博：SiTV文广互动

1个官方微信公众号：SiTV文广互动

下属频道（子公司）共开办了1个网站、2个手机客户端（APP）、5个微信公众号、1个官方微博账号。

概　况

围绕有线网络数字电视的主营业务，SiTV积极拓展新媒体传播渠道，努力打通电视屏、电脑屏、手机屏、PAD屏。

2014年，SiTV在新媒体领域的主要创新包括：

官网全新改版升级

SiTV官方网站创建伊始采用的是公司门户的形式，起到介绍公司及业务发展的情况、发布节目信息等作用。2013 年底改版为视频网站，2014 年底再次进行了改版。

此次改版升级使得打通电视屏、电脑屏、手机屏、PAD 屏成为可能，将各专业频道打造为汇聚垂直产业资源的服务平台，通过 web、app 和 TV 之间的无缝整合及联动，实现资源和流量的精准匹配，完成从线上信息获取到线下服务的 O2O 闭环。

法治天地手机台（现“中国法院手机电视”）开播

上海广播电视台法治天地频道开播于 2003 年 6 月，由上海市委政法委和上海广播电视台合作建设，是我国最早开通的，覆盖全国、专业权威的新媒体数字电视卫星频道。十多年来，法治天地频道在弘扬法治精神、传播法治文化方面发挥了重要作用。

2013 年 6 月，法治天地频道成立十周年之际，正式开通“法治天地频道手机台”。这是法治天地频道与中国电信合作，通过广播电视网、电信网和移动互联网的融合，实现节目资源共享共融，将法治报道和服务发送至手机客户，提供即时法律咨询，引导社会舆论。

2014 年 4 月，最高人民法院和上海广播电视台法治天地频道开展合作，“法治天地手机台”也正式更名为“中国法院手机电视 APP”。经过半年多的产品设计、系统研发、联调测试等，历经 4 稿、10 次版本升级，12 月 26 日，“中国法院手机电视 APP”测试版问世。

这是国内首个法院题材手机电视应用平台，也是最高人民法院新闻局独有的自媒体，第一时间把重大新闻和重要庭审等司法信息向社会传递，并借助微博、微信等，全面进军移动互联网终端，取得良好传播效果。

官方微信定位转变

2014年10月，为更好服务于各地有线网络合作方，凝聚全国有线网络的力量在各地推广SiTV的优质内容，“SiTV文广互动”微信由原先的B2C改为B2B，摒弃单纯地向观众宣传节目内容，大胆转变为向有线网络公司发布节目、市场等各类信息，让相关人员能够直接了解市场动态，直接与自身的宣传推广活动相结合，推动各地的销售。

一、网站

1、新视觉

域名（链接） www.sitv.com.cn

创建日期 2005年

公司（单位）性质 国有企业

法人代表 史支焱

资质 信息网络传播视听节目许可

团队架构

11人，学历：大学本科7人 硕士研究生4人

性别：男 4 人　女 7 人

年龄：30 岁以下 9 人　31–40 岁 1 人　41–50 岁 1 人

职称：中级 1 人　高级 1 人

专业岗位：总编辑 1 人　产品经理 1 人　运营经理 1 人　频道编辑 7 人　内容审核 1 人

内容定位　SiTV 文广互动官方网站。以付费电视节目为核心，汇聚各频道相关产业的服务资源，如找医院、找医生、介绍旅游路线、传播汽车文化等。

内容板块　付费电视节目点播、行业资讯、活动以及福利等。

技术升级　新网站采用了全新的 UI 界面设计和强大后台管理系统。前台功能包含了视频点播、评论、活动报名、福利领取、分享转发等丰富的互动功能。后台管理系统集成了内容管理、用户管理、活动管理、媒体资源管理、网络数据统计等核心模块，为网站运营提供了强有力的功能支撑。在系统架构方面，采用了先进的SOA架构理念，通过模块化方式进行管理，方便了后期与第三方平台的深度整合与系统扩展。

“SiTV 新视觉”网络平台是一个集合了web和移动APP综合视频互动平台，在商业模式设计和技术平台架构上充分结合了电视、互联网及移动新媒体的优点，打通传统电视和新媒体之间的壁垒，让用户在观看电视节目的同时还能获取节目相关的各类服务信息，享受丰富优质的服务资源，实现从线上信息获取到线下享受服务。

2、游戏风云

域名（链接） www.gamefy.cn

公司（单位）性质 国有企业

法人代表 史支焱

资质 广播电视节目制作经营许可，增值电信业务经营许可，网络文化经营许可。

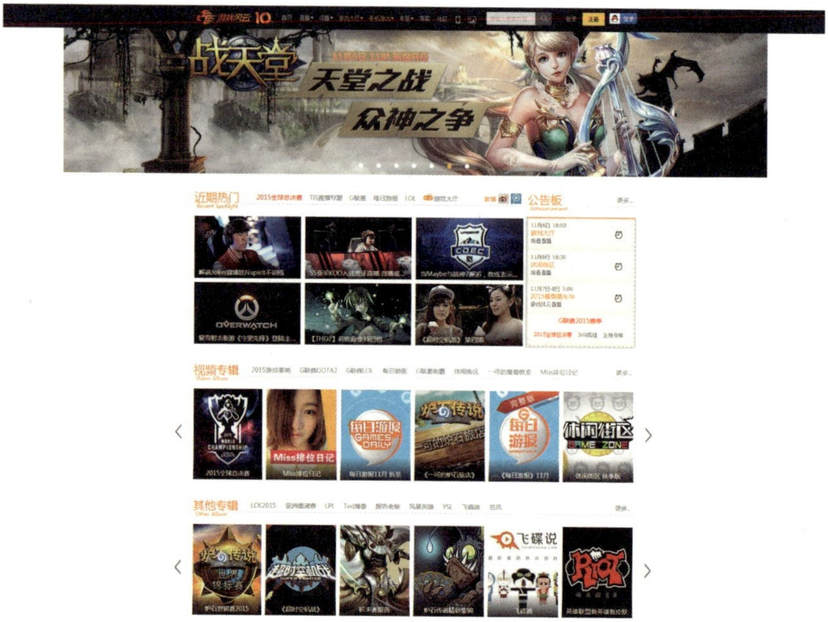

[内容定位]{.underline} 中国电子游戏第一门户，提供各类大型电竞赛事直播和游戏视频点播。

内容板块　视频点播、赛事、专辑、专题、新闻、评论。

传播力　日均浏览量 15 万左右。

二、移动客户端

1、法治天地手机台（现“中国法院手机电视”）

推出时间　2014 年 12 月 26 日

平台　iOS，Android

版本　Ver1.6

内容　围绕“创新方式讲好法治故事，传播法治好声音”的宗旨，第一时间向社会传递重大新闻和重要庭审等司法信息。

功能　转发，评论、收藏、点赞、分享等。

下载量　510000（截至 2014 年底）

2、游戏风云

推出时间　2013 年 5 月 7 日

平台　iOS，Android

版本　1.4.8

内容　游戏风云频道为广大游戏爱好者打造的一款以观看电子竞技赛事直播以及精彩游戏视频点播为主的移动应用。

功能　视频点播、直播、分享、评论。

下载量　260000（截至 2014 年底）

三、微博

1、SiTV 文广互动（新浪微博）

推出时间　2009 年 9 月

版本　5.1.3

定位　文广互动官方微博，SiTV 全平台精彩内容介绍推荐。

粉丝量，转发量+跟帖量　截止 2014 年底，粉丝量 4794，转发量 17358，跟帖量 10287。

<<<<< 案例

结合 SiTV 线上美剧专辑，根据影视内容，联合“美剧大全”等微博大号协同推广热门《24 小时》SiTV 全球同步首播活动。截图如下：

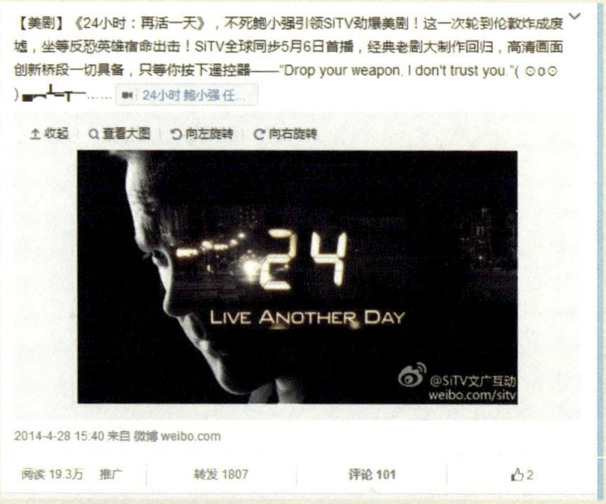

2、游戏风云 GameFY（新浪微博）

推出时间　2010 年 11 月 2 日

版本　5.1.3

定位　建立与游戏风云频道观众及玩家沟通交流的桥梁

粉丝量、转发量 + 跟帖量　截至 2014 年底，粉丝量 61115，转发量 19432，跟帖量 11785。

四、微信公众号

1、文广互动电视（公众号：SiTV-wghd）

推出时间　2013 年 2 月

定位　服务各地有线网络合作方，提供内容、活动、市场等多方面信息。联合各地有线网络公司微信运营团队，以原创推荐 SiTV 优质节目内容为活动内容，编辑评选大赛为活动形式，着力推广 SiTV 优质版权内容。

订阅数　1268（截至 2014 年底）

2、游戏风云（公众号：youxifengyun-vip）

推出时间　2012 年

定位　新闻订阅，信息推送。

订阅数　40000+（截至 2014 年底）

3、极车（公众号：Channel_Max）

推出时间　2013年9月6日

定位　汽车爱好者

订阅数　68337（截至2014年底）

中国电信 10:32
返回
极车
【预告】明晚19:20 DTM时隔26年重回匈牙利
2014-05-31 极车赛场 极车
DTM
时至端午佳节，同样也是孩子们的节日，在这里祝大家节日快乐！身体健康！合家幸福！
尽管是节日假期，极车频道的小伙伴们也丝毫没有放松，兵分两路分别赶赴拍摄CKC卡丁车锦标赛上海站(有马青骅哦！)

<<<<< 案例

在 2014 年的北京车展期间，频道全体团队在首都做了 5 小时电视卫星直播，在微信平台上也进行了前期预热、展馆探秘、直播互动、视频新闻报道等，将电视屏和手机屏有机结合在了一起。

4、金色健康（金色频道公众号 sitvjian-kang）

推出时间 2013 年 12 月

定位 频道栏目预告及短视频点播，健康医疗信息普及。

订阅数 6000（截至 2014 年底）

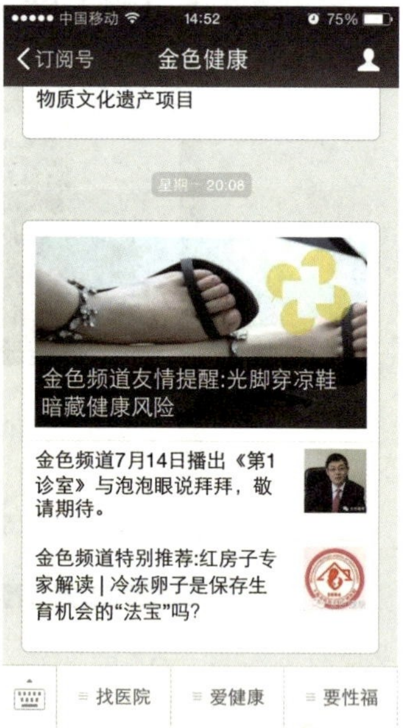

5、韩迷俱乐部（公众号：hanmi-julebu）

推出时间　2014年3月5日

定位　聚合韩流粉丝群体，集内容推广、应用服务、商务窗口为一体的粉丝运营平台。

订阅数　30000（截止2014年底的粉丝数）

<<<<< 案例

“韩迷俱乐部”微信公众号在内容运营中，形成了“旅游美食”、“护发美妆“、”穿衣搭配“等三大固定板块。这部分内容通过文字组织和精彩排版，其平均图文转化率高达33%，高于业内平均水平13个百分点。如《舌尖上的韩国小吃，你饿了么》图文转化率高达137.54%，不但吸引了大量粉丝，同时也为商务植入探索出一条可行的方向。

6、少儿彩虹岛（公众号：caihongdao-sitv）

推出时间 2014年3月

定位 关注育儿热点，父母经验传授，亲子资讯分享。

订阅数 454（截至2014年底）

SiTV 文广互动新媒体主要数据一览表

网站：游戏风云					
	页面点击量（PV）	单独访客数 (UV)	独立访问量 (IP)	网粘度	备注
2014 年度总量	7382 万	2573 万	2118 万	一般	
2014 年度月最高	1021 万	319 万	247 万	一般	
2014 年度日最高	78 万	25 万	16 万	良好	
单篇最高（篇目，日期）					
数据来源	CNZZ	CNZZ	CNZZ	CNZZ	

移动客户端名称	总下载量	2014 年度总发帖数	2014 年度原创帖文总数	2014 年度评论、跟帖总数	2014 年度总点赞数	2014 年度总转发、分享数	单篇最高阅读数（篇目，日期）	单篇最高评论、跟帖数（篇目，日期）	单篇最高点赞数（篇目，日期）	单篇最高转发、分享数（篇目，日期）
游戏风云	26 万									
中国法院手机电视	51 万									
数据来源										

微信公众号	2014年度总阅读数	2014年度原创帖文总数	2014年度头条总阅读数	2014年度总篇数	2014年度总点赞数	2014年度总分享数	单篇最高阅读数（篇目，日期）	单篇最高点赞数（篇目，日期）	单篇最高转发、分享数（篇目，日期）
文广互动电视	383803	488	115140	539	263	1005	5009（SiTV邀您一起创造新视界！2014-9-13）	48（《神探夏洛克第三季》同步热播！不忍直视，独家吐槽！2014-1-02）	119（SiTV邀您一起创造新视界！2014-9-13）
youxif-engyunvip	40000	6	30000	20	100	200			
金色健康	6000	1100	5000	1120	2260	6261	2694（“衣带渐宽终不悔”的励建安，2014-09-20）	56（“衣带渐宽终不悔”的励建安，2014-09-20）	250（“衣带渐宽终不悔”的励建安，2014-09-20）

续表

文广互动韩迷俱乐部	76.8 万	624	57.6 万	624	2400	9600	3726（2014 年最佳电视剧 Best10，2014-11-25）	37（女生最爱，韩国超萌冰点，2014-8-29）	106（揭秘中国版跑男的 Bingo 菜，2014-10-31）
caihong-dao_sitv（名称：少儿彩虹岛）	1020	12	996	15	24	90	352（夏至亲子派对等你来！现场拿奖不算完，微信活动还更多！2014-06-20）	6（夏至亲子派对等你来！现场拿奖不算完，微信活动还更多！2014-06-20）	29（夏至亲子派对等你来！现场拿奖不算完，微信活动还更多！2014-06-20）
极车	643.04 万	698	203.7 万	1568	21976	323234	85537（限迁政策取消！二手车市场将现新热点，2014-06-19）	106（全！63 种汽车常见故障及修理办法，2014-08-10）	6473（全！63 种汽车常见故障及修理办法，2014-08-10）
数据来源									

微博名称（属性：官微/部门/个人；平台）	2014年度总发帖数	2014年度原创帖文总数	2014年度总跟帖、评论数	2014年度总点赞数	2014年度总转发、分享数	2014年度总被提及/被@数	2014年总粉丝数	单篇最高跟帖、评论数（篇目，日期）	单篇最高转发、分享数（篇目，日期）	单篇最高点赞数（篇目，日期）
SiTV文广互动（属性：官微；平台：新浪）	765	742	10287	479	17358	674	4794	491（《24小时》五月里还是鲍小强最过瘾，尽在SiTV！2014-05-16）	1807（《24小时：再活一天》，不死鲍小强引领SiTV劲爆美剧！2014-04-28）	
游戏风云GameFY（属性：官微；平台：新浪）	2222	1313	11785	13214	880	19432	61115	202（游戏风云将全程直播暴雪嘉年华盛事，2014-10-31）	1042（游戏风云将全程直播暴雪嘉年华盛事，2014-10-31）	35（游戏风云将全程直播暴雪嘉年华盛事，2014-10-31）
数据来源	新浪微博后台									

第十三章 上海尚世影业有限公司

截至2014年底，尚世影业已初步形成了包括上海尚世影业有限公司网站、SMG尚世影业微博和微信公众号在内的新媒体平台。

概　况

尚世影业基于“都市气质、现实关注”的创作理念，制作、出品和发行根植人民生活的、体现当代主流价值观念的、艺术性和市场性兼具的优秀电影和电视剧。2014年，公司全面积极推进新媒体平台融合，借助新平台，多路径、多模式的宣传推广公司品牌及项目。

2011年8月，尚世影业在新浪网推出了官方微博“SMG尚世影业”，截至2014年底，发布微博1460条，粉丝数近11000人。官方微博为企业形象提升、项目宣传和粉丝参与互动提供了平台。2014年尚世出品的

3D电影《狂野非洲》、《抢劫坚果店》，电视剧《平凡的世界》、《别对爱撒谎》、《长大》、《再见了，老婆大人》等在微博平台上的推广取得较好宣传效果。

2012年5月，上海尚世影业有限公司网站正式启用，旨在全面介绍尚世影业的全面情况，特色专栏有公司情况、组织结构、项目情况、演员动态、最新新闻等。结合新剧宣传、业内动态发布，向来访者全面展示公司经营理念、企业文化、企业形象，增加了品牌的无形资产。

2014年3月，尚世影业推出了官方微信公众号，以关注业界动态、尚世出品、新剧推进等为重点，截至2014年底，订阅数近1400。借助微信传播及时、服务精准，到达率高、便于分享的特性，尚世影业微信公众号加大了在所属行业、观众中的知晓率和知名度，打造更具影响力的品牌形象。

通过官方网站、实名微博、官方微信公众号，尚世影业已逐步形成了全媒体宣传平台，为信息发布、多元传播、提升企业整体形象奠定了良好基础。

一、网站

全称　上海尚世影业有限公司

域名（链接）　www.smgpictures.cn

创建日期　2012年5月

公司性质　国有企业

法人代表　陈思劼

团队架构　高级经理：1 人，女，本科

内容定位　以尚世出品的品牌活动、剧集宣传为主要发布内容。

内容板块　尚世影业公司介绍、公司结构、项目情况、演员动态等。

传播力　2014 年度页面点击量：105534

二、微博

名称　SMG 尚世影业（新浪微博）

版本　5.1.3

推出时间　2011 年 8 月 5 日

定位　宣传期，更平易近人的与粉丝互动的平台。

粉丝量　11000（截至 2014 年底）

<<<<< 案例

电视剧《别对爱撒谎》因一直没有确定的剧名，于是剧组决定向微博粉丝发布征名令。该消息一经平台发布，获得了众多粉丝的转发和关注。同时，邀请两位主演配合转发，经为期一个月的微博活动，收到近 7000 人的创意，征得剧名 10000 以上，最后选用了其中一位的创意作为剧名。这也成为提高受众参与度，提前体验代入感的成功微博案例。

三、微信公众号

尚世影业

推出时间 2014年3月13日

定位 尚世影业“自媒体”宣传平台

订阅数 1400（截至2014年底）

中国电信 3G 12:00 92%
返回 尚世影业
【喜讯】SMG尚世影业喜获“全国十佳电视剧出品单位”称号
2014-10-24 尚小编 尚世影业
由中国广播电影电视社会组织联合会和陕西文化产业投资控股（集团）有限公司主办，中国广播电影电视社会组织联合会电视制片委员会、陕西省影视产业联盟、西安电视剧版权交易中心等单位承办的第十届全国电视制片业十佳颁奖礼10月23日晚在陕西西安举行。

上海尚世影业有限公司新媒体主要数据一览表

网站：上海尚世影业有限公司					
	页面点击量（PV）	单独访客数 (UV)	独立访问量 (IP)	网粘度	备注
2014 年度总量	105534	20535	20496	一般	
2014 年度月最高	13381	2676	2660	一般	
2014 年度日最高	1075	167	175	良好	
单篇最高（篇目，日期）	500	82	78	一般	
数据来源	CNZZ	CNZZ	CNZZ	CNZZ	

微信公众号	2014 年度总阅读数	2014 年度原创帖文总数	2014 年度头条总阅读数	2014 年度总篇数	2014 年度总点赞数	2014 年度总分享数（月度平均）	单篇最高阅读数（篇目，日期）	单篇最高点赞数（篇目，日期）	单篇最高转发、分享数（篇目，日期）
尚世影业	140493	315	93208	315		6954	2891（《撒娇》首映，2014-11-27）		194（《谈判冤家》发布，2014-09-18）
数据来源	腾讯云分析	腾讯云分析	腾讯云分析	腾讯云分析	数据无法查实	腾讯云分析	腾讯云分析	数据无法查实	腾讯云分析

微博名称（属性：官微/部门/个人；平台）	2014年度总发帖数	2014年度原创帖文总数	2014年度总跟帖、评论数	2014年度总点赞数	2014年度总转发、分享数	2014年度总被提及/被@数	2014年度总粉丝数	单篇最高跟帖、评论数（篇目，日期）	单篇最高转发、分享数（篇目，日期）	单篇最高点赞数（篇目，日期）
SMG尚世影业	360	180	跟帖2732，评论232	2032	1016		11000			
数据来源	新浪微博后台	新浪微博后台	新浪微博后台	新浪微博后台	新浪微博后台	数据无法查实	新浪微博后台	新浪微博后台	新浪微博后台	新浪微博后台

第十四章 上海东方希杰商务有限公司（东方购物）

截至2014年底，东方购物已形成包括电视、网站、目录、移动、IPTV、东方购物微博和微信公众号等诸多产品的新媒体矩阵，具体包括：

1个官方网站：东方购物

1个APP客户端：东方购物

1个官方微博：东方购物

1个官方微信公众号：东方购物

概　况

2003年8月28日，上海文广新闻传媒集团与韩国CJ家庭购物株式会社双方共同投资成立上海东方希杰商务有限公司（以下简称东方购物），进军家庭购物产业。

公司通过电视、网络、会刊、IPTV、APP等事业领域，共享接单与物流基础设施，开展家庭购物业务，为上海、华东乃至全国广大消费者提供各种在线商品信息，使消费者足不出户就可以获取详细的商品信息，并且可以通过电话等多种方式订购商品。此举标志着中国第一家真正意义上的家庭购物公司正式诞生。

东方购物节目于2004年4月1日正式在上海电视台东方购物频道播出。面向上海等地区3000万个可视听家庭，传达全新的购物理念。

2004年11月，东方购物网站正式上线，快捷的购物资讯、更时尚的购物理念、强大的互动服务，都在此一一呈现。为了不断提升顾客的在线购物体验，到2014年，网站已经历了多次改版，对页面布局、购物车、订购、支付等流程都进行了持续不断的优化改善。

2014年正值东方购物成立10周年之际，包括东方购物网站在内的新媒体渠道取得了快速发展。新媒体渠道全年实现19亿的总销售规模，同比增长了17%；4月1日单日订购突破1350万元，创下了新媒体单日订购的最高记录。新媒体渠道中移动版全年实现5.1亿元销售，移动APP全年新增安装用户突破80万，同比增长260%，移动版新会员和业绩首次与PC端持平。截至12月31日，新媒体在册会员总数已突破230万。

2014年是东方购物新媒体创新发展的一年。如上线家装专区、完成网站首页大改版等，还通过与境外伙伴的合作，顺利开通并上线了第一个海外直购项目——韩国直购专区，成为推出海外直购服务的中国首家家庭购物公司。

2014年9月，通过与智能公交站牌项目的合作，东方购物成功将产品视频打入了上海全市范围内1000块公交智能显示屏，使顾客在等车时也能收看到东方购物的优质节目，并可以通过手机扫一扫等方式快捷便利地订购视频播放中的产品。

一、网站

全称　东方购物

域名（链接）　www.ocj.com.cn

创建日期　2004 年 11 月 22 日

公司（单位）性质　国有控股企业

法人代表　徐辉

资质　信息网络传播视听节目许可，互联网药品信息服务资格。

省级及以上机构或联盟成员　上海市电子商务行业协会副会长单位

团队架构

团队分为平台运营、市场企划、艺术设计和 IT 技术开发四大块，按具体职能负责各渠道及平台的运营工作，75% 以上人员均拥有本科以上学历，平均年龄在 28.06 岁，男女比例为 40%：60%。具体岗位分为：新媒体运营岗、销售分析岗、平台企划岗、会员营销岗、市场促销岗、界面设计岗、活动设计岗、平台 IT 开发岗、平台 IT 运营岗等。

内容定位　以家庭购物业务为主，为上海、华东乃至全国广大消费者提供各种优质商品和服务，使消费者足不出户就可以获取详细的商品信息，并且可以订购商品，享受各种服务。

内容板块　TV 购物、嗨鸥团、韩国馆、全球美食馆、特惠活动、O+俱乐部。

传播力　截至 2014 年底，日均页面浏览量 297 万左右，日均单独访客数 33 万左右。CNZZ 中国排名 66 位，ALEX 排名 37859 位。

技术升级、进步概况　2014 年 1 月通过 QQ、支付宝用户联合登陆方式，为顾客提供更便捷的服务。

经营情况　2014 年网站全年销售量 216 万件，销售额 10.4 亿。

二、移动客户端

名称　东方购物

推出时间　手机客户端 2012 年 12 月 3 日，Pad 客户端 2013 年 9 月 17 日

平 台　手 机：Android、iOS、WEB；Pad：Android、iOS、WEB、电子目录

版本　手机 Android、iOS：2.2.0；Pad Android：1.0.2，iOS：2.0.5

内容定位　精选网站优势栏目及热卖商品，同时打造移动版专属活动及订购优惠。

功能　订购、支付、摇一摇、扫码、收藏、评论、晒宝、咨询、投诉。

下载量　82.7 万（截至 2014 年底）

技术升级、进步概况　完善界面浏览体验及用户购物体验，最新支持全国配送，一键购物，新增美食馆，会员专享 O+ 俱乐部红利专区等特色栏目，随 IOS，安卓系统升级而升级兼容版本。

经营情况　2014 年移动端全年销售量 122 万件，销售额 5.1 亿。

三、微博

名称　东方购物（新浪微博），隶属东方希杰商务有限公司

版本　5.1.3

推出时间　2010 年 10 月 12 日

定位　东方购物官网微博，展现全国行业第一的家庭购物理念，秉承健康、快乐、便利的服务宗旨。

粉丝量，转发量 + 跟帖量　截至 2014 年底，粉丝量 210222；2014 全年微博转发量 17054，跟帖量 3060。

四、微信公众号

1、东方购物（东方购物主媒体公众号：ocj_fw）

推出时间　2013 年 1 月

定位　东方购物官方服务号，目标受众为东方购物顾客。内容主打原创文章，包括栏目推荐、直播预告、互动活动及公司重大事件推送。

订阅数　46992（截至 2014 年底）

2、东方购物（东方购物订阅号：OC-JGFWX）

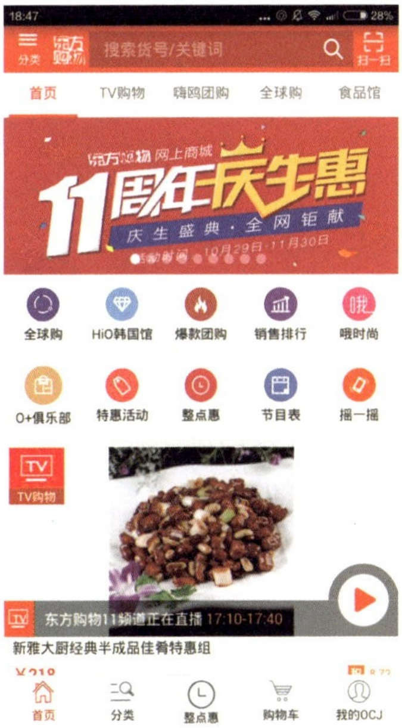

推出时间　2013年7月1日

定位　东方购物订阅号，目标受众为东方购物顾客。内容主打原创文章，包括栏目推荐、直播预告、互动活动及公司重大事件推送。

订阅数　6878（截至2014年底的粉丝数）

<<<<< 融合案例

1、节目的跨媒体联动——惠搭配栏目

2014 年 8 月，通过一档名为《惠搭配》的特色固定栏目，东方购物首次尝试了电视与顾客的互动、电视与手机 / 网站的互联互通。通过在节目中主持人推荐、一字吧滚屏等方式、以 QR 码为承载，引导顾客通过手机扫码访问东方购物移动版或直接登录东方购物官网，了解直播商品的更多信息，进而选购直播节目中商品及其关联产品。通过跨媒体联动，也提高了顾客参与性和节目的趣味性，辅助提高节目的收视率。

2、+ 会员俱乐部

O+ 会员俱乐部设立初期是在东方购物的电子商务网站 ocj.com.cn 上展示，为新媒体会员提供一系列会员福利。2014 年初，通过一系列的技术开发与大量测试，O+ 俱乐部成功实现以网站、手机、PAD 三大媒体渠道共同为载体，即多媒体贯通会员俱乐部。新媒体体系会员可以在三大渠道根据自身的习惯和偏好参与 O+ 俱乐部的互动栏目。

截至 2014 年底，俱乐部栏目得到东方购物会员普遍好评，日均单独访客数 11.7 万，主要栏目乐透抽奖、每日签到的月参与人数超过 6 万人。

O+ 会员俱乐部网站链接地址：http://www.ocj.com.cn/oclub

<<<<< 东方购物获奖情况

2014 年 1 月，东方购物荣膺“中国最有价值品牌 500 强”

2014 年 5 月，获上海市第六届优秀网站称号

2014 年 7 月，获亚洲通讯营销产业社会环境贡献企业奖

2014 年 9 月，顾客中心荣获 2014 年中国最佳客户联络中心奖

2014 年 10 月，东方购物品牌荣获 2014 中国广告长城奖·广告主品牌奖

2014 年 11 月，东方希杰荣获上海购物节贡献奖

2014 年 11 月，公益宣传片《有信赖　有未来》首届星光电视公益广告三等奖

2014 年 12 月，微电影《我们的中国梦——未来篇》获评全国优秀原创网络视听节目

上海东方希杰商务有限公司新媒体主要数据一览表

网站：东方购物					
	页面点击量（PV）	单独访客数 (UV)	独立访问量 (IP)	网粘度	备注
2014 年度总量	92236 万	11795 万		良好	
2014 年度月最高	11170 万	1301 万		良好	
2014 年度日最高	542 万	66 万		良好	
单篇最高（篇目，日期）日均	372 万	43 万			
数据来源	webtrends	webtrends			

微信公众号	2014 年度总阅读数	2014 年度原创帖文总数	2014 年度头条总阅读数	2014 年度总篇数	2014 年度总点赞数	2014 年度总分享数	单篇最高阅读数（篇目，日期）	单篇最高点赞数（篇目，日期）	单篇最高转发、分享数（篇目，日期）
服务号	38 万 +	78	11 万 +	78	607	10206	9731（大型展销会倒计时报名，2014-11-25）	30（11.11 全民购物节，2014-11-11）	201（11.11 全民购物节，2014-11-11）
订阅号	33 万 +	238	9 万 +	289	390	14970		92（快来为丹丹投票！2014SMG 名优新主持人评选开始啦！2014-09-26）	785（报名啦！低至 1 折，最低 10 元起！东方购物线下大型购物狂欢会，2414-04-09）

第十五章 上海五岸传播有限公司

截至2014年底，上海五岸传播有限公司打造了包括五岸传播官方微博和五岸传播官方微信公号，以及秒鸽传媒交易网和其所属的秒鸽传媒交易网微博、秒鸽版权素材交易微信的新媒体平台。

概　况

上海五岸传播有限公司被国家商务部、中宣部、国家财政部、国家文化部、国家新闻出版广电总局共同认定为2013–2014年度国家文化出口重点企业。

五岸传播，是上海五岸传播有限公司唯一的官方微博，于2011年2月建立，关注粉丝数达3000多，受众覆盖全国媒体从业人，一线影视制片人等专业人群。

五岸传播，也是上海五岸传播有限公司唯一的官方微信公众号，于

2014年6月建立，有效推送用户达800多，覆盖全国影视广播电视台媒体从业人员、新媒体内容运营经理等专业人群。公众号运营一年多来，已成为海内外客户了解中国最新电视行业动态与最新业务或内容产品的权威入口，在订阅用户间建立起了良好的口碑及持续关注，成功地为《味道中国》、《急诊室故事》、《挑战极限》等多档上海原创品牌栏目定制微信营销方案。

2014年2月20日，五岸传播公司打造的媒体资源交易平台——秒鸽传媒交易网正式上线运营。2014年6月10日，国内首个英文视频影视版权内容交易网站——秒鸽传媒交易网国际版网站正式启动上线运营；9月29日，首家获得由上海市通信管理局批复通过、在上海自由贸易实验区开展“经营类电子商务”增值电视业务文化类试点企业许可证。

秒鸽网，是以影视版权产品，包括成片、素材、图片、音乐等为主要内容的数字交易平台。秒鸽网构建了由549部成片合辑和8465部成片单集集合的成片库、26189条视频素材集成的素材库。

2014年6月，秒鸽网英文版开通，成为国内首个英文视频影视版权内容交易网站，进一步整合海外合作伙伴在美国及欧洲的发行及营销网络渠道，促进海内外影视文化要素有序自由流动、资源高效配置、市场深度融合，加快培育和引领中国文化“走出去”、跨区域合作交流的新优势。

秒鸽网的应运而生，改变了传统影视版权交易的模式，提升了版权交易的时效性；增强了版权产品使用的时效性；提升了版权产品的价值；扩大了文化“走出去”的可能性；搭建了公共服务的平台，让买家和卖家可以进行便捷、有效、即时的信息沟通和交易。

1、网站

全称　秒鸽传媒交易网

域名（链接）　www.mgmall.com

创建日期　2014 年 2 月 20 日

公司　股份制企业

法人代表　何小兰

资质　广播电视节目制作经营许可，网络视听许可，ICP 许可，出版物经营许可，增值电视业务文化类试点企业许可。

团队架构

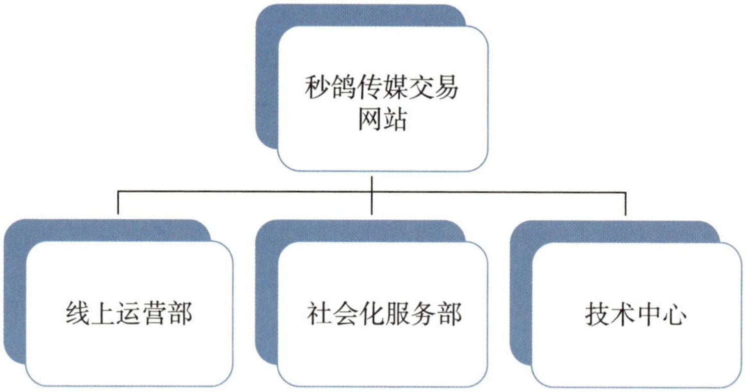

线上运营部：以线上运营为基础的素材服务。社会化服务部：以非广电渠道为基础的媒资专业化服务。技术中心：配合公司的战略，研发媒资专业化服务、素材服务客户端及其他开发。配合技术研发部进行产品测试，客户技术支持，网站日常运维。

内容定位　影视版权交易

内容板块　成片库、素材库、旗舰店。

经营情况　发行、收费产品。

2014 年 11 月 28 日，秒鸽网与科讯网世界有限公司签署了战略合作协议，科讯网将整合其优势资源入驻秒鸽传媒交易网，着力打造“科讯旗舰店”。这也是秒鸽网的另一种商业模式，版权方可以旗舰店形式自行运营、管理版权内容并推广自身品牌。科讯网已把十年来举办的“科讯杯国际大学生影视作品大赛”积累下的 3000 余部优秀微影视作品陆续上架秒鸽网科讯旗舰店。在为秒鸽网的内容库不断注入优质影视资源、服务于秒鸽网的广大客户群体的同时，秒鸽网还将着力助推科讯影视作品的传播，给力科讯版权内容的高效创收能力。

二、微博

1、五岸传播（新浪微博）

推出时间 2011 年 2 月

版本 5.1.3

定位 上海五岸传播公司官方微博，面向全国传媒从业者推送最新的行业热讯，塑造 SMG 原创内容品牌，搭建内容提供商与全媒体传播平台的互动桥梁。

粉丝量 3122（截至 2014 年底）

2、秒鸽传媒交易网（腾讯微博）

推出时间　2014 年 3 月

版本　V7

定位　信息展示：作为秒鸽产品推送的平台和线上 & 线下活动推广的公告栏；品牌传播：通过微博背景、头像、签名等元素，以及图文内容的编辑来表现秒鸽网的品牌理念和企业文化；客户服务：通过微博开放平台与客户建立良好的互动，并且通过答疑的方式使更多粉丝了解并关注秒鸽网；公关服务：微博以其信息发布快、传播广、信息到达率高等特点非常适用于秒鸽网进行调查、活动、声明等公关服务。

粉丝量　5925（截至 2014 年底）

三、微信公众号

1、五岸传播

推出时间 2014年6月

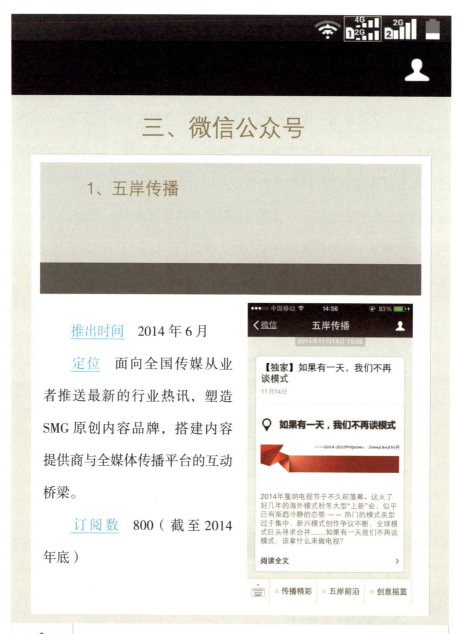

定位 面向全国传媒从业者推送最新的行业热讯，塑造SMG原创内容品牌，搭建内容提供商与全媒体传播平台的互动桥梁。

订阅数 800（截至2014年底）

2、秒鸽版权素材交易

推出时间 2014 年 1 月

定位 以传播企业文化、行业和产品资讯、树立品牌形象为主。

订阅数 1485（截至 2014 年底）

上海五岸传播新媒体新媒体主要数据一览表

网站：秒鸽传媒交易网					
	页面点击量（PV）	单独访客数 (UV)	独立访问量 (IP)	网粘度	备注
2014 年度总量	439128	69039	59459	跳出率：28.51% 平均访问时长：0:05:41	
2014 年度月最高	137662	29624	26776	跳出率：20.82% 平均访问时长：0:04:22	12 月
2014 年度日最高	8940	1988	1767	跳出率：20.2% 平均访问时长：0:03:57	12 月 29 日
单篇最高（篇目，日期）	1528	681	656	跳出率：16.49% 平均访问时长：0:01:25	http://www.mgmall.com 2014 年 12 月 29 日
数据来源	百度统计	百度统计	百度统计	百度统计	

微信公众号	2014年度总阅读数	2014年度原创帖文总数	2014年度头条总阅读数	2014年度总篇数	2014年度总点赞数	2014年度总分享数	单篇最高阅读数（篇目，日期）	单篇最高点赞数（篇目，日期）	单篇最高转发、分享数（篇目，日期）	备注
五岸传播	11440	80	10153	106	常规后台无法显示	876	1321（【闪耀在MIPCOM的电视黄金时代】五岸传播诚邀您参加年度最重磅的影视内容，2014-07-15）	常规后台无法显示	103（【闪耀在MIPCOM的电视黄金时代】五岸传播诚邀您参加年度最重磅的影视内容，2014-07-15）	公众号2014年6月建立，数据为6月至12月
数据来源	腾讯微信后台数据端	腾讯微信后台数据端	腾讯微信后台数据端	腾讯微信后台数据端	腾讯微信后台数据端	腾讯微信后台数据端	腾讯微信后台数据端	腾讯微信后台数据端	腾讯微信后台数据端	

微博名称（属性：官微／部门／个人；平台）	2014年度总发帖数	2014年度原创帖文总数	2014年度总跟帖、评论数	2014年度总点赞数	2014年度总转发、分享数	2014年度总被提及／被@数	2014年度总粉丝数	单篇最高跟帖、评论数（篇目，日期）	单篇最高转发、分享数（篇目，日期）	单篇最高点赞数（篇目，日期）	备注
秒鸽传媒交易网（属性：官微；平台：新浪）	405	264	38	25	21	18	308	4（第一季第二季《中国梦之声》节目版权内容在秒鸽网五岸旗舰店有售！如此收视利器，不可错过！2014-11-03）	4（第一季第二季《中国梦之声》节目版权内容在秒鸽网五岸旗舰店有售！如此收视利器，不可错过！2014-11-03）	2（今天是梅兰芳诞辰120周年……更多关于梅兰芳大师的珍贵影像素材请上秒鸽传媒交易网）2014-10-22	此数据为3个月运营数据（从2014年9月开通官方微博）
数据来源	新浪微博后台数据端	新浪微博后台数据端	新浪微博后台数据端	新浪微博后台数据端	新浪微博后台数据端	新浪微博后台数据端	新浪微博后台数据端	新浪微博后台数据端	新浪微博后台数据端	新浪微博后台数据端	

续表

五岸传播	18	16	60378	8	4	10	2800	4808（现实题材纪录片《我的故乡在八十年代》倾情呈现！2014-07-23）	1（五岸传播代表SMG参加2014中国国际影视节目展，2014-08-27）	2（近日，上海五岸传播有限公司被商务部、中宣部、财政部、文化部、新闻出版广电总局共同认定并授予2013-2014年度国家文化出口重点企业称号，这已是五岸传播连续四次获此殊荣。2014-07-14）	2014年6月为五岸传播微博2014年首次发布时间，数据为6月至12月
数据来源	新浪微博后台数据端	新浪微博后台数据端	新浪微博后台数据端	新浪微博后台数据端	新浪微博后台数据端	新浪微博后台数据端	新浪微博后台数据端	新浪微博后台数据端	新浪微博后台数据端	新浪微博后台数据端	

后记

互联网以其无可阻挡的力量，静静地、急速地改变着世界。

媒体传播方式的转变成为人类这场互联网革命中的重要一幕。为了保持和扩大影响力，上海主流传统媒体积极创办新媒体，官网纷纷上线，更推出移动客户端（APP）、微信公号、官方微博，不仅面广量大，而且呈日渐活跃态势。

2014年，可以史称“媒体融合元年”，融合发展成为共识。上海主流传统媒体转型加速，报纸、电视、广播等从体制机制上探索融合发展的新路径，拓展适应互联网传播的新手段。“澎湃新闻网”、“上海观察”、“看看新闻”、“阿基米德”等一大批新媒体陆续进入用户视野。形态不同、特色相异、定位有别的新媒体，正在重构上海主流媒体的新格局。

上海主流媒体融合发展的成效与趋势，激励我们几经谋划，决定将上海主流媒体融合发展的“前世今生”，用书籍形式真实地记录下来，为中国媒体融合发展史留一点“印痕”，也为自己参与媒体的时代变革留一份“心迹”。

《上海媒体融合全记录（2014）》为准工具书性质，客观记录了上海各家主流媒体，从起步到2014年度的融合发展进程，包括融合起步、机制措施、人员配置、技术运用、产品种类、成功案例等，不加主观评判。内容形式除了文字，还包括图表、截屏、数据等，不收录非公开资料。

网络时代是数据时代。衡量新媒体的传播效应，数据是重要的客观标准。《上海媒体融合全记录（2014）》重在用数据说话，用户量多少、粉丝多少、点击量多少，通过第三方数据，基本反映各新媒体的现状。

上海市委宣传部领导对《上海媒体融合全记录（2014）》的编撰十分重视，全力支持。此书工作量甚大，在历时近一年的编撰中，得到上海报业集团、上海广播电视台、东方网等主流媒体的支持帮助，在此表示诚挚谢意。还要特别鸣谢解放日报，是他们根据编撰大纲的要求，与编辑组反复沟通协调，不厌其烦，率先做出具体的文本模板，为各媒体提供了统一的文稿参考样式。

基于上海媒体融合刚起步，这又是第一本关于上海媒体融合的准工具书，没有例本可以参阅。因此，一定存在诸多不足之处，恳请并欢迎用户校正。

未来几年，《上海媒体融合全记录》拟每年一录，积少成多、集腋成裘，为业内乃至社会奉献一份有价值的史料。

《上海媒体融合全记录（2014 版）》编辑组

2015 年 12 月

图书在版编目(CIP)数据

上海媒体融合全记录. 2014/上海市互联网信息办公室中共上海市委宣传部新媒体阅评督查组编. —上海：上海三联书店，2016. 5

ISBN 978-7-5426-5477-9

Ⅰ. ①上… Ⅱ. ①上…②中… Ⅲ. ①传播媒介—研究—上海市 Ⅳ. ①G219. 275. 1

中国版本图书馆 CIP 数据核字(2016)第 017104 号

上海媒体融合全记录(2014)

编　　者 / 上海市互联网信息办公室
中共上海市委宣传部新媒体阅评督查组

责任编辑 / 冯　静
装帧设计 / 朱静蔚
监　　制 / 裘崇初
责任校对 / 张大伟

出版发行 / 上海三联书店
(201199)中国上海市都市路 4855 号 2 座 10 楼
网　　址 / www.sjpc1932.com
邮购电话 / 021-22895559
印　　刷 / 上海丽佳制版印刷有限公司

版　　次 / 2016 年 5 月第 1 版
印　　次 / 2016 年 5 月第 1 次印刷
开　　本 / 787×1092　1/16
字　　数 / 350 千字
印　　张 / 45.75
书　　号 / ISBN 978-7-5426-5477-9/G·1416
定　　价 / 196.00 元(上、下卷)

敬启读者，如发现本书有印装质量问题，请与印刷厂联系 021-57687388